Stephan Lamprecht

Scrivener

Texte professionell konzipieren, schreiben und veröffentlichen

mitp

Bibliografische Information der Deutschen Nationalbibliothek
Die Deutsche Nationalbibliothek verzeichnet diese Publikation in der Deutschen Nationalbibliografie; detaillierte bibliografische Daten sind im Internet über <http://dnb.d-nb.de> abrufbar.

Bei der Herstellung des Werkes haben wir uns zukunftsbewusst für umweltverträgliche und wiederverwertbare Materialien entschieden. Der Inhalt ist auf elementar chlorfreiem Papier gedruckt.

ISBN 978-3-8266-9497-4
1. Auflage 2013

www.mitp.de
E-Mail: kundenbetreuung@hjr-verlag.de

Telefon: +49 6221/489-555
Telefax: +49 6221/489-410

Lektorat: Miriam Robels
Sprachkorrektorat: Sabine Welter
Covergestaltung: Christian Kalkert, www.kalkert.de
Hintergrundgrafik im Buch: © jd-photodesign – Fotolia.com
Satz: III-Satz, Husby, www.drei-satz.de
Druck: Kessler Druck + Medien, Bobingen

Inhaltsverzeichnis

Vorwort **11**

1: Vergessen Sie Textverarbeitungen! **15**

1.1 So fein gliedern, wie Sie wollen 16
1.2 In Scrivener sammeln Sie auch Ihr Material 17
1.3 Scrivener formatiert anders 18
1.4 Schreiben unabhängig vom Endprodukt 19
1.5 Verschiedene Ansichten auf Ihr Dokument 20

2: Starten Sie Ihr Projekt **23**

2.1 Neues Projekt in Scrivener anlegen 24
2.2 Erste Ideen sammeln – das Corkboard 28
2.3 Grundstruktur anlegen 31
2.4 Noch feiner gliedern 33
2.5 Externe Gliederungen übernehmen 36
2.6 Von Word zu Scrivener 38

3: Material sammeln 39

3.1 Der Research-Ordner 40
3.2 Clippings nutzen 42
3.3 Webseiten hinzufügen 44
3.4 PDF-Dokumente hinzufügen 46
3.5 Bilder und sonstige Dokumente sammeln 47
3.6 Referenzmaterial beim Schreiben im Blick behalten 49
3.7 Beliebiges Material im Projekt sammeln 52
3.8 Zotero als Recherche-Tool 53

4: Schreiben mit Scrivener 55

4.1 Editor einrichten 56
4.2 Nachschlagen 60
4.3 Vollbildmodus 62
4.4 Formatierungen 66
4.5 Tabellen 69
4.6 Bilder einfügen 70
4.7 Auto-Complete 74
4.8 Texte umwandeln und korrigieren lassen 76
4.9 Suchen und Ersetzen 78
4.9.1 Suche in Dokumenten 78
4.9.2 Suchen nach Formaten 78
4.9.3 Suchen im Projekt 79
4.9.4 Suchen nach Sonderzeichen 81
4.10 Mit Kommentaren und Anmerkungen arbeiten 83
4.10.1 Kommentar setzen 83
4.10.2 Anmerkung setzen 84
4.11 Notizen und Stichworte nutzen 86
4.11.1 Exkurs: Wann nutzen Sie Notizen, Synopsis und Anmerkungen? 87
4.12 Schlüsselwörter einsetzen 87
4.13 Externe Dateien synchronisieren 90
4.14 Projektfortschritt überwachen 94

4.15 Etiketten als Organisationsmittel 97
4.16 Kollektionen zur besseren Übersicht 99
4.16.1 Ergebnis einer Suche als Kollektion speichern 101
4.16.2 Sammlung von Hand zusammenstellen 102
4.16.3 Kollektionen bearbeiten 103
4.17 Scrivener auf Mac und Windows gemeinsam nutzen 103
4.18 Sichern Sie Ihre Arbeit 104
4.18.1 Exkurs: So sieht meine Sicherung aus 107
4.19 Exkurs: Wie Sie einfach produktiver schreiben 108

5: Scrivener in der Praxis 111

5.1 Scrivener für Romanautoren und Essayisten 112
5.2 Scrivener für Sachbuchautoren 114
5.2.1 Hinweise für Sachautoren 115
5.2.2 Dezimale Nummerierung in Überschriften 117
5.2.3 Fußnoten einsetzen 118
5.2.4 Bibliografieren 122
5.3 Funktionen für Drehbuchautoren 127
5.3.1 Den Modus anpassen 130
5.3.2 Kompilieren für andere Programme 132
5.4 Scrivener für Blogger 133

6: Texte überarbeiten 137

6.1 Überarbeitungen kennzeichnen 138
6.2 Phrasen und Füllworte finden 141
6.3 Überarbeitung in Word 141
6.4 Snapshots 142
6.4.1 Snapshots anlegen 143
6.4.2 Snapshots vergleichen 145
6.4.3 Änderungen zurücknehmen 147
6.4.4 Keine eigene Versionsverwaltung 148
6.5 iPad und Tablets zum Überarbeiten 149

7: Ihr Werk publizieren 151

7.1 Bücher im Eigenverlag veröffentlichen 152
7.1.1 Lektorat Ihres Manuskripts 153
7.1.2 Auswahl des Publishing-Anbieters 154
7.1.3 Vorbereitung des Manuskripts 156
7.2 Was geschieht beim Kompilieren in Scrivener? 157
7.3 Von Scrivener zu Word 158
7.4 Vorlagen für das Kompilieren 165
7.5 Eigene Compile-Vorlagen anlegen 167
7.6 Kompilieren für eine bestimmte Verlagsvorlage 169
7.7 Filtern 175
7.8 Text säubern 177
7.9 Mächtiges Werkzeug – die Ersetzungen 179
7.10 Grafiken für Zielmedien ersetzen 183
7.11 Kopf- und Fußzeilen 186
7.12 Inhaltsverzeichnisse 187
7.12.1 Verzeichnis für Word & Co. 188
7.12.2 Verzeichnis für E-Books 189
7.13 Gliederungen und Konzepte ausgeben 189
7.14 Ausgabe als RichText 191
7.15 Kompilieren in das ODT-Format 193
7.16 E-Books mit Scrivener erzeugen 194
7.16.1 Goldene Zeiten für Autoren? 194
7.16.2 Welches Format? PDF, Mobi oder ePub? 197
7.16.3 Vom Scrivener zum Kindle 199
7.16.4 Exkurs: Individuelle Überschriften in Scrivener 203
7.16.5 Überschriften mit grafischem Motiv 205
7.16.6 Vom Scrivener zu anderen E-Readern 205
7.16.7 E-Books mit anderen Tools erstellen 207
7.17 Schreiben mit Markdown 210
7.17.1 Was ist Markdown? 210
7.17.2 Texte in Markdown schreiben 212
7.17.3 Kompilieren von Markdown 214
7.17.4 Tools für Markdown für Windows und Mac 216
7.17.5 Konvertieren mit Pandoc 218

8: Vorlagen und Optionen 223

8.1 Projektvorlagen einrichten 224
8.2 Wichtige Einstellungen 226
8.2.1 Programmstart und Speichern 226
8.2.2 Corkboard 227
8.2.3 Navigation 228
8.2.4 Import / Export 228
8.2.5 Optionen für den Editor ändern 229
8.2.6 Einstellungen sichern 231

9: Den Vorhang zu und alle Fragen beantwortet? 233

Index **235**

Vorwort

Ein Buch über das eigene Handwerkzeug zu schreiben – das ist etwas Besonderes. Und kein anderer Titel lag mir bisher so sehr am Herzen, wie eine Handreichung für Scrivener zu verfassen. Denn dieses mächtige Programm ist aus meinem Arbeitsalltag nicht mehr wegzudenken und aus meiner Sicht wirklich jedem Autor zu empfehlen. Dabei spielt es keine Rolle, ob Sie Fachbücher schreiben, Erzählungen oder Romane verfassen, Ihre Blogbeiträge planen möchten oder gerade über Ihrer Abschlussarbeit brüten.

Gut erinnere ich mich noch an die ersten Tage mit Scrivener. Oberfläche und Funktionen faszinierten mich, auf der anderen Seite fiel es schwer, die gewohnten Pfade der bisherigen Textverarbeitungen zu verlassen. Schließlich gehöre ich zu den Veteranen, die ihre ersten Manuskripte für die Universität noch mit einer Typenradmaschine zu Papier brachten, um dann mit den ersten Textverarbeitungen ihr Glück zu versuchen. Und diese Erfahrungen mit Word 5.5, AmiPro, Textmaker und wie sie alle hießen, prägen die eigenen Arbeitsabläufe nachhaltig. Selbstkritisch muss ich zugeben, dass ich Scrivener wohl nach drei Monaten erstmals so genutzt habe, wie seine Entwickler sich das wohl auch vorgestellt haben. Und während dieser Zeit war auch reichlich Lehrgeld zu bezahlen. Dazu gehört das für einen Autor von Sachtiteln fast schon Luxusproblem, ein Manuskript um 60.000 Zeichen kürzen zu müssen, weil die Zeichenzählung in Scrivener einen vermeintlich falschen Wert geliefert hatte.

Müßig zu erwähnen, dass das Problem hier eindeutig vor dem Computer saß. Denn ich hatte einen ganzen Abschnitt vom Export ausgeschlossen, dessen Seiten dann nicht gezählt wurden. Als dies dann korrigiert war, sprengte das Werk leider die Vorgaben des Verlags.

Damit Sie von solchen Missgeschicken im Arbeitsalltag nicht aufgehalten werden – dieses Büchlein soll Sie davor bewahren. Es versteht sich nicht (und kann dies in diesem kleineren Format auch gar nicht sein) als Kompendium oder gar deutsche Übersetzung des Handbuchs. Wie die verschiedenen Bereiche und Funktionen des Programms selbst sind auch diese Seiten eher als Angebot zu sehen, wie Sie verschiedene Aufgabenstellungen während der Konzeption, des Schreibens, der Überarbeitung und der Produktion mit Scrivener erledigen können. Dabei kommt dieser Titel auch nicht auf die aus anderen IT-Fachbüchern gewohnten Schrittfolgen aus. Dabei habe ich mich aber immer bemüht, so untechnisch zu sein, wie nur möglich.

Bevor es nun aber mitten hinein in die Arbeit mit Scrivener geht, eine letzte kurze Bemerkung. Zum einen: Dieses Buch hat die, wie während des Schreibens oft genug zu bemerkende, undankbare Aufgabe zu lösen, dass Scrivener in zwei Fassungen vorliegt. Rein englischsprachig mit deutlich mehr Funktionen für die Apple-Plattform und in deutscher Übersetzung, wenn auch mit weniger Funktionen für Windows. Orientiert habe ich mich beim Schreiben an der Mac-Variante. Deswegen sind auch die Menübezeichnungen in englischer Sprache. Da wo es besonders wichtig erschien, finden Sie die Menübefehle aus der Windows-Version in Klammern an der gleichen Stelle. In den kommenden Monaten wird wahrscheinlich eine Übersetzung für den Mac erhältlich sein, ich gehe aber davon aus, dass der Text damit weiterhin lesbar bleibt.

Ich wünsche Ihnen eine erfolgreiche Lektüre!

Herzlichst
Ihr Stephan Lamprecht

Kapitel 1

Vergessen Sie Textverarbeitungen!

1.1 So fein gliedern wie Sie wollen 16
1.2 In Scrivener sammeln Sie auch Ihr Material 17
1.3 Scrivener formatiert anders 18
1.4 Schreiben unabhängig vom Endprodukt 19
1.5 Verschiedene Ansichten auf Ihr Dokument 20

Scrivener ist eines dieser Programme, bei denen man als Anwender bereits nach dem ersten Programmstart den Eindruck gewinnt, dass es sich um ein wahrhaft mächtiges und vielseitiges Werkzeug handelt. Wer schon mit einer Textverarbeitung gearbeitet hat, wird sich bei seinen ersten Schritten aller Wahrscheinlichkeit nach fremd fühlen. Nichts scheint an seinem gewohnten Platz zu sein, nichts scheint zu funktionieren, wie Sie dies gewohnt sind.

Die Oberfläche scheint ihren Anwender geradezu einschüchtern zu wollen, es sei denn, Sie zählen zur Gattung der Autoren, die Computer und Technik lieben. »Das wird dauern, bis Du mich beherrschst.«, schreit Ihnen jeder Schalter und jede Symbolleiste entgegen.

Und doch sollten Sie sich nicht entmutigen lassen, denn auch wenn es Scrivener einem neuen Nutzer durch die vielen verschachtelten Menüs und Optionen nicht gerade einfach macht, lohnt es sich, intensiver mit der Software Bekanntschaft zu schließen. Glauben Sie mir: Auch nach einigen Jahren mit der Software bin ich noch immer begeistert von seinen Funktionen und kenne kein besseres Werkzeug für Autoren!

Warum das so ist? Auf den nächsten Seiten möchte ich Ihnen gern die aus meiner Sicht wesentlichen Vorteile und Besonderheiten von Scrivener kurz erläutern.

1.1 So fein gliedern wie Sie wollen

Sie ist sicherlich legendär: die Angst des Autors vor dem weißen Blatt Papier. Und diese Angst ist auch im Zeitalter der Textverarbeitungen nicht geschwunden, denn die meisten Programme verwenden immer noch die Papier-Metapher für den eigentlichen Eingabebereich. Ob Word oder LibreOffice oder irgendein anderes Schreibprogramm: Der Nutzer blickt auf einen Bogen Papier, der auf die Eingaben wartet. Und damit beginnt aus meiner Sicht das Dilemma des Autors, der mit dem Computer arbeitet. Denn die klassischen Textverarbeitungen gehen hier von einem linearen Schreibprozess aus. Der Schriftsteller beginnt mit dem ersten Satz seines Romans oder Artikels und schreibt das Manuskript nun Zeile für Zeile weiter.

Vielleicht gehören Sie zu den Autoren, denen dies auch tatsächlich gelingt und die auf diese Weise arbeiten. Doch schon ein Blick in die Werkstätten vieler berühmter Schriftsteller zeigt, dass nur die wenigsten tatsächlich so gearbeitet haben. Eines der berühmtesten Beispiele eines Autors, dessen Schreibprozess so ganz anders war, ist Marcel Proust. Die Seiten seiner Manuskripte sind mit unzähligen kleineren Blättern, die an den Rand geklebt wurden, versehen und demonstrieren eindrucksvoll den kreativen Schaffensprozess. Ich wage an dieser Stelle einmal die These, dass »Auf der Suche nach der verlorenen Zeit« wahrscheinlich nicht mit einer Textverarbeitung geschaffen worden wäre.

Letztlich wissen dies auch die Entwickler der Textverarbeitungen selbst und stellen allerlei Hilfsmittel bereit, die Lesezeichen oder Textmarken heißen, um schneller in den riesigen virtuellen Papierstapeln der Programme zu blättern. Wie sollten Sie sonst schnell noch nachträglich Ergänzungen anbringen können?

Scrivener zeigt sich in dieser Hinsicht viel flexibler. Sie können Ihre Texte so fein gliedern, wie Sie wollen. Jedes Bruchstück entspricht innerhalb des Programms einem einzelnen Dokument. Über die Ansicht des BINDERS, der links neben dem eigentlichen Schreibbereich (Editor) zu sehen ist, behalten Sie diese Struktur stets im Blick und können nachträglich jederzeit Ergänzungen vornehmen oder auch ein Dokument an einen neuen Platz verschieben. Wenn Sie sich die einzelnen Bruchstücke im Gesamtzusammenhang ansehen wollen, wählen Sie den Hauptknoten im Binder aus und wählen VIEW, SCRIVENINGS. Damit sind alle Elemente untereinander wie in einer klassischen Textverarbeitung angeordnet und Sie können Ihr Hauptaugenmerk auf die Übergänge legen, um an diesen zu feilen.

Das Schöne an der Software besteht nun darin, dass die einzelnen Dokumente nicht notwendigerweise später für den Leser als einzelner Abschnitt erkennbar bleiben müssen. Wenn Sie Ihr Manuskript für die Weitergabe oder die Veröffentlichung vorbereiten, entscheiden Sie selbst, welche Bereiche auch optisch als einzelner Abschnitt erkennbar bleiben. Dazu schreibe ich im Zusammenhang mit dem Kompilieren (siehe Kapitel 7) aber noch mehr.

1.2 In Scrivener sammeln Sie auch Ihr Material

Ein weiterer aus meiner Sicht wichtiger Unterschied zu anderen Schreibprogrammen besteht auch darin, dass Sie in Scrivener das Material zu Ihrem Werk direkt speichern und organisieren können. Fundstellen aus dem Web, interessante Abbildungen und Fotografien und PDF-Dateien landen zuverlässig in einer Projekt-Datei. Das Material gliedern Sie nach Ihren Gesichtspunkten oder anhand der Struktur des Werks und blenden es sich optional sogar während des Schreibens ein.

1.3 Scrivener formatiert anders

Seitdem ich online regelmäßig über Scrivener schreibe, erreichen mich immer wieder Fragen von Anwendern, die über einen offensichtlichen Unterschied zu anderen Textverarbeitungen stolpern. Sie vermissen beim Blick auf den Editor die unzähligen Icons und Listenfelder, mit denen sich die Optik eines Textes verändern lässt. Tatsächlich wirkt die Formatleiste in Scrivener deutlich bescheidener und dies auch aus gutem Grund: in Scrivener geht es in erster Linie um das Schreiben von Texten und nicht um das Layout.

Die gängigen Textverarbeitungen reden dem Anwender ein, dass die Nutzung bestimmter Formate nicht nur für eine andere Optik des Dokuments sorgt, sondern auch gleichzeitig etwas über die Bedeutung so formatierter Passagen aussagt. Das klassische Beispiel hierfür sind die Überschriften. Wer in Word & Co eine Überschrift nicht mit der korrespondieren Formatvorlage kennzeichnet, hat anschließend Mühe, automatisiert ein Inhaltsverzeichnis zu erstellen. Leider wiegen sich hier die meisten Nutzer in einer trügerischen Sicherheit, denn die Bedeutung der Formatvorlage (also des Textes als Überschrift eines Abschnitts) erkennt im Zweifel nur Word. Jeder, der ein solches Dokument schon einmal in einem anderen Format gespeichert hat, kennt auch, dass in einem anderen Programm oder auf einem anderen Rechner die Überschrift nicht mehr als solche zu erkennen ist. Zwar mag der Text noch aussehen wie eine Überschrift, nur diese Bedeutung ist verschwunden.

Genau deshalb beschränkt sich Scrivener auf ein Basis-Set an Formaten, die im Zweifel auch beim Export in andere Dateien verstanden und erhalten bleiben. Sie können die Schriftart und deren Größe verändern, mit fetten oder kursiven Auszeichnungen oder Unterstreichungen arbeiten. Welche Elemente indes eine Überschrift sind, regeln Sie ebenfalls während des Kompilierens.

Exotisch für die meisten Nutzer ist die Unterstützung von Markdown, die ebenfalls in Scrivener vorhanden ist. Die technisch versierten Leser unter Ihnen mögen mir die nachfolgende Erklärung nachsehen, denn ich vereinfache jetzt ganz bewusst. Markdown ähnelt stark HTML, der Sprache, aus der die Seiten im Internet bestehen. Ein Text in Markdown besteht aus einer einfachen Textdatei. Dieses Dateiformat ist seit Jahrzehnten unverändert und wird letztlich von unzähligen Anwendungen unter allen nur erdenklichen Betriebssystemen verstanden. Ob Windows, Mac, Linux, ob PC, Notebook oder Smartphone: Textdateien sehen überall gleich aus. Über bestimmte Zeichenfolgen werden Passagen in einer solchen Markdown-Datei dann Bedeutungen zugewiesen. Auf diese Weise ist es möglich, auch in einer einfachen Textdatei eine Passage als Überschrift einer bestimmten Ebene zu definieren oder zu fetten. Ein kleines Programm, das auf dem Rechner des Anwenders zusätzlich installiert sein muss, wertet diese Steuerzeichen dann aus und verwandelt die Textdatei in ein anderes Format. Scrivener bringt alles mit, um in Markdown zu schreiben und den Code auszuwerten. Wenn Sie damit auch in anderen Programmen schreiben wollen oder Markdown unabhängig von Scrivener konvertieren möchten, müssen Sie sich den Konverter separat installieren. Dies kann HTML sein, eine Textdatei im RTF-Format oder sogar ein Word-Dokument. Und da die Befehle für Markdown sehr einfach zu lernen sind, erkennen Sie beim Schreiben immer noch, um welches Format es sich handelt und welche Bedeutung der Text hat. Aber den Umgang mit Markdown erkläre ich Ihnen ebenfalls noch einmal genauer in Kapitel 7.

1.4 Schreiben unabhängig vom Endprodukt

Die Erwähnung von Markdown im vorherigen Abschnitt hat es bereits anklingen lassen. Mit Scrivener schreiben Sie unabhängig vom späteren Endprodukt. Vor dem Kompilieren (so bezeichnet Scrivener die Umwandlung Ihres Textes in ein finales Produkt) entscheiden Sie, was am Ende Ihrer Arbeit stehen soll. Wollen Sie den Text als E-Book veröffentlichen lassen? Oder möchten Sie ein traditionelles Word-Dokument erhalten? Der wesentliche Unterschied zwischen anderen Textverarbeitungen besteht genau in dieser Freiheit. Dabei konvertieren Sie nicht ein Format in ein anderes, was meistens eher halb gare Ergebnisse liefert, sondern Scrivener kümmert sich darum, aus den Informationen, die es aus der Struktur und Ihren Einstellungen gewinnt, das optimale Ergebnis im Zielformat zu präsentieren. Mit nur wenigen Mausklicks erzeugen Sie aus Ihrer Arbeit HTML-Seiten oder auch eine Textdatei, die Sie einem Redakteur schicken können. Und dies ohne Verluste an Qualität. Versuchen Sie dies einmal mit Word, und Sie wissen, was ich meine!

1.5 Verschiedene Ansichten auf Ihr Dokument

Ein großer Vorteil und ebenfalls ein wichtiger Unterschied zu anderen Programmen besteht in den unterschiedlichsten Ansichten auf Ihr Manuskript, sodass es viele Wege gibt, wie Sie sich Ihrer Arbeit nähern können.

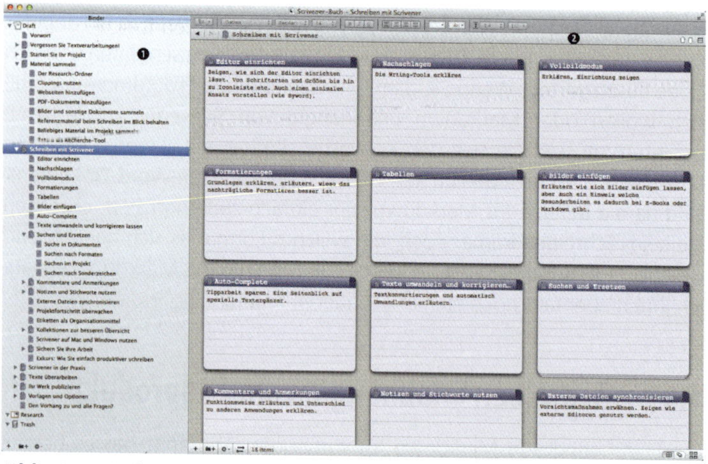

Abb. 1.1: *Binder (1) und Corkboard (2) zeigen das Manuskript dieses Buches.*

Diese Ansichten sind:

- **Binder (1)**: die klassische Ansicht auf das Manuskript. Auf der linken Seite des Programmfensters sind alle Dokumente eines Projekts in einer baumartigen Struktur angeordnet. Der Inhalt des jeweils markierten Dokuments ist im Editor geladen. Im Binder können Sie die Reihenfolge der Dokumente und damit die Struktur Ihres Werks jederzeit ändern.

- **Corkboard (2):** Die Pinnwand symbolisiert das Werk in kleinen, beschreibbaren Karteikarten. Diese sind, wie im realen Leben auch, in Form von Stapeln organisiert. Die Karten enthalten nicht nur die Überschrift oder besser den Titel des jeweiligen Dokuments, sondern auch Angaben zum Inhalt (sofern Sie dies wünschen). Auf den Karten steht also nicht der eigentliche Inhalt Ihres Manuskripts, sondern Informationen zu dem jeweiligen Dokument.
- **Outliner:** Der Outliner, im Deutschen wohl am besten mit Gliederungsmodus übersetzt, ordnet die verschiedenen Dokumente untereinander und in Abhängigkeit der Hierarchie gestaffelt über Einzüge an. Diese Ansicht ist einerseits gut geeignet, um eine erste Gliederung zu erstellen oder auch eine solche zu bearbeiten. Zum anderen können Sie optional zusätzliche Informationen in dieser Tabelle einblenden, wie etwa den Bearbeitungsstand eines Dokuments. Über die Titelzeile der Tabelle sortieren Sie so die Dokumente nach einem dieser Kennzeichen. Damit verschaffen Sie sich rasch einen Überblick über alle Dokumente, die sich im Stadium des ersten Entwurfs befinden oder noch überarbeitet werden müssen.

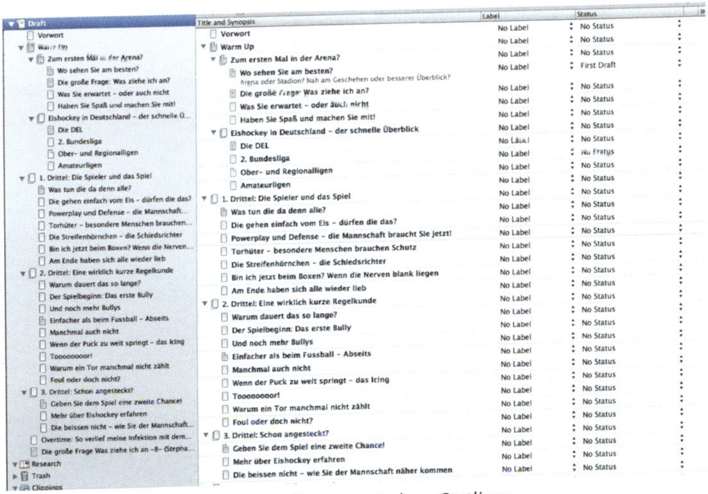

Abb. 1.2: *Binder mit dem Outliner.*

Zwischen den verschiedenen Ansichten wechseln Sie über das Menü VIEW. Nützlich ist, wenn Sie sich gleich die dazu passenden Tastenkürzel einprägen, so geht der Wechsel später schneller.

Für einen kurzen Überblick der wesentlichen Unterscheidungsmerkmale von Scrivener soll dies einmal genügen. Lassen Sie uns lieber mit der kreativen Arbeit beginnen!

Kapitel 2

Starten Sie Ihr Projekt

2.1 Neues Projekt in Scrivener anlegen 24

2.2 Erste Ideen sammeln – das Corkboard 28

2.3 Grundstruktur anlegen 31

2.4 Noch feiner gliedern 33

2.5 Externe Gliederungen übernehmen 36

2.6 Von Word zu Scrivener 38

Nun genug der Vorreden, höchste Zeit, mit dem ersten eigenen Projekt in Scrivener zu beginnen. Ob Sie nun einen Roman schreiben wollen, eine wissenschaftliche Arbeit oder einen Fachartikel – den Kern bildet in Scrivener immer ein Projekt. Die Projektdatei enthält folgende Elemente, sofern diese von Ihnen angelegt worden sind:

- Die Texte und deren Struktur,
- Material zur Recherche, etwa Bilder, PDF-Dateien, Texte
- Informationen zum Bearbeitungsstand der Dokumente sowie Kommentare oder Ergänzungen
- Die Optionen für das Kompilieren der Dokumente innerhalb der Datei und Projektvorgaben, wie Abgabetermine oder Zeichenzahlen.

Wie Sie Ihre Projektdateien organisieren, überlässt Scrivener völlig Ihnen. Natürlich ist es sinnvoll, etwa ein Buch als eigenständiges Projekt anzulegen. So sind alle Materialien und Ideen an einem zentralen Ort versammelt. Eine Projektdatei kann aber auch ein Speicher für Dokumente sein, die jeweils separat veröffentlicht werden. So ließen sich etwa einzelne Artikel, die zu einem Thema gehören, ebenfalls in einer Projektdatei ablegen. Blogger könnten aktuelle und geplante Artikel in einer Datei speichern. Sie sehen: Sie bleiben flexibel.

2.1 Neues Projekt in Scrivener anlegen

Wenn Sie Scrivener starten, wird üblicherweise der Dialog zur Anlage eines neuen Projekts geöffnet. In diesem Fenster haben Sie die Wahl zwischen verschiedenen Projekt-Vorlagen. Die Auswahl dieser Templates erscheint auch, wenn Sie in Scrivener FILE, NEW PROJECT wählen. Die gruppierten Vorlagen decken zahlreiche Einsatzgebiete ab. Dabei stehen natürlich insbesondere die Anwender aus dem englischsprachigen Raum im Mittelpunkt.

Nach der Lektüre des ersten Kapitels wissen Sie bereits, dass Scrivener anders als Word & Co. nicht auf einem festen Set an Formatvorlagen beruht. Woraus besteht also eine Projektvorlage?

In erster Linie handelt es sich dabei um die Optionen für die Ausgabe des Manuskripts. Das Kompilieren, auf das ich besonders intensiv im Zusammenhang mit der Veröffentlichung eines Manuskripts eingehen werde, umfasst mehrere Register, die prall mit Optionen gefüllt sind. Damit spart eine Projektvorlage schon eine Menge Zeit, da die entsprechenden Einstellungen nicht erneut vorgenommen werden müssen. Das Anlegen eigener Vorlagen zeige ich Ihnen im letzten Kapitel dieses Buches.

Um mit Ihrem eigenen Projekt zu beginnen, nutzen Sie am besten die leere Vorlage (»Blank«). Klicken Sie anschließend auf CHOOSE (ANLEGEN). Jetzt blendet Ihnen Scrivener unmittelbar den Dialog für das Speichern einer Datei ein. Und das ist auch gut so, denn für die Entwickler der Software spielt die Sicherheit Ihrer Daten eine wichtige Rolle. Nichts ist ärgerlicher, als bereits mehrere Stunden an einem Manuskript gearbeitet zu haben und dieses dann durch einen technischen Defekt oder Fehlbedienung zu verlieren. Vergeben Sie der Datei also einen Namen und legen Sie das Verzeichnis fest.

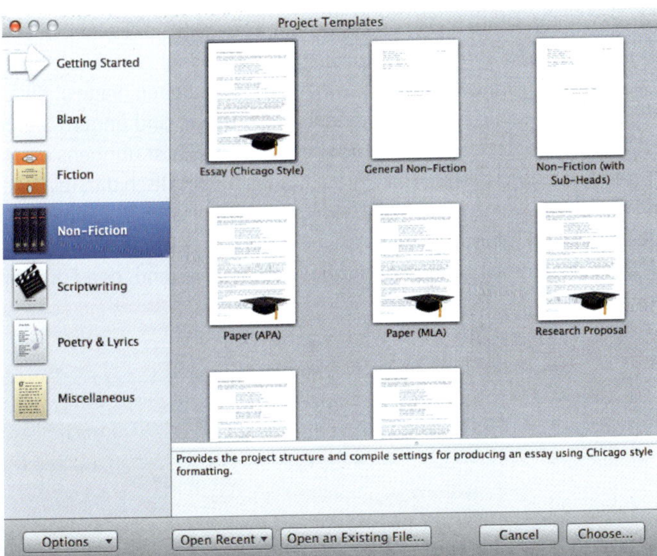

Abb. 2.1: *Der Dialog zur Vorlagenauswahl eines neuen Projekts.*

Jetzt begrüßt Sie Scrivener mit seiner klassischen Ansicht und einem noch leeren Projekt.

Zielvorgaben eintragen

Professionelle Autoren haben neben einer potenziellen Schreibblockade noch einen weiteren Feind: den finalen Abgabetermin des Manuskripts, auch als Deadline bezeichnet. Und selbst wer mit einem sehr nachsichtigen Lektor zusammenarbeitet oder völlig ohne Termin schreiben darf, tut gut daran, sich Projektziele zu setzen. Wenn Sie sich vornehmen, täglich eine bestimmte Zahl an Zeichen oder Seiten zu schreiben, wird Ihr Werk zwangsläufig wachsen. Mit dieser Taktik haben schon einige Schriftsteller Erfolg gehabt. Zu den prominentesten Beispielen zählt sicherlich Thomas Mann, der sich stets ein Tagesziel gesetzt und dieses auch erreicht hat. Und Romane wie der »Zauberberg« sind ja nicht nur inhaltlich, sondern auch vom Umfang her beeindruckend.

Scrivener kennt unterschiedliche Zielvorgaben. Beginnen möchte ich mit den globalen Vorgaben für ein Projekt. Unter PROJECT, SHOW PROJECT TARGETS rufen Sie sich einen kleinen Dialog auf, über den Sie die Zielwerte für das Gesamtprojekt ändern können. Sie haben die Wahl zwischen Wörtern (Words), Zeichen inklusive Leerzeichen (Chars) oder Seiten (Pages). Klicken Sie mit der Maus in das (kaum sichtbare) Feld davor, und ändern Sie den Wert auf Ihre Vorgabe. Das Rechteck über den Zahlen ist übrigens ein Balken, der Ihnen den Fortschritt an Ihrem Manuskript grafisch darstellt. Blenden Sie sich das kleine Fenster also ruhig immer mal wieder während Ihrer Arbeit ein. So erkennen Sie, ob Ihr Text Gefahr läuft, etwas zu lang zu werden. Zum anderen empfinde ich es immer als motivierend, den Fortschritt zu beobachten.

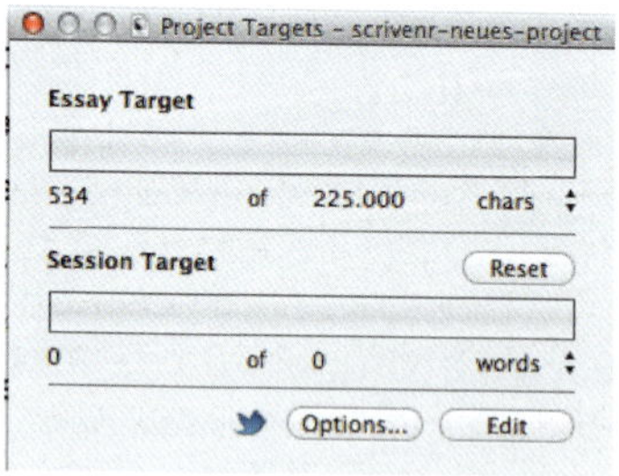

Abb. 2.2: *Die Projektziele helfen Ihnen bei Auftragsarbeiten dabei, nicht vom Weg abzukommen.*

Die Funktionen, die Ihnen dabei helfen, tägliche Ziele zu verfolgen, verbergen sich auf der zweiten Seite des Dialogs, die Sie mit einem Klick auf OPTIONS erreichen. Aktivieren Sie dort das Feld DEADLINE und geben Sie das Abgabedatum ein.

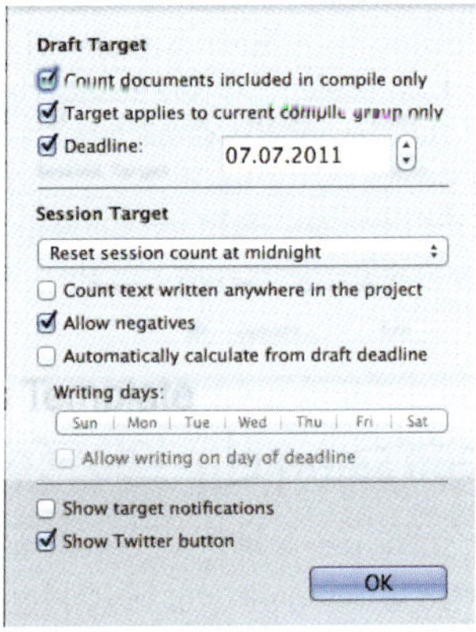

Abb. 2.3: *Aktivieren Sie auch die Option, sich den Abgabetermin anzeigen zu lassen.*

Wichtig

Ich setzte diesen Termin immer auf ein Datum vor dem eigentlichen Abgabetermin. Somit bleibt mir noch genügend Zeit, um das Dokument in das gewünschte finale Format zu bringen und vor allen Dingen auch noch einmal kritisch zu bearbeiten und eventuelle Fehler zu korrigieren.

Im Abschnitt SESSION TARGETS können Sie es ruhig bei den Voreinstellungen im Listenfeld belassen. Mit diesen Werten regeln Sie lediglich, wann Scrivener den Wert der Zeichen, die Sie schreiben müssten, neu berechnet. Viel wichtiger ist es, die Tage zu kennzeichnen, an denen Sie schreiben wollen. Markieren Sie dazu zunächst die Option AUTOMATICALLY CALCULATE FROM DRAFT DEADLINE. Mit dieser Einstellung errechnet die Software automatisch Ihr tägliches Pensum. Jetzt markieren Sie die Tage, an denen Sie schreiben wollen oder können. Unbedingt anklicken sollten Sie auch SHOW TARGET NOTIFICATIONS, damit Sie auf dem Mac einen deutlichen Hinweis erhalten, wenn Sie das Ziel erreicht haben.

Vorsicht

Geradezu ein Klassiker, was Nachfragen anbelangt: Wenn Sie an Ihrem Manuskript arbeiten, scheint sich an der Zeichenzahl nichts zu verändern. Kein Fortschritt ist zu bemerken. Meistens fällt dies erst nach einer Weile auf. Der Grund liegt in aller Regel in den OPTIONS. Wenn Sie dort aktiviert haben, dass nur die Dokumente gezählt werden, die den Zusatz »Compile« tragen, also später auch im finalen Produkt ausgegeben werden, kann dies Auswirkungen auf die Statistik haben. Nämlich dann, wenn Sie Dokumente für eine Zwischenabgabe aus dem Kompilierungsprozess herausgenommen haben. Diese Dateien werden dann nicht gezählt und Sie treten rein optisch auf der Stelle. Deswegen kontrollieren Sie erst die Optionen, bevor Sie auf weitere Fehlersuche gehen.

2.2 Erste Ideen sammeln – das Corkboard

Meiner Ansicht nach sollte die Arbeit an einem Manuskript immer mit einer (mehr oder weniger umfangreichen) Gliederung beginnen. Wenn Sie sich beim Schreiben an Ihre Gliederung halten, beugen Sie der Gefahr vor, sich zu verzetteln, vom Thema abzukommen oder gar einen wichtigen Gedanken zu vergessen. Die Arbeit, die Sie sich zu Beginn mit der Gliederung des Stoffes machen, zahlt sich aus, weil Sie fokussierter beim Schreiben sind und mit der Umsetzung schneller vorankommen. Wie lange Sie an einer Gliederung arbeiten und wie tief diese ins Detail geht, hängt natürlich auch vom Umfang des finalen Werkes ab. Für einen Blogbeitrag oder kurzen Artikel genügen sicherlich einige grobe Stichpunkte, die die Aspekte des Themas berücksichtigen. Anders sieht dies bei bedeutend umfangreicheren Werken aus, wie etwa auch diesem Buch. Beim Gliedern dürften Sie zu den schnellsten Ergebnissen kommen, wenn Sie von eher allgemeinen und gröberen Punkten immer mehr ins Detail gehen. Das Schöne an der Arbeit mit Scrivener besteht darin, dass Sie Ihre Gliederung jederzeit und wirklich einfach umstellen können. So lassen sich Szenen, Abschnitte oder Kapitel jederzeit an eine andere Stelle verschieben. Sie bleiben also völlig flexibel. Scrivener kennt verschiedene Werkzeuge, um Gliederungen anzulegen und Stoff zu strukturieren. Diese stehen auch völlig gleichberechtigt nebeneinander, sodass es letztlich Ihre Entscheidung ist, welches der Instrumente Sie verwenden wollen. Eines dieser Werkzeuge ist die Pinnwand, im Programm als **Corkboard** bezeichnet. Die Pinnwand rufen Sie durch VIEW, CORKBOARD auf. Schneller geht dies natürlich mit dem Tastenkürzel (in diesem Fall [⌘]+[2]).

Wichtig

Wenn Ihnen die Optik mit dem Bild einer Korkplatte nicht gefällt, können Sie dies jederzeit ändern. Dazu rufen Sie sich über SCRIVENER, PREFERENCES die Einstellungen der Software auf (oder Sie nutzen das auf dem Mac bekannte Kürzel [⌘]+[,]) und wechseln dort in den Abschnitt CORKBOARD. Im Abschnitt APPEARANCE ändern Sie mit den beiden Listenfeldern die angezeigte Grafik.

Wenn Sie in die Pinnwand-Ansicht wechseln, sehen Sie auf der rechten Seite den Arbeitsbereich. Darunter befinden sich einige Icons und auf der linken Seite des Programmfensters der Binder. Innerhalb des Binders ist das Hauptverzeichnis markiert. Das ist wichtig, denn die Änderungen, die Sie an der Struktur des Dokuments auf der Pinnwand vornehmen, beziehen sich immer auf eine bestimmte Stelle in der Hierarchie der Dokumente, die Sie im Binder ablesen können. Über die ersten beiden kleinen Schalter am unteren Rand des Fensters wechseln Sie zwischen zwei Betriebsarten der Pinnwand. Das »Gitter« symbolisiert eine Anordnung der Karteikarten in der Reihenfolge und Stellung im Binder. Für ein »Brainstorming« oder erste Ideensammlung eignet sich der zweite Modus deutlich besser.

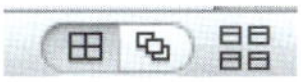

Abb. 2.4: *Mit diesen Icons wechseln Sie den Modus des Corkboards.*

Das FREEFORM CORKBOARD verhält sich zunächst wie eine Pinnwand oder Moderatorentafel. Sie klicken entweder auf das Pluszeichen am unteren Rand, um eine neue Karte anzulegen oder drücken die Eingabetaste. Damit legen Sie eine neue Karte an, deren Überschrift sofort in den editierbaren Modus geht. Sie können dort jetzt also das Thema eintragen oder auch die Überschrift des Kapitels oder Abschnitts, den die Karte symbolisiert. Das Praktische an diesem freien Modus ist, dass Sie die Karten schnell hintereinander anlegen und mit der Maus einfach erst einmal beiseiteschieben, neu gruppieren und in eine Reihenfolge bringen können, die Sie für sinnvoll halten. Sind Sie mit der Reihenfolge zufrieden, drücken Sie auf den Schalter COMMIT ORDER. Damit werden die Karten in der Hierarchie des Manuskripts zunächst einmal festgeschrieben. Das ändern Sie natürlich bei Bedarf jederzeit wieder ab.

Zu jedem Eintrag, den Sie vornehmen, rate ich Ihnen noch einige Stichworte auf der Karte selbst zu notieren. Worum soll es in dem Abschnitt gehen? Was bildet den Schwerpunkt? Die Notizen auf der Karte werden in Scrivener als SYNOPSIS bezeichnet. Sie entspricht also eher einer Zusammenfassung der Inhalte. Die Karten können Sie auch über den Inspektor (Einblenden mit [Alt]+[⌘]+[I]) bearbeiten. Die visuellen Naturen unter Ihnen werden es begrüßen, dass Sie auf einer Karte auch mit Bildern arbeiten können. Ideal, wenn Sie einen Ort beschreiben wollen und bereits eine Abbildung dazu gefunden haben. Oder über ein Foto gestolpert sind, das eine Stimmung besonders gut wiedergibt. Statt einiger Stichworte »kleben« Sie die passende Abbildung einfach auf die Karte. Dazu klicken Sie in der Titelleiste des Inspektors beim Anzeigen einer Karte auf den kleinen Pfeil oder nutzen [⌘]+[7]. Scrivener zeigt Ihnen jetzt an, dass Sie auf der Karte eine Abbildung platzieren dürfen. Das Bild schieben Sie mit der Maus einfach aus einem Ordner auf Ihrer Festplatte auf den dafür reservierten Bereich der Karte.

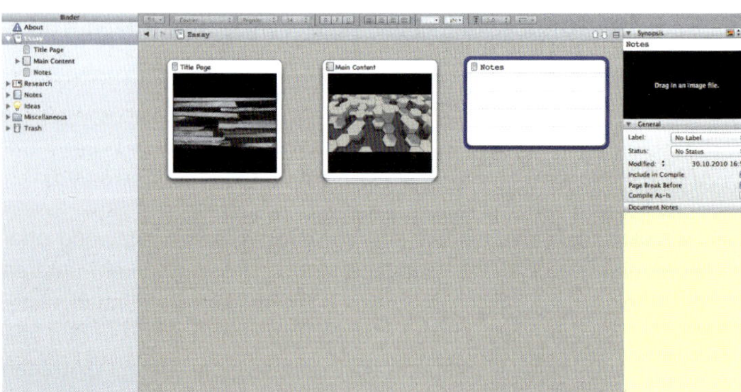

Abb. 2.5: *In Kombination mit dem Inspektor können Sie im Corkboard auch Bilder ablegen. Zur Inspiration oder als visuelles Storyboard!*

Das Corkboard kann also auch als ein visuelles Storyboard genutzt werden!

2.3 Grundstruktur anlegen

Scrivener möchte Ihnen keinesfalls eine bestimmte Art zu Arbeiten aufzwängen. Deswegen lässt Ihnen die Software gerade beim Thema Gliederung sehr viele Freiheiten, was aber den Einstieg nicht so ganz leicht macht. Die erste Struktur eines Werkes kann mit dem Corkboard erfolgen. Sie müssen es aber nicht verwenden, wenn Sie nicht wollen. Denn eine der zentralen Ansichten auf Ihr Manuskript ist immer auch der BINDER. Dies ist die baumartige Struktur auf der linken Seite des Programmfensters. Den Binder können Sie jederzeit mit einem Tastenkürzel ein- bzw. ausblenden. Mit [Alt]+[⌘]+[B] rufen Sie sich die Liste auf oder verbannen diese wieder vom Bildschirm, um etwa mehr Platz auf dem Monitor zu gewinnen. Sobald Sie ein Projekt in Scrivener angelegt haben, sind drei Elemente im Binder zu finden:

- Draft: Dies sind die Teile Ihres Manuskripts, also alle Texte, aber eben auch (korrespondierend zu den Karten auf dem Corkboard) Bilder.
- Research: Hier landen alle Rechercheergebnisse. Dazu schreibe ich im weiteren Verlauf des Manuskripts noch etwas mehr. (siehe Kapitel 3)
- Trash: Der »Mülleimer« von Scrivener. Dort legen Sie Dinge ab, die Sie nicht mehr benötigen, ohne diese gleich auf Dauer zu verlieren.

Haben Sie die ersten Ideen mit den Karteikarten festgehalten, wird für jede Karte exakt ein Element im Binder angelegt. Ein neues Element legen Sie aber auch mit einem Rechtsklick auf DRAFT an. Aus dem Kontextmenü entscheiden Sie sich dann für ADD, NEW TEXT. Rufen Sie sich später wieder das Corkboard auf, entspricht dieser Eintrag wieder einer neuen Karte.

Um einen neuen Text im Binder anzulegen, steht auch das Tastenkürzel [⌘]+[N] zur Verfügung. Das neue Element befindet sich bereits im Bearbeitungsmodus. Sie tippen einfach die Überschrift oder das Stichwort ein. Um eine SYNOPSIS zu ergänzen, rufen Sie sich am besten den Inspektor auf und ergänzen die fehlenden Teile dort.

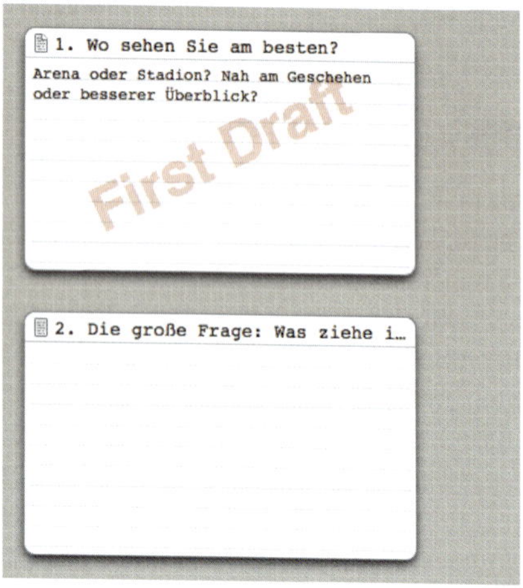

Abb. 2.6: *Eine typische Karteikarte in Scrivener mit der Synopsis.*

Nachdem Sie eine grundlegende Struktur Ihres Manuskripts entwickelt haben, also die ersten Karten oder Einträge im Binder angelegt sind, gehen Sie an die weitere Verfeinerung. Wie im Gliederungsmodus einer jeder anderen Textverarbeitung kann ein Eintrag im Binder Untereinträge umfassen. Im Binder ist es daher möglich, die Elemente mit der Maus in eine andere Reihenfolge zu bringen oder Hierarchien zu erzeugen. Die Hierarchien können (müssen aber nicht!) später mit den Unterüberschriften des finalen Manuskripts übereinstimmen. Denn ob ein Stichwort auf einer Karte oder dem Eintrag in der Liste auch tatsächlich zu einer Überschrift wird, definieren Sie erst im Laufe des Kompilierens.

Um die Reihenfolge der Elemente im Binder zu verändern, markieren Sie zunächst den Eintrag mit der Maus. Klicken und halten Sie die Maustaste gedrückt und bewegen Sie nun den Mauszeiger. Sie werden sehen, dass Scrivener Ihnen eine Markierung in Form einer blauen Linie einblendet. Wenn das Element an der Stelle der Gliederung auftaucht, die Sie für richtig halten, lassen Sie die Maustaste wieder los. Um den Eintrag beim Verschieben zu einem Untereintrag zu machen, bewegen Sie das Element auf einen bereits vorhandenen Eintrag. Dieser wird dabei markiert. Sobald Sie nun die Maustaste loslassen, haben Sie eine Beziehung zwischen den beiden Einträgen hergestellt und einen Unterabschnitt erzeugt.

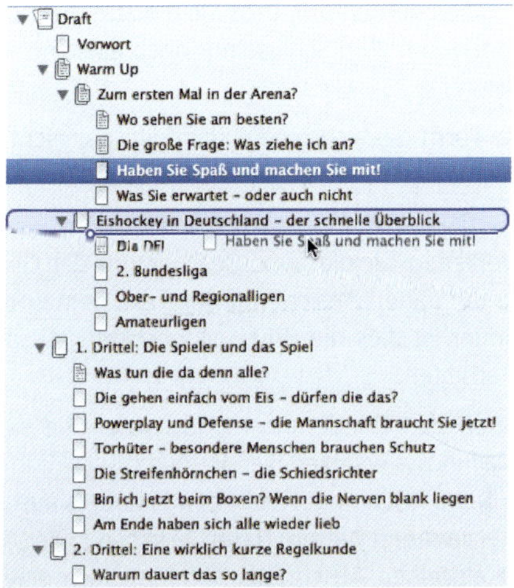

Abb. 2.7: *Im Binder verschieben Sie Dokumente schnell an eine neue Position.*

2.4 Noch feiner gliedern

Die meisten von uns werden bereits während der Schulzeit die Erfahrung gemacht haben, dass das eigentliche Schreiben viel schneller und leichter von der Hand geht, wenn der Stoff möglichst im Detail gegliedert ist. Die Struktur gibt Sicherheit, und wenn auch bereits die Recherche (siehe Kapitel 4) erfolgt ist, müssen Sie sich nur noch auf das Finden der richtigen Worte konzentrieren. Da Sie den Stoff, anders als in anderen Textverarbeitungen, völlig unabhängig vom späteren Manuskript gliedern können, sollten Sie die Struktur so detailliert wie nur möglich anlegen.

- Sie schreiben mit Scrivener einen wissenschaftlichen Text? Dann ergibt sich die Gliederung bereits häufig aus dem Stoff selbst, etwa durch die Chronologie von Ereignissen oder dem Einfluss von Personen.
- Als Romanautor könnten auf den ersten beiden Ebenen der Gliederung Schlüsselszenen liegen, während die Unterpunkte dann Dialoge und Übergänge zwischen einzelnen Szenen enthalten.

Wahrscheinlich werden Sie in den ersten Projekten mit Scrivener noch recht grob gliedern. Sobald Sie die ersten Manuskripte kompiliert haben, fällt Ihnen aber mit Sicherheit auf, dass Sie die Struktur noch viel feinteiliger anlegen können, um zum Schluss nur noch einzelne »Häppchen« mit Inhalten zu füllen.

Sagt Ihnen diese Form des Schreibens dagegen gar nicht zu, hindert Sie natürlich auch nichts daran, nur mit wenigen Einträgen im Binder zu arbeiten.

Das perfekte Werkzeug für die feine Bearbeitung der Gliederung ist der OUTLINER. Neben der reinen Ansicht auf den Text, dem Corkboard und der Übersicht im Binder ist dies die dritte Möglichkeit, mit der Struktur des Manuskripts zu arbeiten.

Den OUTLINER, also den Gliederungsmodus, rufen Sie sich jederzeit mit `⌘`+`3` (Unter Windows ersetzen Sie `⌘` durch `Strg`, in diesem Fall also `Strg`+`3`) auf den Bildschirm. Er sieht etwas anders aus, als Sie vielleicht dem Namen nach vermutet hätten. Denn Sie sehen in der Ansicht nicht nur die Einträge der einzelnen Abschnitte, sondern noch eine Reihe weiterer Informationen in Form einer Tabelle. Diese Zusatzinformationen spielen allerdings erst während der konkreten Arbeit am Manuskript eine Rolle, wenn es darum geht, einen Überblick über das gesamte Projekt zu behalten. Seinen vollen Nutzen spielt der Outliner allerdings nur dann aus, wenn Sie bereit sind, sich einige Tastenkürzel einzuprägen. Zwar können Sie alle Aktionen auch mit der Maus durchführen, beim Gliedern dürfte es aber effektiver sein, wenn Sie ausschließlich mit den Tasten arbeiten. Die Elemente in der Gliederungsansicht korrespondieren immer mit der Stellung im Binder.

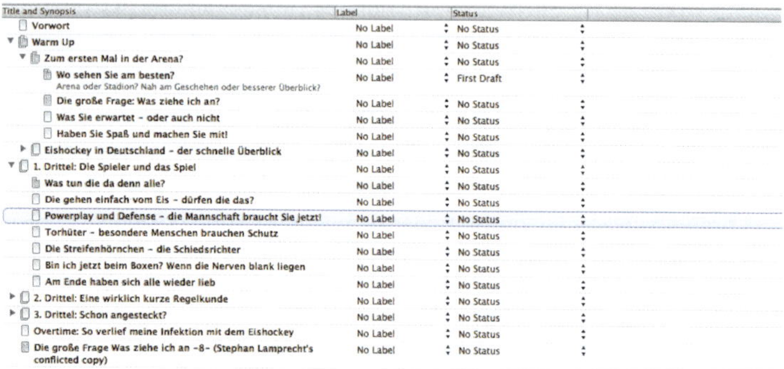

Abb. 2.8: *Der Outliner in seiner typischen Darstellung.*

Haben Sie den Wurzelknoten »Draft« im Binder markiert und wechseln in den Outliner, finden Sie dort alle in der Hierarchie »Draft« gespeicherten Elemente. Befindet sich die Markierung an einer anderen Stelle, gliedern Sie somit Elemente unterhalb dieser Markierung. Prägen Sie sich also zunächst das Kürzel [Ctrl]+[⇆] ein. Damit wechselt der Fokus zwischen Binder und Outliner. Dies zeigt Ihnen Scrivener auch farbig an. Mit den Pfeiltasten bewegen Sie sich (im Binder oder Outliner) zwischen den Elementen hin und her, verschieben also die Markierung selbst. Hat ein Element Unterpunkte, klappen Sie die darunterliegende Struktur mit »nach links« zu, mit »nach rechts« wieder auf.

Eine Besonderheit innerhalb des Outliners: mit einem Druck auf [↵] legen Sie ein neues Element an, das sich auf der gleichen Hierarchiestufe wie der davor stehende Eintrag befindet. Das ist extrem praktisch und zeitsparend, weil Sie sich nicht erst noch um die korrekte Anordnung innerhalb der Abstufung kümmern müssen.

Die wichtigsten Shortcuts in diesem Zusammenhang sind die, mit denen Sie ein Element in der Liste verschieben, höher und niedriger stufen können. Dazu dient [Ctrl]/[⌘] und [↑], [↓]: Verschiebt ein Element immer um eine Position in der entsprechenden Richtung innerhalb der eigenen Hierarchieebene. [→]: Stuft das Element tiefer. [←]: Der Eintrag wird um eine Ebene höher gestuft.

Das Stufen bezieht sich immer auf das aktuelle Element. Das Verschieben und Stufen können Sie auch mit der Maus durch Klicken und ziehen erledigen, empfehlenswert ist es allerdings nicht. Wenn Sie konsequent mit der Tastatur arbeiten, steht Ihnen damit in Scrivener ein einfaches Werkzeug zur Verfügung, um schnell eine Gliederung anzulegen und zu bearbeiten.

Wichtig

Sie können Scrivener auch schon für die erste Konzeption eines Werkes einsetzen und direkt aus dem Programm eine Gliederung und die Grundlage für ein Exposé exportieren (kompilieren). Dazu lesen Sie im Kapitel 7, »Ihr Werk publizieren« noch mehr.

2.5 Externe Gliederungen übernehmen

Das Mindmapping hat sich in den vergangenen Jahren einen festen Platz als Kreativitätstechnik erobert. Nicht nur Autoren fällt es damit viel leichter auch komplexere Inhalte mit diesen »Gedankenkarten« zu gliedern und zu strukturieren. Dank eines Austauschformates für Gliederungen übernehmen Sie die Arbeitsergebnisse unkompliziert in Scrivener. Dieser Weg eignet sich auch für alle Nutzer, die beim Strukturieren und Gliedern gern auf die Dienste eines Spezialprogramms zurückgreifen. Gerade für den Mac werden eine Reihe solcher »Outliner« angeboten, das bekannteste Produkt ist sicherlich der OmniOutliner (*http://www.omnigroup.com/products/omnioutliner/*). Egal welches Programm sie einsetzen: Damit die Datenübernahme nach Scrivener reibungslos funktioniert, muss die Software in der Lage sein, OPML-Dateien zu exportieren.

Vielleicht nutzen Sie bereits einen Mindmapper auf einem Tablet-PC wie dem iPad? Dann werden Sie wahrscheinlich von dem geradezu natürlichen Zeichengefühl begeistert sein, wenn Sie darauf Ihren Stoff strukturieren. Gerade Programme wie iMindmap für das iPad oder SimpleMind für Android wecken das Gefühl, wie auf Papier zu zeichnen, wenn Sie einen Eingabestift verwenden. Setzen Sie sich entspannt auf die Terrasse oder den Balkon und skizzieren Sie Ihr neues Werk einfach grafisch in Form einer Map. Probieren Sie doch einmal aus, ob es Ihre Kreativität beflügelt, wenn Sie sich mit dem Notebook oder Tablet-Computer in ein Café setzen, um dort an der Gliederung zu arbeiten? Gerade die Ortsveränderung wirkt manchmal wahre Wunder und bringt Sie auf neue Ideen. Wenn die Mindmap Ihren Vorstellungen entspricht, exportieren Sie diese in das OPML-Format.

Wichtig

Damit das reibungslos klappt, ist es besser, beim Zeichnen von Mindmaps auf zusätzliche Informationen darin zu verzichten. So bieten zwar viele Programme die Möglichkeit, zu einem Ast noch Notizen zu speichern. Diese machen beim Export aber regelmäßig Probleme.

OPML-Dateien geben aber nicht nur Gliederungsprogramme aus. Diese lassen sich auch teilweise mit Texteditoren erzeugen. Dabei handelt es sich dann wahrscheinlich um die einfachste Möglichkeit, eine Gliederung anzulegen.

In Scrivener importieren Sie die Datei durch FILE, IMPORT, FILES. Navigieren Sie dann zum Ordner, in dem sich Ihre OPML-Datei befindet. Die gesamte Hierarchie der Punkte wird in einen eigenen Ordner unterhalb von »Draft« angelegt. Sie können die Einträge natürlich mit der Maus markieren und so verschieben, dass die Gliederung als Element von »Draft« gilt.

Vorsicht

Unter Umständen wird der Import mit einer Fehlermeldung abgebrochen oder aber es wird gar nichts übernommen. OPML ist leider nicht soweit standardisiert, dass das Exportergebnis aller Anwendungen auch tatsächlich von Scrivener problemlos übernommen werden kann. Wenn Sie in diese Falle getappt sind, ärgern Sie sich nicht, sondern versuchen Sie stattdessen eine OPML-Datei mit einer anderen Anwendung zu erzeugen.

Im Zusammenhang mit dem Kompilieren eines Werkes werde ich Ihnen noch die Struktursprache Markdown etwas genauer vorstellen. An dieser Stelle nur so viel: Markdown-Dateien lassen sich in Scrivener ohne Probleme importieren und eignen sich auch dazu, eine Gliederung anzulegen.

Überschriften machen Sie in Markdown mittels des Zeichen »#« kenntlich. Je mehr Lattenkreuze Sie einem Text voranstellen, desto tiefer befindet sich der Eintrag in der Hierarchie.

```
# Überschrift Ebene 1


## Überschrift Ebene 2


### Überschrift Ebene 3
```

Wichtig ist dabei nur, dass sich zwischen den Einträgen jeweils zwei Leerzeilen befinden. Die Datei speichern Sie als einfache Textdatei (.txt) ab.

In Scrivener führen Sie dann FILE, IMPORT, MULTIMARKDOWN FILE aus und markieren das Dokument. Wie bereits beim Import einer OPML-Datei landet die Gliederung in Form eines eigenen Ordners unterhalb von »Draft«

im Binder. Die weiteren Einträge entsprechen indes den Überschriften und der Ebene, die Sie mit Markdown formatiert haben. Wenn Sie jetzt neugierig darauf geworden sind, was das Format noch alles für Sie tun kann, blättern Sie ruhig schon einmal in das Kapitel 7 vor. Dieses Buch ist übrigens mit Scrivener und Markdown-Formatierungen entstanden.

2.6 Von Word zu Scrivener

Vielleicht haben Sie, wie so viele, bisher mit Microsoft Word gearbeitet und damit Ihre Texte verfasst. Dann wird Sie sicherlich freuen, dass Sie recht unkompliziert von Word auf Scrivener umsteigen können. Etwas Arbeit müssen Sie sich allerdings noch machen. Generell könnten Sie ohne weitere Mühe über die Import-Funktion von Scrivener den vollständigen Text Ihres Werkes übernehmen. In diesem Fall bekommt Scrivener aber nichts von Ihrer Struktur mit. Die bisherige Kapitel- oder Szenenaufteilung wäre verloren und einer der Vorteile der Software, nämlich den Stoff extrem fein gliedern zu können, wäre dahin.

Zum Glück gibt es aber einen Ausweg. Öffnen Sie Ihr Dokument in Word. Blättern Sie jetzt seitenweise durch die Datei und fügen Sie das Zeichen »#« am Ende jedes Abschnitts ein, der als eigener Punkt in der Gliederung von Scrivener auftauchen soll. Das kann am Ende jedes Hauptkapitel sein, aber auch nach jedem Unterabschnitt. Am besten ist es, wenn Sie das Zeichen in jedem eigenen Absatz eintragen. Allerdings behandelt Scrivener später diese einzelnen Elemente völlig gleichberechtigt, d.h., dass alle Kapitel oder Abschnitte auf der gleichen Hierarchieebene stehen. Mit dem Outliner oder im Binder beheben Sie dieses Malheur dann aber doch recht schnell.

In Scrivener führen Sie FILE, IMPORT, IMPORT AND SPLIT aus (Unter Windows heißt dies Importieren, Importieren und Aufteilen). Suchen Sie sich im nachfolgenden Dialog Ihr Word-Dokument aus und achten Sie darauf, dass das Trennzeichen auch korrekt ist. Möchten Sie ein anderes Zeichen verwenden, tragen Sie es einfach an dieser Stelle ein. Wenige Augenblicke später haben Sie Ihr bisheriges Manuskript vollständig in Scrivener angelegt.

Kapitel 3

Material sammeln

3.1 Der Research-Ordner 40
3.2 Clippings nutzen 42
3.3 Webseiten hinzufügen 44
3.4 PDF-Dokumente hinzufügen 46
3.5 Bilder und sonstige Dokumente sammeln 47
3.6 Referenzmaterial beim Schreiben im Blick behalten 49
3.7 Beliebiges Material im Projekt sammeln 52
3.8 Zotero als Recherche-Tool 53

Es sind mehrere Funktionen, die Scrivener zu einem einzigartigen Werkzeug machen. Einerseits die Möglichkeit, Texte unabhängig vom Ausgabeformat zu schreiben und das Manuskript in viele verschiedene Endprodukte zu konvertieren. Zum anderen aber auch die Möglichkeit, alles Material, das im Zusammenhang mit einem Text steht, unter der gleichen Oberfläche übersichtlich zu organisieren.

- Romanautoren sammeln direkt in Scrivener Notizen zu Charakteren oder Orten. Inspirierende Bilder oder Fotos, Material aus Archiven, um besonders detailgenaue Schilderungen abzuliefern.
- Sachbuchautoren haben die Möglichkeit, Definitionen aus Online-Lexika, Fachartikel zum eigenen Thema und Skizzen abzulegen.
- Juristen speichern wichtige Grundsatzurteile oder Leitsätze in der Datei, um während der Arbeit darauf zurückzukommen.
- Wissenschaftler werden wahrscheinlich von allen genannten Anwendern, diese Funktion am meisten schätzen. Denn zu jeder Aussage sollte ja wenigstens auch eine Quelle genannt werden. Und wer direkt zitieren muss, spart sich Zeit, wenn die Quelle unmittelbar zusammen mit dem Manuskript gespeichert werden kann.

Durch die Option, den Bildschirm zu teilen, stellen Sie Ihren Text und das Recherchematerial direkt nebeneinander. So haben Sie das Bild, das Sie inspiriert, während des Schreibens vor Augen. Oder Sie greifen auf eine Definition eines Fachbegriffs direkt beim Schreiben zu.

In diesem Kapitel lesen Sie, wie Sie Ihr Material organisieren können, und wie Sie die gesammelten Informationen überhaupt in Scrivener ablegen.

3.1 Der Research-Ordner

In der Ordnerhierarchie des Binders ist mit RESEARCH ein weiterer wichtiger Ordner enthalten. Er liegt außerhalb des eigentlichen Manuskripts und ist für die Sammlung von Informationen und Material rund um Ihren Text vorgesehen.

Die Vielfalt der Formate, mit denen Scrivener umgehen kann, entspricht den vielen unterschiedlichen Möglichkeiten, an Material für eigene Texte zu gelangen.

Sie können diese Dateiarten sammeln:

- Textdokumente: RTF-Format, Doc und Docx (diese werden bei der Ablage in RTF-Dateien konvertiert), ODT, TXT.
- PDF-Dateien
- Bilder: Hier werden eigentliche alle Formate unterstützt, die auch vom Betriebssystem genutzt werden können.
- Webseiten: Diese bleiben funktional erhalten. Wenn Sie einen Link anklicken, der auf eine externe Ressource verweist, startet automatisch der Browser.

Wichtig

Wenn Sie Material in Scrivener übernehmen, bleibt die bereits auf Ihrem System gespeicherte Version erhalten. Sie brauchen sich also keine Sorgen zu machen, dass beim Löschen eines Recherche-Elements dieses auf der Festplatte verschwindet.

Wie auch in anderen Bereichen lässt Ihnen das Programm hier viele Freiheiten, wie Sie das Material in Scrivener importieren.

- Ziehen Sie bereits vorhandene Dateien einfach aus dem Dateimanager in den entsprechenden Order des Binders.
- Nutzen Sie die Import-Funktion aus dem Menü File.
- Setzen Sie auf dem Mac auf die Systemdienste, die von Scrivener im Betriebssystem integriert wurden.

Den Research-Ordner können Sie, genau wie Ihr Manuskript auch, so fein untergliedern, wie es Ihnen passt. So kann es natürlich sinnvoll sein, Material analog zur Kapitelaufteilung zu organisieren. Oder Sie gliedern die Ergebnisse Ihrer Recherche thematisch!

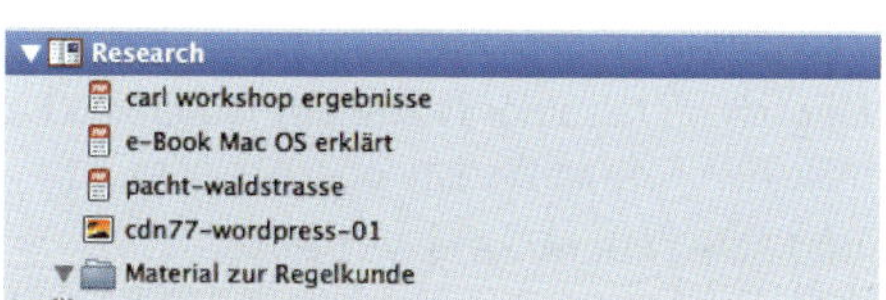

Abb. 3.1: *Der Research-Ordner mit einigen Materialien.*

Dazu legen Sie innerhalb des Research-Ordners einfach weitere Unterordner an. Klicken Sie dazu auf den Eintrag RESEARCH mit der rechten Maustaste und nutzen Sie aus dem Kontextmenü das Kommando ADD, danach FOLDER auswählen und einen Namen vergeben. Mit der Maus ziehen Sie den neuen Ordner dann einfach an seine Stelle innerhalb des Binders. Alternativ können Sie sich auch des kleinen Schalters bedienen, der sich am unteren Rand des Binders befindet und einen Ordner mit einem Pluszeichen zeigt.

3.2 Clippings nutzen

Sie stoßen auf einer Webseite oder in einem anderen Text auf eine interessante Aussage oder Passage, die Sie gern als Material in Ihrem Projekt ablegen wollen? Normalerweise würden Sie in einem anderen Programm jetzt den Text markieren, danach in die Zwischenablage kopieren und im Zielprogramm wieder einfügen. Scrivener spart Ihnen hier die Arbeit mit seiner Funktion der Clippings.

Clippings werden auf dem Mac als »Dienst« installiert und stehen damit automatisch in allen Anwendungen zur Verfügung, mit denen Sie sich (reine) Texte ansehen können. Das kann eine Textverarbeitung sein, ein Editor und vor allen Dingen auch der Web-Browser.

Als Ziel für ein Clipping nutzt Scrivener immer das aktuell geöffnete Projekt oder die Datei, die Sie zuletzt im Programm geöffnet hatten. Denn für die Nutzung der Clippings muss Scrivener nicht unbedingt gestartet sein. So besitzen Sie noch mehr Freiheit, weil Sie spontan in dem Moment, wo Sie einen interessanten Text finden, diesem Ihrem Projekt hinzufügen können.

1. Markieren Sie auf einer Webseite (oder in einer anderen Anwendung) die Textpassage, die Sie interessiert.
2. Im Anwendungsmenü (also der Name des laufenden Programms) des Macs finden Sie den Eintrag DIENSTE oder SERVICES.
3. Suchen Sie dort SCRIVENER:MAKE NEW CLIPPING.

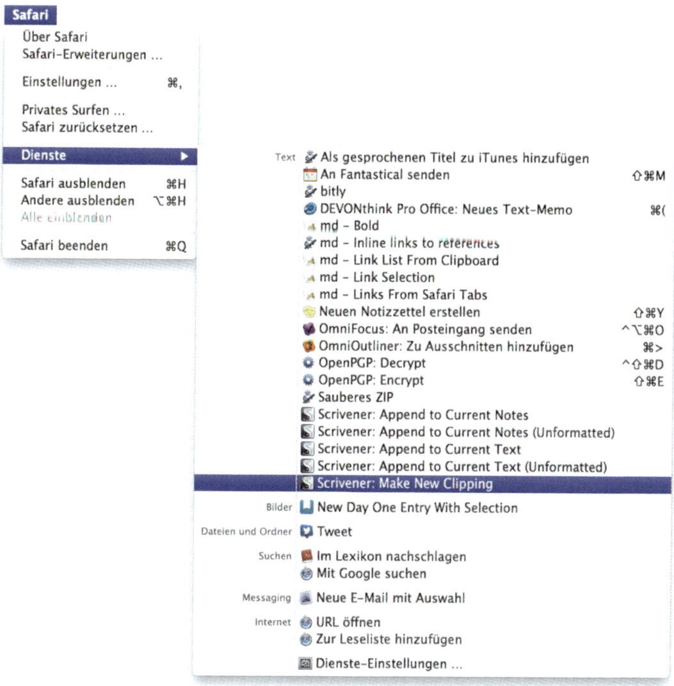

Abb. 3.2: *Wahlen Sie unter den Diensten die passende Funktion von Scrivener aus.*

4. Jetzt öffnet sich ein kleines Fenster, in das Sie statt der Vorbelegung eine eigene Beschreibung eintragen können und mit OK bestätigen.

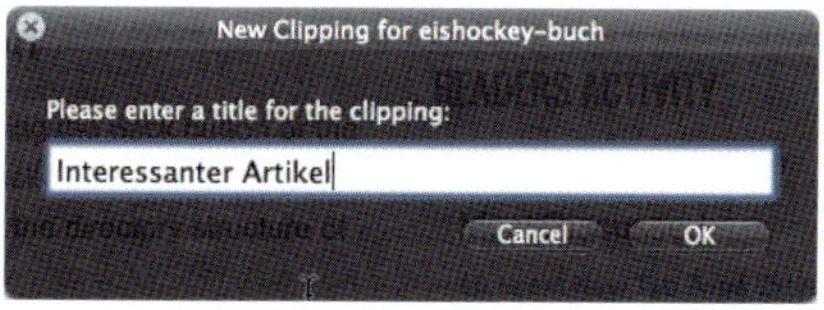

Abb. 3.3: *Die Software möchte von Ihnen noch einen Namen für das Clipping wissen.*

Neue Clippings landen in einem eigenen Ordner CLIPPINGS innerhalb des Binders. Verschieben Sie zu einem späteren Zeitpunkt die Einträge einfach an die gewünschte Stelle Ihres Materials. Derzeit ist diese Funktion ausschließlich dem Mac vorbehalten.

Wichtig

Mit dieser interessanten Funktion ist es sogar möglich, eine Textpassage unmittelbar einem Dokument hinzuzufügen, das Sie gerade bearbeiten. Das ist zum Beispiel ideal für alle Journalisten, die ein wörtliches Zitat aus einer anderen Anwendung übernehmen wollen. Nutzen Sie den Befehl SCRIVENER: APPEND TO CURRENT TEXT. Wieder öffnet sich ein kleiner Dialog, der Sie um eine Bezeichnung bittet. Sie wird als Einleitung dem zitierten Text vorangestellt, der jetzt in Ihrem Dokument landet.

3.3 Webseiten hinzufügen

Bestimmt zählt das Internet auch in Ihrer Arbeit zu einer der wichtigsten Recherchequellen überhaupt. Damit Sie Ihre Funde beim Surfen im WWW einfacher in ein Projekt übernehmen können, haben sich die Programmierer einen unkomplizierten Weg ausgedacht.

1. Rufen Sie in Ihrem Browser die Seite auf, die Sie interessiert. Kopieren Sie die vollständige URL des Dokuments in die Zwischenablage. Um wirklich die gesamte Adresse zu erwischen, genügt bei eigentlich allen Browsern ein Klick auf das Dokumenten-Symbol in der Adressleiste. Damit markieren Sie die Zeile.
2. Wechseln Sie zu Scrivener und in einen Ordner, in den Sie Recherchematerial ablegen. Führen Sie einen Rechtsklick aus und nutzen Sie das Kommando ADD, WEBPAGE.
3. Im nächsten Dialog ist die Adresse bereits im Feld URL übernommen. Dort haben Sie die Gelegenheit, noch einen Titel für das Dokument zu vergeben. Bei dessen Wahl sind Sie völlig frei. Am besten Sie nutzen eine Bezeichnung, die Ihnen später bei der Zuordnung der Information helfen kann. Mit einem Klick auf OK übernehmen Sie die Seite jetzt in Ihre Sammlung.

Abb. 3.4: *Eine Webseite als Recherchequelle in Scrivener.*

Wer das Web als Recherchequelle nutzt, kennt das Problem. Viele Webseiten sind mit so vielen Werbebannern übersät, dass man sich kaum auf die eigentliche Information konzentrieren kann. Dieses Problem können Sie umgehen, indem Sie die Dienste einiger Spezialanbieter im Web nutzen. Sie bereiten den Text in einer besonders lesbaren Form auf und entfernen alle störende Werbebanner.

- Pocket (*http://getpocket.com*)
- Readability (*http://readability.com/*)

Beide Dienste arbeiten nach dem gleichen Prinzip und sind kostenlos nutzbar. Sie müssen sich auf der Homepage nur ein Benutzerkonto einrichten. Die Optimierung des Layouts einer Seite ist dabei eigentlich nur ein »Nebenprodukt«. Vielmehr geht es darum, mittels der zahlreichen Apps für verschiedene Systeme oder Plug-ins für die Internetbrowser, interessante Artikel zu sammeln, um sie später zu lesen. Die so übermittelten Internetseiten werden auf Ihrer persönlichen Leseliste gesammelt. Aber natürlich können Sie die Detailansicht eines Artikels nach seiner Bereinigung ebenfalls als URL an Scrivener senden.

AA

Kleine Regelkunde: Vergleich des Reglements von NHL und IIHF

check-von-hinten.de | Alex | April 25th, 2011 | view original

Kurz vor der WM sollte man mal einen Blick auf die kleinen, aber feinen Unterschiede bei den Spielregeln beider Organisationen werfen. Immer wieder hört man von der Umstellung der Spieler auf die größeren europäischen Eisflächen, aber wie groß sind die Unterschiede tatsächlich? Aus der Grafik des Vergleiches der Spielfeldgrößen wird schon mal ersichtlich, dass die Eisflächen in Europa mit 1800 qm lockere 221 qm größer sind als die in der NHL. Besonders die neutrale Zone und die Fläche hinter dem Tor tragen zum Unterschied bei.

Weitere Differenzen betreffen die Spielregeln. (Auch wenn der Link etwas veraltet ist und für die Winterspiele 2010 gilt, existieren die meisten Unterschiede nach wie vor). Insgesamt gibt es 59 unterschiedliche Regelauslegungen, von Kleinigkeiten wie der Aufwärmphase (in der NHL 16 Minuten, in der IIHF derer 20) oder der üblichen drei Commercial Time-Outs pro Drittel in der NHL wollen wir gar nicht reden, es gibt auch fundamentale Unterschiede wie z.B. das nicht vorhandene Trapezoid hinter dem Tor in den IIHF-Regeln oder das sogenannte automatic Icing. Generell ist die Einstellung gegenüber großen Strafen in der NHL etwas lockerer, nur bei bestimmten Fouls wie z.B. beim Check von hinten, Stockstich etc erhält der Spieler zusätzlich einen Spielausschluss. Auch nach der zweiten 10-Minuten-Strafe in einem Match darf der Spieler in der NHL weiterhin mitspielen. Offensichtlich ist Eishockey in Nordamerika auch nach den Regeln etwas härter als in Europa – und das bezieht sich auch auf die Schiedsrichter, die nur dann ein Visier tragen müssen, wenn sie nach der Saison 2005/2006 verpflichtet wurden. *Harte Jungs!*

Abb. 3.5: *Das macht der Dienst Pocket aus einer mit Werbebannern gefüllten Seite.*

Sie möchten statt der Webseite lieber eine PDF-Version des Dokuments in Scrivener speichern? Dann nutzen Sie die Funktion des nächsten Abschnitts, nachdem das Dokument optisch aufbereitet wurde.

3.4 PDF-Dokumente hinzufügen

Das Apple-Betriebssystem enthält dank seines Unterbaus, der stark mit Linux verwandt ist, eine gute Unterstützung für PDF-Dateien. Sie brauchen für das Anlegen und Betrachten von PDF-Dokumenten keine zusätzliche Software. »Vorschau« kann solche Dokumente darstellen und direkt aus jedem Druckdialog starten Sie das Anlegen einer neuen PDF-Datei.

Scrivener bindet sich in diesen Mechanismus lediglich ein. Die Funktion ist natürlich für den Ausdruck von Internet-Artikeln interessant. Dazu rufen Sie im Browser nur die Druck-Funktion auf. Am unteren Rand des nachfolgenden Dialogs sehen Sie den Schalter PDF. Wenn Sie auf den kleinen Pfeil daneben klicken, blendet Ihnen das System alle Einträge ein, die von Anwendungen dort hinterlassen worden sind. Darunter auch das SAVE PDF TO SCRIVENER. Jetzt produziert das System ein PDF-Dokument und legt dies automatisch in den Research-Ordner des aktuell geöffneten Projekts.

Windows-Nutzer müssen hier leider einen Schritt mehr machen, da ihr Betriebssystem nicht so direkt mit PDF-Dateien umgehen kann. Besorgen Sie sich zunächst ein Programm, mit dessen Hilfe Sie PDF-Dateien »drucken« können. Ein Klassiker in dieser Hinsicht ist der »PDF Creator« (*http://de.pdfforge.org/pdfcreator*), den Sie kostenlos nutzen dürfen. Sie müssen lediglich die heruntergeladene Datei doppelt anklicken, um mit der Installation zu beginnen. Danach steht Ihnen ein neuer Drucker zur Verfügung. Wenn Sie das neue Dokument gespeichert haben, legen Sie es in der Windows-Version von Scrivener einfach über HINZUFÜGEN, DATEIEN im Material-Ordner ab.

3.5 Bilder und sonstige Dokumente sammeln

Der Research-Bereich mit seinen Ordnern kann viele weitere Dateien und Dokumente aufnehmen. Dazu verschieben Sie etwa Bilder oder andere Dateien direkt mit der Maus aus dem Dateimanager hinein. Oder Sie nutzen die Import-Funktion.

Klicken Sie mit der rechten Maustaste auf den gewünschten Ordner im Binder. Aus dem Kontextmenü nutzen Sie ADD und anschließend EXISTING FILES. Damit blendet Ihnen Scrivener den Dialog für das Öffnen von Dateien ein. Navigieren Sie dort zum Verzeichnis auf Ihrem System, in dem sich das Material befindet. Hier markieren Sie entweder die Dateien, die Sie importieren wollen, oder bestätigen den Dialog unmittelbar, wenn alle Elemente eines Verzeichnisses übernommen werden sollen. Handelt es sich um Formate, die Scrivener nicht direkt anzeigen kann, weist Sie ein kurzer Dialog darauf hin, dass die Dokumente konvertiert werden. Dies ist zum Beispiel bei Office-Formaten der Fall.

Wird ein vollständiger Ordner importiert, legt Scrivener automatisch diesen auch als Verzeichnis im Binder an. Nach erfolgreichem Import organisieren Sie bei Bedarf das Material jetzt völlig neu.

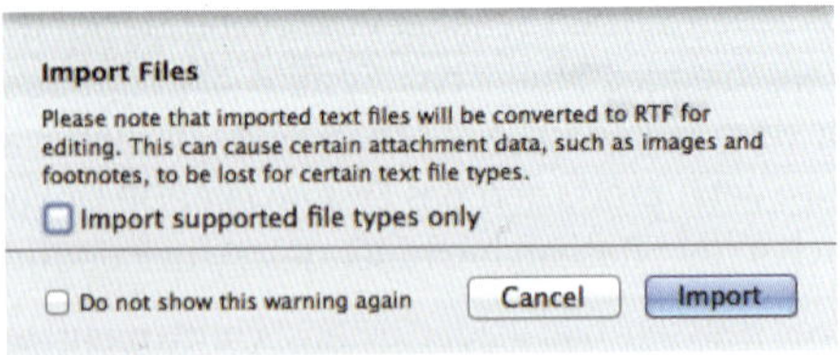

Abb. 3.6: *Wenn Sie Dateien importieren wollen, informiert Sie Scrivener darüber, dass einige Dokumente konvertiert werden.*

Während des Imports werden Kopien des Referenzmaterials erzeugt. Alle Dateien werden in die Projektdatei von Scrivener kopiert, die damit natürlich auch im Volumen größer wird. Damit haben Sie den Vorteil, dass Sie das gesamte Projekt auf einem externen Datenträger ablegen können und nahtlos Ihre Arbeit auf einem anderen Computer fortsetzen können.

Vorsicht

Um Dateikonflikte auszuschließen, sollten Sie jedoch niemals mit mehreren Scrivener-Instanzen zur gleichen Zeit auf eine Projektdatei zugreifen! Also immer das Projekt schließen, um es dann an einem anderen Ort wieder zu öffnen.

Möchten Sie die Projektdatei möglichst klein halten, lässt sich das Material auch einfach als Verweis in das Dateisystem verwalten. Wenn Sie eine solche Projektdatei auf einem anderen Computer öffnen, können Sie auf Ihre Texte zugreifen, die Verweise auf das Material gehen dann allerdings ins Leere. Die Nutzung der Links ist also nur für die Arbeit am gleichen System geeignet.

Um einen Link in das Dateisystem zu übernehmen, führen Sie FILE, IMPORT, RESEARCH FILES AS ALIASES aus. Der nachfolgende Dialog entspricht dem des Importvorgangs. Sie suchen also zunächst die Quelle aus, markieren das gewünschte Element und starten den Import. In diesem Fall ist es aber nicht möglich, lediglich einen Ordner anzugeben. Stattdessen verlangt Scrivener von Ihnen, dass Sie die Elemente, die Sie so übernehmen wollen, auch tatsächlich markieren. Ein solcher Verweis auf ein Referenzmaterial ist im Binder durch einen kleinen Pfeil vor dem Eintrag markiert. So erkennen Sie sofort, ob das Material im Projektordner liegt oder lediglich als externe Datei betrachtet werden kann.

Abb. 3.7: *Mit dem kleinen Pfeil vor dem Icon signalisiert Scrivener, dass es sich um Verknüpfungen handelt.*

3.6 Referenzmaterial beim Schreiben im Blick behalten

Das gesammelte Material wird wohl nur in den wenigsten Fällen lediglich zur Inspiration gesammelt worden sein. Wahrscheinlich möchten Sie während des Schreibens gern auf ein Dokument oder eine Datei zurückkommen. Scrivener kennt hierzu verschiedene Möglichkeiten, wie Sie Ihren Text und externe Quellen gleichzeitig auf dem Bildschirm behalten. Das ist umso bequemer und zweckmäßiger, wenn Sie auch über viel Platz auf dem Display verfügen.

Probieren Sie am besten mit den verschiedenen Darstellungen herum, bis Sie die Ansicht gefunden haben, die Ihrem persönlichen Arbeitsstil am nächsten kommt.

Die einfachste Möglichkeit besteht in der Zweiteilung des aktuellen Editors. Voreingestellt ist dabei, dass Sie das gleiche Dokument in beiden Bereichen betrachten. Die Darstellung eignet sich aber auch für den Zugriff auf Referenzmaterial.

Blenden Sie sich den Kopfbereich des Editors ein. Über VIEW, LAYOUT, SHOW HEADER VIEW erhält der Editor seine Titelleiste zurück, falls Sie diese ausgeblendet haben sollten. Im rechten oberen Bereich sehen Sie ein kleines Rechteck, das von einer Linie durchzogen ist. Klicken Sie darauf, wird die Ansicht horizontal geteilt. Sie blicken damit auf das Dokument, das Sie gerade bearbeiten, können aber in den beiden Bereichen jetzt unabhängig voneinander navigieren. Mit einem erneuten Klick auf das Icon wird die Ansicht wieder normalisiert. Wahrscheinlich werden Sie die vertikale Teilung als angenehmer empfinden. Zeigen Sie mit der Maus auf das Icon und drücken Sie die Taste [Alt]. Der Trennungsstrich im Icon ändert seine Ausrichtung. Ist der Bildschirm erst einmal geteilt, platzieren Sie die Schreibmarke in die Hälfte des Editors, in der Sie das Referenzmaterial anzeigen lassen wollen, und markieren die gewünschte Datei im Binder. Dieser Inhalt wird damit neben Ihrem Text platzieren. Wenn Sie die Ansicht auf dem Mac etwa auf einem größeren Display in den Vollbildmodus setzen, haben Sie jetzt eine bequeme Ansicht auf Material und Text.

Abb. 3.8: *Das kleine Icon in der rechten oberen Ecke des Bildschirms ist für die Aufteilung zuständig.*

Der Nachteil dieser Methode: Zum einen sehen Sie lediglich ein Element aus dem Recherchematerial, benötigen aber vielleicht in diesem Moment mehr Fakten. Zum anderen erscheinen Text und Material in der Darstellung nun gleichberechtigt. Das kann ablenken.

Eine Alternative dazu ist die Verwendung einer QUICK REFERENCE. Darunter versteht Scrivener kleine Satelliten-Fenster, die unabhängig vom Editor und dem restlichen Programm operieren und somit schnell Zugriff auf benötigtes Material erlauben. Gegenüber der Aufteilung des Editors besitzt diese Technik mehrere Vorteile:

- Sie können mehrere Dokumente als Referenz geöffnet haben.
- Das Material lässt sich frei auf dem Monitor platzieren.
- Quick-Referenzen funktionieren auch in der internen Vollbildansicht.

Um sich das Material anzusehen, klicken Sie im Binder mit der rechten Maustaste einen Eintrag an und nutzen Sie aus dem Kontextmenü den Eintrag OPEN. Dort finden Sie das Kommando AS QUICKREFERENCE.

Noch schneller geht es, wenn ein Element markiert ist und Sie einfach die Leertaste drücken. Damit verlassen Sie aber die Ansicht auf das Dokument, das Sie bearbeiten. Und das ist natürlich nicht von jedem Autoren gewünscht. Wenn Sie sich vielleicht sogar schon im Vollbildmodus befinden oder aber die Ansicht auf das Dokument, das Sie gerade bearbeiten, nicht verlassen wollen, können Sie auch VIEW, QUICKREFERENCE bemühen. Dahinter verbirgt sich nämlich ein hierarchisches Untermenü Ihres vollständigen Binder-Inhalts.

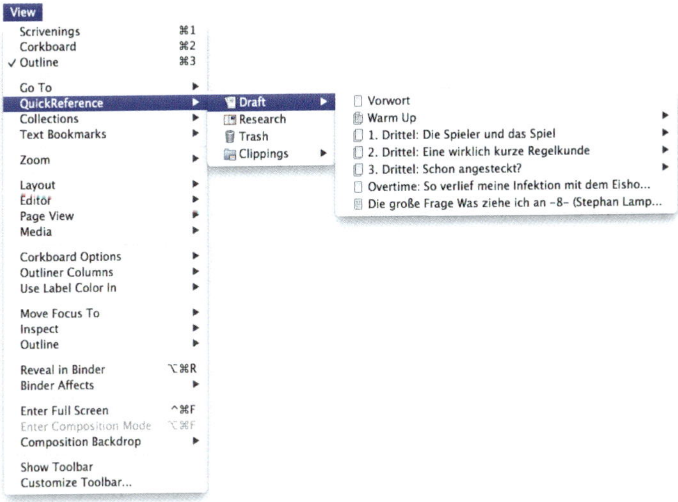

Abb. 3.9: *Mit dem Eintrag QuickReference blenden Sie sich mehrere Elemente zusätzlich zum Manuskript ein.*

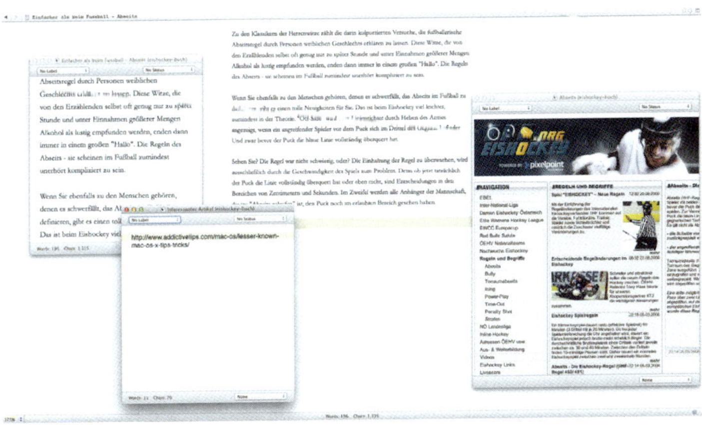

Abb. 3.10: *Das Manuskript mit einigen zusätzlichen Fenstern als Quick Reference.*

Anderes Referenzmaterial wie Notizen, oder die Synopsis eines Dokuments erreichen Sie ja stets über den Inspektor, den Sie in allen Ansichten auf die Datei aktivieren können.

3.7 Beliebiges Material im Projekt sammeln

Nach dem Verständnis der Entwickler ist die Projektdatei in Scrivener eine Sammelmappe für sämtliches Material, das Sie im Zusammenhang mit Ihrem Manuskript benötigen. Dazu dürfen auch Dokumente und Dateien zählen, die von der Software selbst gar nicht verarbeitet werden können. Auf den ersten Blick mag dies etwas widersinnig erscheinen, andererseits eröffnen sich Ihnen damit noch mehr Optionen, Ihren Arbeitsfluss nach Ihren Wünschen zu organisieren:

- Sie strukturieren Themen und Ideen in Form einer Mindmap, die Sie mit einer Spezialanwendung angelegt haben? Dann speichern Sie die Datei einfach im Projekt selbst.
- Vielleicht nutzen Sie oder Ihr Lektor den Adobe Reader, um PDF-Dateien zu kommentieren oder zu überarbeiten. Oder Sie verwenden ein solches Programm, um wesentliche Passagen in einer Datei zu kennzeichnen? Auch diese Datei legen Sie in Scrivener ab.

Das Besondere bei dieser Form der Ablage: Sie können die Datei mit einem Mausklick direkt aus Scrivener heraus an die passende Anwendung übergeben, um diese dann dort zu verändern.

Wichtig

Die meisten Anwender stolpern früher oder später über den Menüeintrag OPEN IN EXTERNAL EDITOR. Die Formulierung führt aber leider in die falsche Richtung. Es geht dabei nicht darum, einen Text außerhalb von Scrivener mit einem anderen Programm zu bearbeiten. Wenn Sie dies wollen, nutzen Sie die Möglichkeit, Ihr Manuskript mit einem externen Ordner abzugleichen. Das externe Programm, von dem hier in Scrivener die Rede ist, bezieht sich auf die Anwendung, die auf dem System als Standard-Programm für die Bearbeitung des Dateityps vorgesehen ist.

Die Ablage der Dateien folgt dem gleichen Schema wie der Import von Dateien. Nutzen Sie entweder den Befehl IMPORT, FILES oder ziehen Sie mit der Maus die Dokumente in den Binder hinein. Um das Dokument dann zu bearbeiten (oder eben in der Quellanwendung zu betrachten), klicken Sie mit der rechten Maustaste auf den Eintrag und nutzen das Kommando OPEN IN EXTERNAL EDITOR. Damit übergibt Scrivener die Datei an das auf dem System hinterlegte Programm für den Dateityp.

3.8 Zotero als Recherche-Tool

Wer wie ich als Sachbuchautor oder Journalist arbeitet, wird das meiste Material lediglich für die Dauer des Projekts benötigen. Sobald das Werk abgegeben und veröffentlicht ist, werden Referenzen und Fundstellen meistens nicht weiter benötigt. Es spielt also keine Rolle, dass die Materialsammlung lediglich in Scrivener zur Verfügung steht und nicht von anderen Programmen genutzt werden kann.

Das sieht im wissenschaftlichen Betrieb schon ganz anders aus. Natur- und Geisteswissenschaftler können ein Lied davon singen, wie viel Material bearbeitet werden muss. Bücher, gedruckte Aufsätze, Verweise auf Online-Angebote oder auch die Referenzen zu Buchtiteln aus Bibliotheken. Im Laufe des Studiums oder der eigenen Forschung muss immer mal wieder auf einen Beitrag zurückgekommen werden und die Sammlung wächst auch stetig an.

Spätestens an dieser Stelle stößt Scrivener an seine Grenzen. Zum einen verfügt das Programm nicht über eine so ausgefeilte Suchfunktion, um etwa aus einer umfangreichen Liste an Artikeln genau die Elemente zu finden, die sich mit einem bestimmten Aspekt beschäftigen. Zum anderen gibt es auch keine einheitliche Oberfläche, um etwa Literatureinträge zu verwalten.

In dieser Hinsicht sind Spezialanwendungen überlegen. Ein Beispiel ist Zotero (*https://www.zotero.org/*). Die Software arbeitet als Erweiterung für den Browser Firefox, wird aber auch in einer Version angeboten, die ohne den Unterbau auskommt und sowohl auf dem Mac, unter Windows und sogar auf Linux-Systemen eingesetzt werden kann. Die Nutzung des Programms ist kostenlos. Sie können sich auf dem Server allerdings registrieren, um jederzeit auch online auf Ihre Daten zugreifen zu können. Wenn Sie lediglich die Daten zwischen verschiedenen Systemen abgleichen wollen, geht dies aber auch mit einem Service wie Dropbox (*www.dropbox.com*), wenn Sie die Datenbank dort ablegen. Eine Alternative dazu besteht in der Nutzung des Dientes Evernote (*www.evernote.com*). Mittels einer Software für Mac, Windows und mobile Geräte sammeln und verwalten Sie Material oder auch Literaturfundstellen.

Wenn Sie noch auf der Suche nach einem Verwaltungsprogramm für Literatur und andere Quellen sind, kann ich Ihnen Zotero ans Herz legen. Denn wie Sie später im Abschnitt zum Thema Bibliografieren sehen werden, können Sie sehr bequem Quellenverzeichnisse in Kombination aus Scrivener und Zotero anlegen.

Kapitel 4

Schreiben mit Scrivener

4.1 Editor einrichten 56
4.2 Nachschlagen 60
4.3 Vollbildmodus 62
4.4 Formatierungen 66
4.5 Tabellen 69
4.6 Bilder einfügen 70
4.7 Auto-Complete 74
4.8 Texte umwandeln und korrigieren lassen 76
4.9 Suchen und Ersetzen 78
4.10 Mit Kommentaren und Anmerkungen arbeiten 83
4.11 Notizen und Stichworte nutzen 86
4.12 Schlüsselwörter einsetzen 87
4.13 Externe Dateien synchronisieren 90
4.14 Projektfortschritt überwachen 94
4.15 Etiketten als Organisationsmittel 97
4.16 Kollektionen zur besseren Übersicht 99
4.17 Scrivener auf Mac und Windows gemeinsam nutzen 103
4.18 Sichern Sie Ihre Arbeit 104
4.19 Exkurs: Wie Sie einfach produktiver schreiben 108

Sie haben Ihr erstes Projekt in Scrivener aufgesetzt und die Grundgedanken gegliedert. Sie sind mit der Recherche inzwischen an einen Punkt angelangt, da alle Fragen zunächst geklärt scheinen – nun ist es an der Zeit, sich dem Schreiben zu widmen. In diesem Kapitel lesen Sie unter anderem, wie Sie sich Ihre Arbeitsumgebung möglichst praktisch einrichten und wie Sie grundlegende Arbeiten wie das Einsetzen von Abbildungen erledigen.

4.1 Editor einrichten

Der Editor in Scrivener ist mit Sicherheit das Werkzeug, mit dem Sie die meiste Zeit verbringen werden. Wichtig während des Schreibens ist natürlich, dass Sie sich wohlfühlen und sich völlig auf Ihre Gedanken konzentrieren können. Deswegen passen Sie sich das Arbeitsmittel am besten ganz auf Ihre Bedürfnisse ein.

Wenn Sie an einem großen Monitor mit hoher Auflösung arbeiten, schreiben Sie Ihre Texte vielleicht mit allen eingeschalteten Werkzeugleisten und Paletten, sehen also den Inspektor, den Binder sowie Symbol- und Formatleiste vor sich. Doch je kleiner die Arbeitsfläche, desto weniger sehen Sie jetzt auch von Ihrem Text. Blenden Sie also am besten alle Elemente aus, die Sie nicht zwingend beim Schreiben benötigen und prägen Sie sich die Tastenkürzel ein, mit denen Sie die Elemente bei Bedarf wieder auf den Schirm rufen. Wenigstens das Ausblenden des Binders (⌘+Alt+B bzw. Strg+⇧+B) und des Inspektors (⌘+Alt+I auf dem Mac und Strg+⇧+I unter Windows).

Die meisten Nutzer, die erstmals einen Text in Scrivener verfassen, werden sich noch nicht an das Konzept gewöhnt haben, dass die Formatierungen innerhalb des Textes nicht notwendigerweise etwas mit dem späteren Erscheinungsbild des Werkes zu tun haben müssen. Nutzen Sie die Chance, die Schriftart in der Größe zu verwenden, die Sie gut lesen können und die Ihnen auch genügend Text auf dem Schirm lässt, um den Kontext der Stelle, die Sie gerade bearbeiten, gut zu erfassen.

Experimentieren Sie ruhig eine Weile mit unterschiedlichen Schriftarten, deren Größen und dem Zeilenabstand. Ich persönlich fühle mich mit einer serifenlosen Schrift mit dem Namen Optima, in der Größe 14 Punkt, bei 1,4 Zeilen Abstand am wohlsten. Der Text bleibt für mich gut lesbar, es ist davon aber auch auf kleineren Monitoren noch genügend zu lesen, sodass ich mich schnell orientieren kann. (Nochmal: Das hat nichts damit zu tun, wie der Text am Ende aussieht.) Haben Sie Ihre persönliche Kombination gefunden, platzieren Sie die Schreibmarke innerhalb eines so formatieren Absatzes und rufen Sie sich die Einstellungen von Scrivener auf (SCRIVENER, PREFERENCES). Wechseln Sie dort in das Register FORMATTING. Mit einem Klick auf USE FORMATTING IN CURRENT EDITOR bildet die Zusammenstellung ab sofort die Grundlage für alle neuen Dokumente, die Sie in Scrivener anlegen.

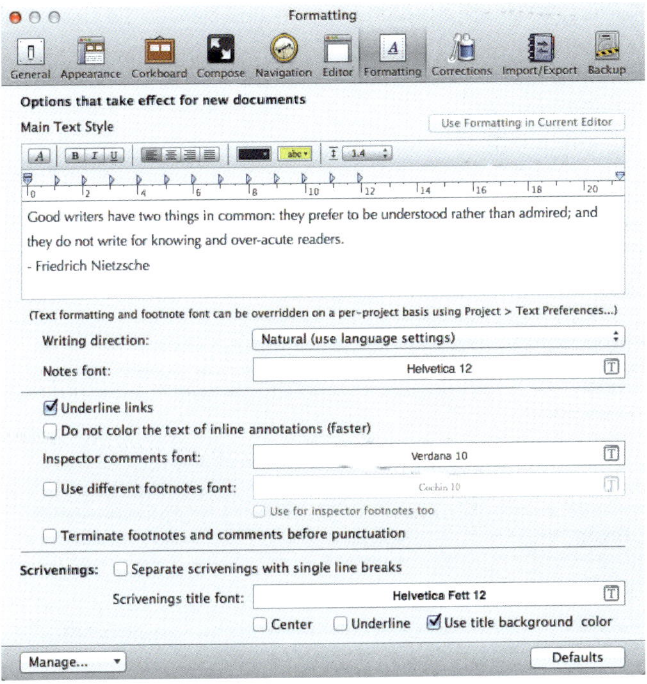

Abb. 4.1: *In den Einstellungen von Scrivener richten Sie sich den Editor und die verwendeten Schriftarten ein.*

In Autorenforen und auch Blogs wird seit einiger Zeit intensiv über das »ablenkungsfreie Schreiben« diskutiert. Dabei machen immer mehr Nutzer die Erfahrung, dass Sie sehr viel produktiver arbeiten, wenn sie gerade nicht durch zahlreiche Icons und Schalter auf der Oberfläche eines Programms abgelenkt werden.

Wer einen solchen minimalistischen Ansatz bevorzugt, muss nicht gleich Geld für ein weiteres Programm ausgeben. Das lässt sich auch in Scrivener umsetzen.

1. Über VIEW, LAYOUT blenden Sie den Binder und den Inspektor aus.
2. Wenn Sie es sehr einfach mögen, können Sie im gleichen Menü auch noch den Kopf- und den Fußbereich des Programmfensters ausblenden.
3. Nutzen Sie danach das Menü FORMAT und blenden Sie Lineal (Ruler) und Formatierungsleiste (Format bar) aus.
4. Schließlich lassen Sie auch über das Menü VIEW die Symbolleiste (Toolbar) verschwinden.

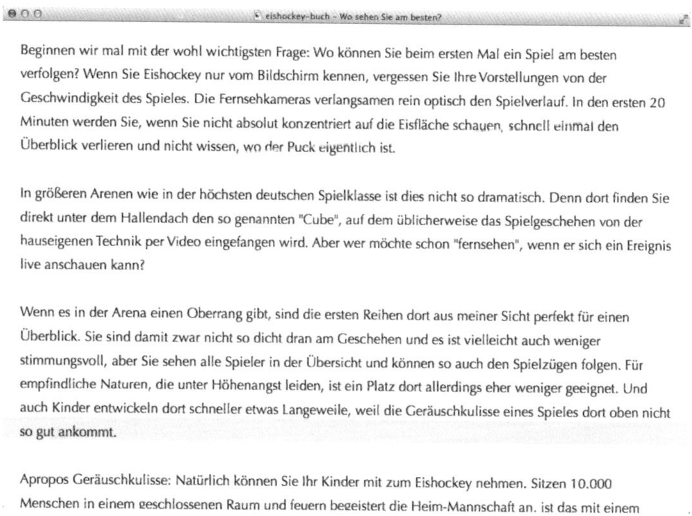
eishockey-buch – Wo sehen Sie am besten?

Beginnen wir mal mit der wohl wichtigsten Frage: Wo können Sie beim ersten Mal ein Spiel am besten verfolgen? Wenn Sie Eishockey nur vom Bildschirm kennen, vergessen Sie Ihre Vorstellungen von der Geschwindigkeit des Spieles. Die Fernsehkameras verlangsamen rein optisch den Spielverlauf. In den ersten 20 Minuten werden Sie, wenn Sie nicht absolut konzentriert auf die Eisfläche schauen, schnell einmal den Überblick verlieren und nicht wissen, wo der Puck eigentlich ist.

In größeren Arenen wie in der höchsten deutschen Spielklasse ist dies nicht so dramatisch. Denn dort finden Sie direkt unter dem Hallendach den so genannten "Cube", auf dem üblicherweise das Spielgeschehen von der hauseigenen Technik per Video eingefangen wird. Aber wer möchte schon "fernsehen", wenn er sich ein Ereignis live anschauen kann?

Wenn es in der Arena einen Oberrang gibt, sind die ersten Reihen dort aus meiner Sicht perfekt für einen Überblick. Sie sind damit zwar nicht so dicht dran am Geschehen und es ist vielleicht auch weniger stimmungsvoll, aber Sie sehen alle Spieler in der Übersicht und können so auch den Spielzügen folgen. Für empfindliche Naturen, die unter Höhenangst leiden, ist ein Platz dort allerdings eher weniger geeignet. Und auch Kinder entwickeln dort schneller etwas Langeweile, weil die Geräuschkulisse eines Spieles dort oben nicht so gut ankommt.

Apropos Geräuschkulisse: Natürlich können Sie Ihr Kinder mit zum Eishockey nehmen. Sitzen 10.000 Menschen in einem geschlossenen Raum und feuern begeistert die Heim-Mannschaft an, ist das mit einem

Abb. 4.2: *Auch das ist Scrivener – wer braucht da noch einen minimalistischen Texteditor?*

Das Ergebnis ist ein einfaches Programmfenster, in dem Sie mit Ihrem Text allein sind. Minimalistischer geht es wahrscheinlich kaum. Wenn Sie dieses Fenster auf dem Mac in den Vollbildmodus versetzen, gibt es wohl nichts, was Sie von der kreativen Arbeit noch ablenken könnte.

Und wenn Sie sich in dieser Ansicht nicht wohlfühlen, lassen sich die einzelnen Elemente ja leicht erneut wieder einblenden.

> **Wichtig**
>
> Die Symbolleiste mit ihren Werkzeugen stellt lediglich einen Vorschlag dar. Damit Sie Ihnen beim Arbeiten auch Zeit spart, stellen Sie sich am besten die Werkzeuge darin zusammen, die Sie persönlich besonders häufig benötigen. Dazu klicken Sie mit der rechten Maustaste auf die Leiste und nutzen das Kommando CUSTOMIZE TOOLBAR. Im nachfolgenden Dialog stellen Sie sich die Funktionen so zusammen, wie es Ihnen sinnvoll erscheint. Sie können jederzeit zu den Voreinstellungen zurückkehren, da die Entwickler am unteren Rand des Fensters ja die Vorbelegung hinterlegt haben.

Über die Symbolleiste können Sie auch einen PAGE LAYOUT MODUS aktivieren. Jetzt wandelt sich das Bild, und in Ihrem Editorenfenster werden plötzlich die Papierränder des Manuskripts sichtbar. Damit erhalten Sie einen Eindruck davon, wie sich Ihr Werk später präsentieren wird. Allerdings ist der Eindruck recht ungenau, da die genauen Umbrüche und Umfänge erst beim Export Ihres Materials entstehen.

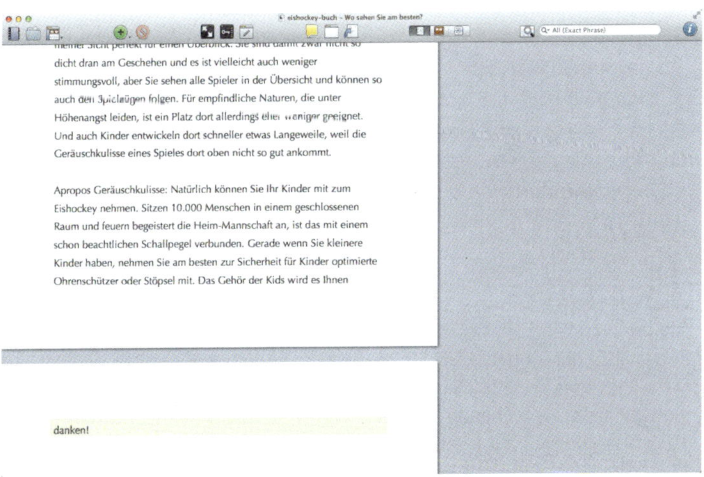

Abb. 4.3: *Wenn Sie die Analogie des Papiers bevorzugen, ist das in Scrivener auch möglich.*

4.2 Nachschlagen

Während der Arbeit an Ihrem Manuskript möchten Sie vielleicht zur Sicherheit die Definition eines Begriffs nachschlagen oder sich dazu weitere Informationen beschaffen. Mit den Writing Tools, wie Sie in der Mac-Version heißen, während die Windows-Version von »Schreibwerkzeugen« spricht, rufen Sie direkt aus Scrivener weitere Angebote auf.

Dazu markieren Sie das Wort, um das es geht, und führen anschließend einen Rechtsklick aus. Auf dem Mac führt Sie der erste Eintrag unmittelbar zum Nachschlagewerk des Thesaurus und Lexikon, das zum System gehört. Oder Sie nutzen eine der weiteren Quellen:

- Suche in Spotlight (Mac)
- Suche in Wikipedia (Mac und Win)
- Suche bei Duden.de (Win)
- Suche in Google (Mac und Win)
- Suche in Google Definitionen (Win)
- Suche bei Thesaurus.com (Win)

Mit Ausnahme der Verwendung von Spotlight und dem internen Thesaurus auf dem Mac startet die Funktion Ihren Browser und leitet Sie dann auf die Zielseite des Angebots. Dort markieren Sie bei Bedarf den Inhalt und fügen ihn wieder als Recherchematerial in Scrivener ein.

Das interne Lexikon auf dem Mac ist ein wunderbares Werkzeug, um während der Arbeit auch schnell eine sprachliche Alternative nachzuschlagen. Seit Mountain Lion, der letzten Version des Betriebssystems auf dem Mac, ist zu den Lexika auch eine Ausgabe des Duden hinzugekommen. Im Web finden Sie auch eine Ausgabe des Openthesaurus zum Download (*http://www.openthesaurus.de/about/download*).

Wichtig

Wie jede andere Software verfügt auch das Lexikon auf dem Mac über Einstellungen. Wenn Sie sich die Optionen des Lexikons aufrufen, können Sie in der Liste der eingebundenen Werke eine andere Reihenfolge definieren. Dazu klicken und ziehen Sie einfach die Elemente, die Sie bevorzugen wollen, an die entsprechende Position. Wenn Sie beim Schreiben nun einen Vorschlag für eine alternative Formulierung haben wollen, genügt es, den Cursor im Wort zu platzieren und das Tastenkürzel `Strg`+`⌘`+`D` auszuführen. In einem Tooltipp sehen Sie anschließend die Treffer.

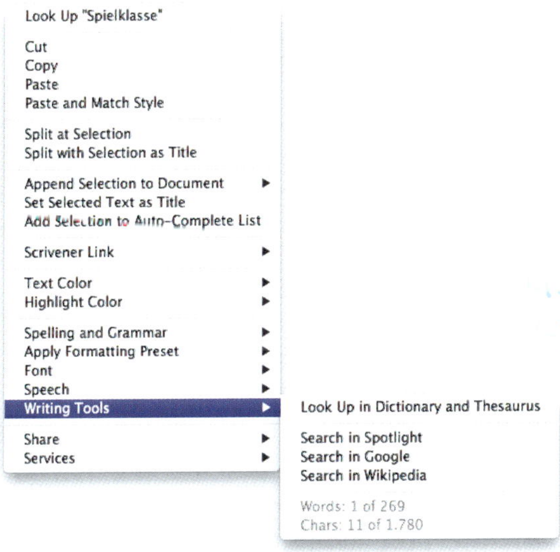

Abb. 4.4: *Ein Rechtsklick auf ein Wort bringt dieses Menü auf den Schirm.*

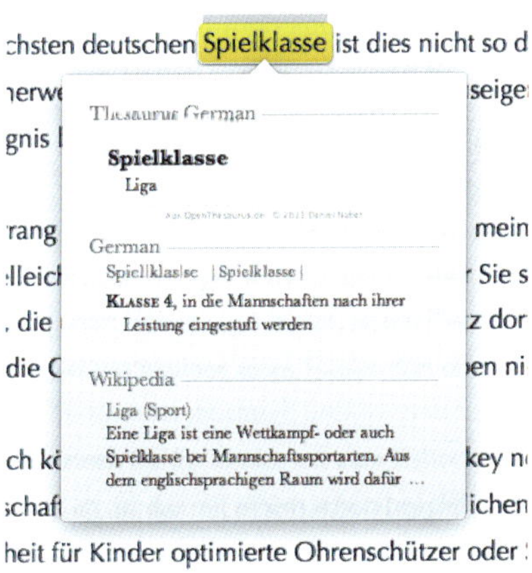

Abb. 4.5: *Eine Funktion, die Windows-Nutzer so nicht kennen. Die eingebauten Lexika des Mac in Aktion.*

4.3 Vollbildmodus

Was viele Autoren an Scrivener von Beginn an faszinierte, war ohne Zweifel der Vollbildmodus. Mit nur einem Mausklick oder einer Tastenkombination wurde der Bildschirm verdunkelt und der Autor war mit seinem Werk allein. Kein anderes Programmfenster buhlte weiter um Aufmerksamkeit oder lenkte ab. Anwendungen bildschirmfüllend darzustellen ist inzwischen auf dem Mac ein mehr oder weniger alter Hut. Nachdem Apple sein Betriebssystem für Notebooks und Desktops immer weiter an iOS angleicht, können (fast) alle Programme so betrieben werden. In diesem Modus kümmert sich dann das Betriebssystem darum, den Inhalt auf dem Desktop zu platzieren und die Menüleisten auszublenden. Unter Windows ist der Vollbildmodus nach wie vor eine Besonderheit.

Auf dem Mac haben Sie damit zwei Optionen, das Programm formatfüllend zu nutzen.

- Vollbildmodus des Betriebssystems: Sie schalten ihn mit VIEW, FULL SCREEN ein. Dabei wird das Programmfenster vergrößert, bis es den Hauptbildschirm vollständig ausfüllt. Die Menüleiste verschwindet und wird erst wieder sichtbar, wenn Sie mit der Maus den oberen Rand des Bildschirms berühren. Mit einem Klick auf den Doppelpfeil in der rechten oberen Ecke kehren Sie aus dem Modus wieder zurück. Scrivener verhält sich in diesem Modus genauso wie in seiner Fensteransicht. Sie können den Binder ein- und ausblenden oder auch auf den Inspektor zurückgreifen.
- Vollbildmodus von Scrivener: Um Verwechslungen zu vermeiden, mussten die Entwickler diesen Modus umbenennen. Er heißt jetzt COMPOSITION MODE und wird ebenfalls über das Menü VIEW gestartet. Dies ist der originale Vollbildmodus der Anwendung. Dabei wird der Bildschirm verdunkelt und Sie blicken auf das aktuelle Dokument. Außerdem blendet Ihnen Scrivener eine eigene Symbolleiste am unteren Rand des Bildschirms ein.

Dieser zweite Vollbildmodus entspricht in seiner Optik und Funktion der Windows-Version. Dort rufen Sie den Modus über ANZEIGEN oder kurz [F11] auf.

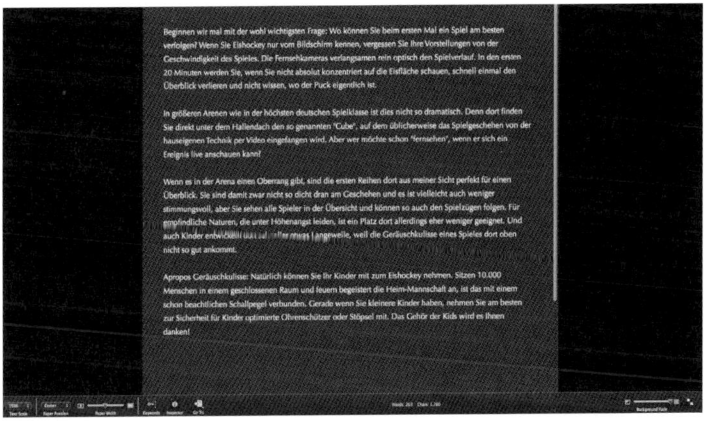

Abb. 4.6: *Fast schon legendär. Der Vollbildmodus von Scrivener (Composition Mode).*

Bevor es im weiteren Verlauf dieses Abschnitts um die Feinheiten und die Arbeit mit dem Vollbildmodus geht, ein paar Worte zur Einrichtung. Vielleicht nutzen Sie ja auch ein MacBook am heimischen Schreibtisch mit einem separaten Monitor. Bei dieser Anordnung haben Sie die Möglichkeit, vom Vollbild und der gleichzeitigen Sicht auf die Struktur Ihres Dokuments zu profitieren.

Rufen Sie sich die Einstellungen von Scrivener auf (PREFERENCES aus dem Menü SCRIVENER). Wechseln Sie dort in das Register COMPOSE. Interessant sind hier die Optionen im linken oberen Bereich. Deaktivieren Sie HIDE MAIN WINDOW IN COMPOSITION MODE. Und aktivieren Sie USE SECONDARY SCREEN IF AVAILABLE. Aus Sicht des Betriebssystems erhält der externe Bildschirm immer die Nummer zwei. Das ist auch dann so, wenn Sie das System so eingerichtet haben sollten, dass die Menüleiste auf diesem zweiten Bildschirm zu sehen ist. Wenn Sie jetzt das Dokument, das Sie gerade bearbeiten, im Vollbild sehen wollen, aber zugleich auch Zugriff auf das Fenster von Scrivener selbst behalten wollen, verschieben Sie das Programmfenster auf den ersten Bildschirm, also dem MacBook. Rufen Sie jetzt den COMPOSITION MODE auf. Und schon können Sie etwa auf Recherchematerial zugreifen, ohne auf der Hauptarbeitsfläche etwas verändern zu müssen.

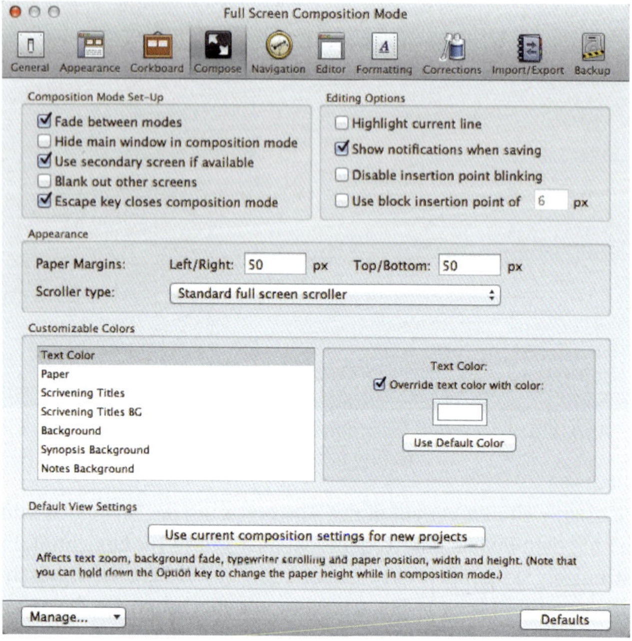

Abb. 4.7: *Mit diesen Optionen sehen Sie Scrivener auch noch im Composition Mode, wenn Sie mit zwei Monitoren am Mac arbeiten.*

Möchten Sie völlig ohne Ablenkungen arbeiten, ändern Sie die Optionen so, dass Sie das Hauptfenster MAIN WINDOW ausblenden lassen und zusätzlich die Option BLANK OUT OTHER SCREENS aktivieren. Dann herrscht auf dem weiteren Fenster Dunkelheit. Wie bei allen Änderungen in Scrivener können Sie dabei nichts falsch machen. Mit einem einfachen Klick auf den Schalter DEFAULTS setzen Sie die Optionen der Software wieder auf den Auslieferungszustand zurück.

Wenn Sie auf dem Mac mit Lion oder höher arbeiten, schreiben Sie mit dem internen Vollbildmodus bereits ohne Ablenkungen. Der Composition Mode ist dann nicht unbedingt nötig, es sei denn, Sie schätzen gerade die Option, mit einem dunklen Hintergrund zu arbeiten.

Haben Sie auf dem Mac oder unter Windows den Vollbildmodus (bzw. Composition Mode) aktiviert, zeigt sich Ihnen das gleiche Bild. Der Hintergrund des aktiven Desktops wird abgedunkelt. Wie stark dieser Effekt ist, legen Sie mit dem Schieberegler am rechten unteren Rand der Ansicht fest. Ziehen Sie den Regler ganz an den rechten Rand, scheint nichts mehr durch. Auf der linken Seite der Leiste verändern Sie den Betrachtungsmaßstab auf den Text. Außerdem können Sie festlegen, wo das »Blatt« auf dem Bildschirm dargestellt wird. Praktisch ist natürlich, dass Sie stufenlos die Breite des Dokuments an die Gegebenheiten anpassen dürfen. Damit stellen Sie die optimale Sicht auf Ihr Dokument auch auf Displays im Breitformat ein.

Während Sie schreiben, werden Sie wahrscheinlich auch in diesem Modus auf eine Information zurückgreifen wollen, die im Zusammenhang mit dem Dokument steht. Um die Navigation zu erleichtern, bietet Ihnen Scrivener hier drei Schalter an.

Mit GO TO (GEHE ZU) rufen Sie sich ein anderes Dokument im gleichen Modus auf, ohne erst die Ansicht verlassen zu müssen. Zum Nachschlagen ist in erster Linie die Ansicht auf den Inspektor gedacht. So haben Sie nach wie vor Zugriff auf die Synopsis oder weitere Notizen, die Sie sich zu diesem Abschnitt oder der Szene gemacht haben. Über den Inspektor legen Sie also auch während der Arbeit in diesem Modus bei Bedarf Kommentare oder Fußnoten an oder können sich weitere Notizen anlegen.

Wenn Sie in Ihrem Projekt zu Dokumenten Schlüsselwörter vergeben haben, sind diese ebenfalls nur einen Mausklick entfernt.

Eine Einschränkung in diesem Modus gibt es (natürlicherweise) indes. Sofern Sie nicht mit zwei Monitoren arbeiten und dabei die Option deaktiviert haben, das Hauptfenster auszublenden, können Sie Referenzmaterial aus dem Ordner RESEARCH leider nicht neben den Text stellen. Dies würde aber auch den Ansatz, ohne weitere Ablenkungen schreiben zu können, ein wenig konterkarieren. Es gibt aber die Möglichkeit, die Funktion QUICK REFERENCE zu benutzen, wie bereits vorgestellt.

Eine Besonderheit des Modus auf dem Mac besteht darin, dass Sie optional auch ein Bild als Hintergrund für das Dokument aussuchen können. Legen Sie Wert auf eine schöne Illustration, die Sie inspiriert oder die im Zusammenhang mit der Szene steht, an der Sie gerade arbeiten, nutzen Sie VIEW, COMPOSITION BACKDROP. Enthält das Projekt bereits Bildmaterial, wird dieses Ihnen im Untermenü zur Auswahl angeboten. Oder Sie nutzen CHOOSE um eine Grafik aufzurufen, die sich auf Ihrem System befindet.

Mit einem Druck auf [Esc] verlassen Sie den Vollbildmodus jederzeit wieder.

4.4 Formatierungen

In erster Linie haben die Macher von Scrivener Funktionen im Kopf gehabt, die Sie bei der Planung, Strukturierung und beim Schreiben Ihres Manuskripts unterstützen sollen. Aber natürlich wollen auch die Entwickler von Scrivener, dass Sie ein ordentliches Manuskript an Ihren Verlag weitergeben. Deswegen können Sie in Scrivener natürlich auch mit Formatierungen arbeiten.

Vorsicht

Der Einsatz von Formatierungen ist auch immer vom Ausgabemedium abhängig. Tabellen sind auf einem E-Book eher Glückssache. Das dürfte niemanden verwundern. Aber bereits beim Export in eine Word-Datei kann es einige Formate bereits ziemlich aufreiben. Setzen Sie diese also sparsam ein.

Problemlos ist der Gebrauch der Klassiker. Sie können ohne Probleme Text als fett, kursiv oder unterstrichen kennzeichnen. Wenn Sie nur mit solchen Formaten arbeiten werden, spricht nichts dagegen, diese auch bereits während des Schreibens einzusetzen. Umfangreichere Formatierungen und Eingriffe ins Layout erledigen Sie am besten erst, wenn Sie das Gefühl haben, das Schreiben beendet zu haben. Sie vermeiden doppelte Arbeiten, die dadurch entstehen, dass während der Überarbeitung Formate aus Versehen gelöscht werden. Dies wird auf allen Plattformen und den unterschiedlichsten Formaten verstanden.

Vorsicht

Noch einmal ein Wort der Vorsicht: In den Einstellungen für das Kompilieren, können Sie die Option aktivieren, dass sämtliche Formatierungen Ihres Textes überschrieben werden sollen. In diesem Fall werden ausschließlich die Formate verwendet, die Sie in den Optionen für das Kompilieren einsetzen. Des Weiteren müssen Sie auch daran denken, dass Sie von Ihrem Auftraggeber unter Umständen eine Formatvorlage in Word erhalten, in die der eigentliche Text sich harmonisch einfügen muss. Dann helfen alle Spielereien in Scrivener wenig weiter.

Damit Sie nicht in Gefahr geraten, mit Formaten zu arbeiten, die vom Zielmedium ohnehin nicht dargestellt werden können, legen Sie also fest, in welchen Medien Ihr Text erscheinen wird. Informieren Sie sich im Zweifel über

Sekundärliteratur darüber, was auf der Plattform technisch überhaupt möglich ist. Anbieter für das Selfpublishing stellen üblicherweise in Form einer Broschüre die Richtlinien an einen korrekt formatierten Text zusammen.

Im Vergleich zu Word oder LibreOffice besitzt Scrivener kein so umfangreiches System für den Bau und die Verwaltung von Vorlagen. Trotzdem verfügt das Programm über einige Funktionen, um auf einen festen Satz an Formaten regelmäßig zugreifen zu können. Wahrscheinlich wird es Sie nicht mehr wundern, dass es wiederum mehrere Stellen in der Software gibt, um die Voreinstellungen rund um die Formate zu verändern.

In den »Einstellungen« des Programms legen Sie Formate für neue Dokumente fest. Die Änderungen, die Sie dort vornehmen, haben keine Auswirkungen auf bereits existierende Dateien. Im Register FORMATTING definieren Sie die grundlegende Formatierung Ihrer Texte. Dazu zählen die Schriftart, deren Größe, die Ausrichtung des Absatzes, der Zeilenabstand und alle Farben.

Über PROJECT, TEXT PREFERENCES rufen Sie sich einen Dialog auf, der Ihnen die gleichen Einstellungen anbietet, sobald Sie die entsprechende Option im Programmfenster aktivieren. Damit ändern Sie die Optionen, die in den Programmeinstellungen hinterlegt sind und weisen Scrivener an, basierend auf diesen neuen Optionen neue Dokumente im aktuellen Projekt anzulegen.

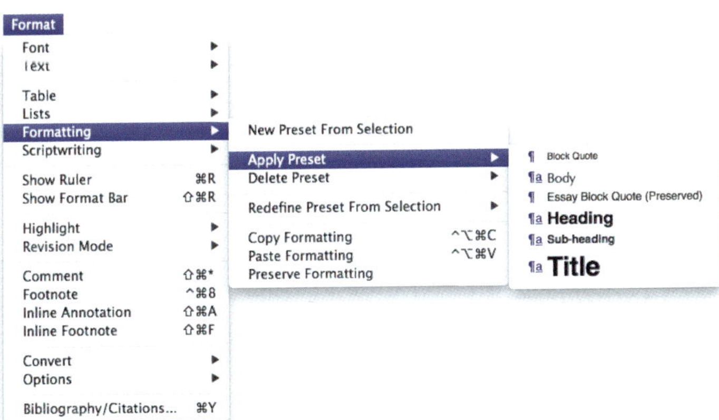

Abb. 4.8: *Die Vorschau zeigt Ihnen, welche Vorlage Sie im Manuskript einsetzen.*

Unter FORMAT, FORMATTING finden Sie den Eintrag APPLY PRESET. Darunter sind die Vorlagen zusammengestellt, die aktuell vorhanden sind. Die Vorlagen werden Ihnen auch in der Formatleiste (FORMAT, SHOW FORMAT BAR) angezeigt, wenn Sie auf den kleinen Pfeil neben der ersten Schaltfläche klicken.

Um sich eine eigene Vorlage anzulegen, formatieren Sie den Text am besten zunächst mit den Werkzeugen aus der Formatleiste. Nutzen Sie auf Wunsch auch die weiteren Optionen, die sich aus dem Menü FORMAT unter TEXT und FONT befinden. Mit FORMAT, FORMATTING, NEW PRESET FROM SELECTION legen Sie einen neuen Eintrag an.

Im nachfolgenden Dialog vergeben Sie einen Namen und müssen mit dem Listenfeld am unteren Rand definieren, ob sowohl die Einstellungen für den Absatz und die Schriftart gespeichert werden sollen, oder ob Sie sich zwischen einen von beiden entscheiden möchten.

Anschließend steht Ihnen Ihre neue Vorlage sofort zur Verfügung.

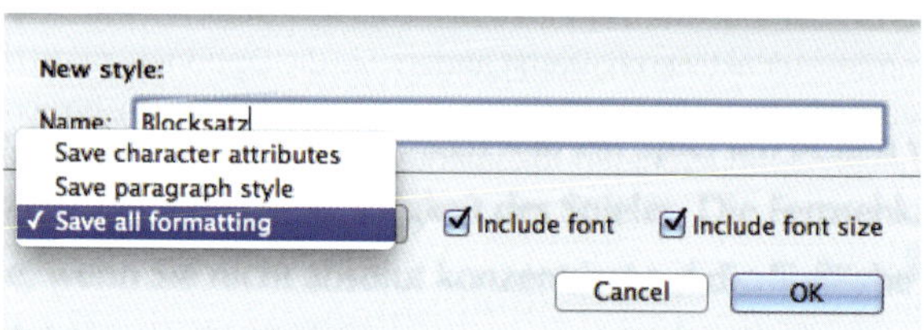

Abb. 4.9: *Eine eigene Vorlage ist schnell eingerichtet.*

Um eine Vorlage zu bearbeiten, müssen Sie sich nicht durch eine Reihe von Menüs oder Registerkarten quälen. Sie weisen einem Absatz Ihre Vorlage zu. Mit den Werkzeugen aus der Formatleiste und den Menüs passen Sie das Erscheinungsbild an. Danach wählen Sie aus FORMAT, FORMATTING, REDEFINE PRESET FROM SELECTION die gewünschte Vorlage aus.

Im gleichen Menü finden Sie auch das Kommando, um eine Vorlage wieder zu löschen.

Wichtig

Es gibt auch bei den Presets zwei Besonderheiten im Vergleich zu anderen Textverarbeitungen. Zum einen müssen Sie die Vorlagen einem Absatz stets manuell zuweisen. Zum anderen ändert sich der mit einer Vorlage formatierte Text nicht nachträglich, wenn Sie Änderungen an der Vorlage vornehmen. Diese Veränderungen gelten nur für neue Texte auf Basis der Vorlage.

4.5 Tabellen

Tabellen werden in Sachtexten immer wieder benötigt. Tabellen gehören aber grundsätzlich zu den Figuren in einem Text, die stets Probleme bereiten, wenn es um die Weitergabe oder Konvertierung in andere Formate geht. Deshalb legen Sie am besten völlig einfache Tabellen an und kümmern Sie sich um deren optische Gestaltung in dem Programm, das Ihr Zielformat besonders gut beherrscht.

Wichtig

Wenn Sie selbst in Ihrem Manuskript in Scrivener die Übersicht der Tabellen nicht benötigen, sondern diese letztlich nur im finalen Druckwerk erscheinen soll, besteht für zahlreiche Formate die Möglichkeit, die Tabelle als Rohdaten in den Text zu übernehmen. So kennt Word etwa die Funktion, einen Text in eine Tabelle umzuwandeln, wenn die einzelnen Zellen durch Kommas, die Tabellenzeilen durch Absatzschaltungen voneinander getrennt worden sind. Haben Sie vor, aus Scrivener einen Text in Markdown zu produzieren, ist es ohnehin besser, die Markup-Befehle direkt im Manuskript zu notieren.

Über FORMAT, TABLE, TABLE rufen Sie sich das Fenster mit den Optionen einer Tabelle auf. Die Palette gliedert sich übersichtlich in drei Bereiche. Im oberen Teil definieren Sie die Zahl der Zeilen (Rows) und Spalten (Columns), die Ihre Tabelle umfassen soll.

Der mittlere Abschnitt kümmert sich um die Ausrichtung der Zellinhalte. Einerseits die Ausrichtung in der Horizontalen, zum anderen die Platzierung der Inhalte in der Vertikalen. Die beiden unteren Abschnitte sind der Optik vorbehalten. Darüber schalten Sie eine Umrandung der Zellen ein und legen auf Wunsch auch eine Hintergrundfarbe für die Zellen fest.

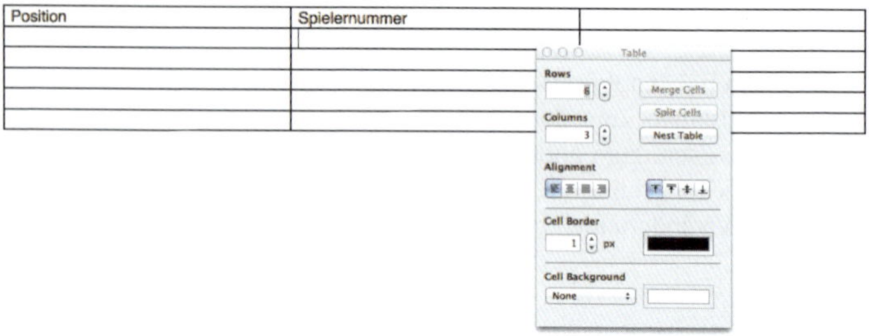

Abb. 4.10: *Einfache Tabellenkonstruktionen sind mit Scrivener problemlos.*

Mit Scrivener ist sogar die Verschachtelung von Tabellen möglich. Sie platzieren die Schreibmarke nur in eine Zelle einer Tabelle, stellen die Zahl der Spalten und Zeilen erneut ein und drücken auf NEST TABLE. Dazu raten würde ich Ihnen allerdings nicht, es sei denn, Sie exportieren lediglich aus Scrivener heraus, um unmittelbar zu drucken. Denn in allen anderen Formaten dürfte Sie das Ergebnis nicht überzeugen.

Schon etwas besser klappt die Zusammenfassung von mehreren Zellen zu einer neuen Zelle. Dazu markieren Sie die betroffenen Zellen mit der Maus und klicken auf MERGE CELLS.

Bei einem Blick in das Tabellen-Menü werden Ihnen sicherlich noch eine Reihe weiterer Funktionen auffallen. Deren Einträge dürften sich von selbst erklären. Mit ihnen manipulieren Sie eine bereits vorhandene Tabelle, um neue Zeilen oder Spalten hinzuzufügen oder bereits enthaltene Elemente wieder aus dem Layout zu entfernen.

4.6 Bilder einfügen

In Sachtexten, Fachartikeln und wissenschaftlichen Arbeiten werden Sie früher oder später Illustrationen benötigen. Scrivener kann mit Grafiken umgehen, wenngleich Sie sich auch hier von den bisher gemachten Erfahrungen mit anderen Programmen etwas lösen müssen.

Eine Grafik können Sie in Ihrem Text auf ganz verschiedene Arten übernehmen:

- Über EDIT, INSERT, IMAGE FROM FILE nutzen Sie den Dateidialog Ihres Systems.

- Sie ziehen die Grafik direkt aus dem Finder oder dem Explorer in Ihren Text.
- Oder Sie verwenden ein Bild, das bereits im Binder oder auf dem Corkboard zu finden ist.

Damit platzieren Sie die Abbildung direkt an der aktuellen Position der Schreibmarke. Wichtig in diesen Zusammenhang ist, dass Scrivener immer mit einer Kopie der Datei arbeitet. Das ist selbst dann der Fall, wenn die Grafik sich bereits innerhalb Ihres Projekts (etwa im Research-Ordner) befindet. Wenn Sie am Original Änderungen vornehmen, nachdem Sie die Datei in den Text eingesetzt haben, werden diese Änderungen nicht sichtbar sein. Aber auch für dieses Problem hat Scrivener eine Lösung parat. Dazu aber gleich noch mehr.

In den meisten Fällen dürfte die Abbildung nach dem Einfügen schlicht zu groß sein. Das Skalieren einer Grafik ist intuitiv. Wenn Sie doppelt auf das Bild klicken, wird ein kleiner Dialog mit Schiebereglern eingeblendet, mit deren Hilfe Sie die Größe der Datei anpassen. Dies ist zugleich aber auch die zweite Besonderheit. Denn die Änderungen, die Sie dort vornehmen, betreffen weniger die Vorschau, die Ihnen der Editor bietet. Veränderungen an der Größe sind insbesondere für das Ausgabeformat von Bedeutung. Da Scrivener kein Grafikprogramm ist, ist es mehr als empfehlenswert, das Bildmaterial, das Sie nutzen wollen, bereits vor dem Einbinden optimal vorzubereiten.

Das kann eine anspruchsvolle Aufgabe sein, je nachdem, wie viele verschiedene Ausgabeformate Sie für Ihr Werk planen. Nur zur Verdeutlichung: Wenn Sie ein E-Book publizieren, ist die Auflösung des Bildmaterials durch den E-Reader beschränkt. Wenn Sie ein Bild mit einer Auflösung von 300 dpi in den Text einsetzen, ist diese zwar perfekt für die Ausgabe auf einem professionellen Drucker oder Belichter, der E-Reader kann damit aber wenig anfangen. Veröffentlichen Sie ein Buch bei Amazon, geht das Datenvolumen, das für die Übertragung zum Kunden anfällt, zu Ihren Lasten. Jedes Byte, das Sie bei den Grafiken sparen, steigert also Ihre Provision um wenige Cent. Das kann sich läppern. Mit der Ersetzungsfunktion beim Kompilieren, steht Ihnen eine Möglichkeit offen, die Grafiken in Abhängigkeit des Zielformats auszutauschen. Die vorbereitenden Arbeiten lesen Sie in diesem Kapitel, den eigentlichen Austausch dann im Zusammenhang mit dem Kompilieren.

Die zweite Möglichkeit, Grafiken in den Text einzufügen, besteht im Setzen eines Links auf eine externe Datei. Entscheiden Sie sich für die Platzierung auf diese Weise, wenn die Dateien möglicherweise noch geändert werden sollen. Scrivener nutzt für die Darstellung im Editor eine Version der Datei, die intern zwischengespeichert wird. Öffnen Sie das Projekt zu einem späteren Zeitpunkt, wird die aktualisierte Fassung (sofern vorhanden) aus der Quelle verwendet.

Vorsicht

Wurden die Bilder nach dem Kompilieren noch einmal bearbeitet, sind diese Änderungen nicht im Endprodukt enthalten! Beim Kompilieren bettet Scrivener den aktuellen Stand der Datei in das Endprodukt ein. Wurde das Bildmaterial also erneut überarbeitet, dann müssen Sie das Kompilieren wiederholen.

Das Einbetten einer Abbildung über einen solchen Link ist immer dann eine gute Wahl, wenn Sie mit hochauflösenden Bildern arbeiten wollen, aber zugleich die Arbeitsgeschwindigkeit von Scrivener nach Möglichkeit nicht belasten möchten.

Schließlich können Sie auch völlig auf eine Vorschau der Dateien verzichten und Platzhalter in das Manuskript einsetzen. Diese Technik bietet Ihnen auch die größte Flexibilität, wenn es um das Kompilieren in unterschiedliche Formate geht. Dazu noch einmal das Beispiel der Fassungen des gleichen Werkes als E-Book und druckfertiges Manuskript.

Mit den Platzhaltern können Sie in den Text einen Verweis auf die hochauflösende Datei einsetzen. Wenn Sie für den Druck exportieren, wertet Scrivener die Platzhalter aus und die Bilder werden an den gewünschten Stellen in der hohen Auflösung platziert. In einem zweiten Ordner auf Ihrer Festplatte liegen die Fassungen, die für E-Books optimiert worden sind. In den Einstellungen für das Kompilieren, lassen Sie jetzt den Pfad zu den hochauflösenden Dateien durch den Eintrag zu den E-Book-Bildern ersetzen. Danach verwendet Scrivener diese Elemente.

Ein Platzhalter auf eine Grafik kann mit relativen und absoluten Pfadangaben umgehen. Wenn sich die Bilder im gleichen Verzeichnis wie das Scrivener-Projekt befinden, genügt die Angabe des Dateinamens. Auf Nummer sicher gehen Sie natürlich, wenn Sie den vollständigen Pfad wählen.

Heißt die Grafik »test.png« und befindet sich im Ordner »Illus« innerhalb Ihres Bilder-Verzeichnisses auf dem Mac, sieht der Platzhalter so aus:

```
<$img:~/Pictures/Illus/test.png>
```

Sie müssen dabei lediglich beachten, dass Sie die vom Mac bekannten Bezeichnungen der Ordner verwenden. Die Tilde steht als Symbol für den Ordner des Benutzers und das, was der Finder Ihnen als »Bilder« anzeigt, wird intern als »Pictures« bezeichnet.

Zusätzlich können Sie bei Bedarf auch noch die Größe der Datei angeben, das ist etwa für den Export in das HTML-Format oder Markdown von Interesse:

```
<$img:~/Pictures/Blog-Illus/produktiver.jpg;h=200>
```

In diesem Fall würde die Grafik auf die Höhe von 200 Pixeln skaliert werden. Auch die Angabe der Breite oder die Kombination aus beiden ist möglich:

```
<$img:~/Pictures/Blog-Illus/produktiver.jpg;w=400;h=200>
```

Geben Sie nur einen Wert an, erfolgt die Skalierung unter Berücksichtigung der Proportionen.

Abb. 4.11: *Die Änderung der Bildgröße ist dank Schiebereglern einfach.*

4.7 Auto-Complete

Trotz aller Fortschritte, die in Sachen Spracherkennung in den letzten Jahren erreicht worden sind, dürfte die Tastatur für die überwiegende Mehrzahl der Autoren nach wie vor das Eingabemittel Nummer eins sein. Sicherlich gehören einige unter Ihnen zu den beneidenswerten Menschen, denen es gelungen ist, sich das Blindschreiben mit zehn Fingern anzueignen. Ich selbst zähle leider nicht dazu. Doch unabhängig von der Schreibtechnik gehören Tippfehler nun einmal zum Schreibprozess am Computer.

Um die Fehlerquote, insbesondere bei schwierigen Fachbegriffen, gering zu halten oder auch nur, um sich Tipparbeit zu sparen, sehen Sie sich am besten einmal die Funktion AUTO-COMPLETE (AUTO-VERVOLLSTÄNDIGEN) in Scrivener an. Richtig eingesetzt, spart sie Ihnen eine Menge Zeit.

- Wenn Sie ein Drehbuch schreiben, werden Sie regelmäßig die gleichen Namen Ihrer Charaktere schreiben müssen. Mit der Funktion in Scrivener geht dies viel schneller.
- Aber auch in anderen Situationen kommen Sie mit der Funktion einfach rascher ans Ziel. So verwende ich in diesem Buch natürlich häufig das Wort »Scrivener«, das noch dazu nicht so leicht zu tippen ist. In dem ich es auf die entsprechende Liste setze, kann ich es viel schneller in den Text übernehmen und noch dazu ohne Fehler.
- In Sachtexten werden häufig auch kompliziertere Begriffe gebraucht. Hier kann es sich ebenfalls lohnen, diese in eine Liste aufzunehmen, um darauf schneller bei Bedarf zuzugreifen.

In jedem Projekt kann eine individuelle Liste dieser Begriffe angelegt werden. Das erleichtert die Übersicht.

Rufen Sie aus dem Menü PROJECT den Eintrag AUTO-COMPLETE-LIST auf (Unter Windows heißt der Eintrag AUTO-VERVOLLSTÄNDIGEN-LISTE). Mit einem Klick auf das Pluszeichen legen Sie einen neuen Eintrag an. Wenn Sie die Funktion in erster Linie beim Schreiben von Drehbüchern einsetzen wollen, haben Sie in der Mac-Version die Gelegenheit, den Fokus eines Eintrags auf eine bestimmte Situation zu legen. So steuern Sie, dass Ihnen der Eintrag etwa nur beim Schreiben einer Überschrift für eine Szene angeboten wird. Mit GENERAL werden die Ersetzungen durchweg gleichbehandelt und stehen in jeder Schreibsituation zur Verfügung.

Tragen Sie jetzt so viele Begriffe ein, wie Ihnen sinnvoll erscheint.

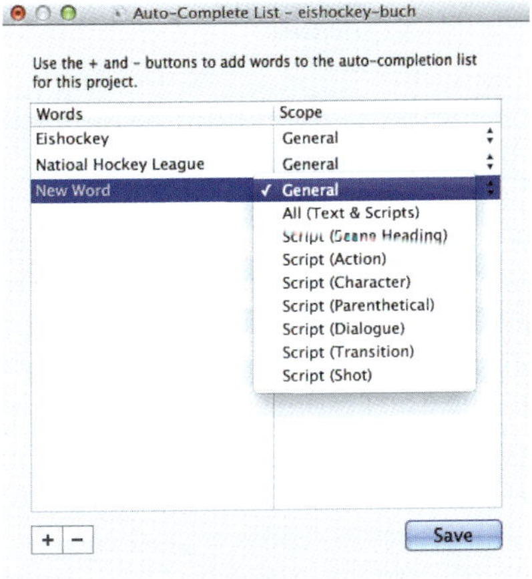

Abb. 4.12: *Beim Hinterlegen eines Autotexts definieren Sie, wann dieser Ihnen angeboten werden soll.*

Wichtig

Sie können das Verzeichnis jederzeit direkt während der Arbeit an einem Dokument ergänzen. Dazu markieren Sie das Wort, um das es geht mit der Maus, und rufen danach das Kontextmenü auf. Sie finden hier das Kommando ADD SELECTION TO AUTO-COMPLETE-LIST (AUSWAHL ZUR AUTO-VERVOLLSTÄNDIGE-LISTE).

Scrivener ist so konfiguriert, dass das Vervollständigen in erster Linie beim Schreiben von Drehbüchern zur Verfügung stehen soll. Dies ändern Sie in den Optionen des Programms. Rufen Sie die Einstellungen auf und wechseln Sie hier in das Register CORRECTIONS. Deaktivieren Sie dort die Option IN SCRIPT MODE ONLY.

Sobald Sie jetzt den ersten Buchstaben eines Wortes schreiben, das sich in der Liste befindet, wird im Editor ein kleines Auswahlfenster sichtbar. Mit den Pfeiltasten navigieren Sie jetzt, sofern mehrere Möglichkeiten angeboten werden, zum Element, das Sie nutzen wollen, und drücken danach die Eingabetaste.

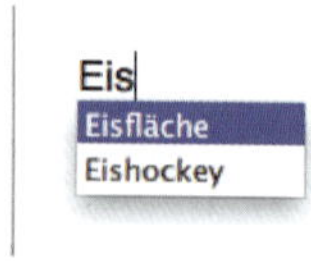

Abb. 4.13: *Das Vervollständigen kann Ihnen viel Arbeit abnehmen.*

Die praktische Funktion hat nur einen einzigen Nachteil: Ihre Liste steht Ihnen immer nur in Scrivener selbst zur Verfügung. Fachbegriffe und Eigennamen können Sie also immer nur in dieser Software so elegant und schnell hinzufügen. Eine gute Anschaffung für alle Vielschreiber ist ohne Zweifel ein Programm, das auf dem gleichen Mechanismus basiert, die gespeicherten Begriffe aber in allen Anwendungen zur Verfügung stellt.

Auf dem Mac etwa bietet sich Textexpander (*http://www.smilesoftware.com/TextExpander/index.html*) an. Es kostet knapp 30 Euro und kann auch mit einem Wörterbuch kostenlos ergänzt werden, das bereits eine Reihe von »populären« Vertippern enthält. Diese werden dann automatisch korrigiert.

Unter Windows leistet PhraseExpress (*http://www.phraseexpress.com/de/*) das gleiche. Beide Programme sind auch in der Lage, nahtlos ihre Wörterbücher miteinander auszutauschen. Damit stehen Ihnen die gleichen Kürzel auf zwei Computern zur Verfügung.

Die Programme können sogar noch mehr und arbeiten, wenn Sie es wünschen, mit Variablen. Haben Sie sich zum Beispiel einen Textbaustein angelegt, um dem Absender einer E-Mail zu danken, kann das Programm nachfragen, ob Sie etwa »Deine« oder »Ihre« verwenden wollen, je nachdem, wie gut Sie den Absender kennen. Die Investition in die Programme ist überschaubar, macht sich aber durch die Zeitersparnis schnell bezahlt.

4.8 Texte umwandeln und korrigieren lassen

Mit den Funktionen für das Umwandeln (CONVERT) von Texten stellt Ihnen Scrivener eine Funktion zur Verfügung, die manche von Ihnen vielleicht niemals, andere wieder dagegen regelmäßig benötigen werden. Sie können damit:

- Fette und kursive Formatierungen in die Markdown-Kommandos umwandeln.
- Mehrfache Leerzeichen in einfache Leerzeichen verwandeln.
- Den Text von einleitenden Tab-Stopps befreien.
- Anführungszeichen manipulieren.
- Einfache Textmanipulationen durchführen. Wenn Sie eine Passage ausschließlich in Großbuchstaben benötigen, ist das ebenso möglich, wie die Verwandlung eines Textes in Kleinbuchstaben oder der Einsatz von Versalien (Small Caps).

Diese Optionen befinden sich alle unter FORMAT, CONVERT. Dabei ist die Nutzung des Werkzeugs etwas unterschiedlich, je nachdem, auf was sich die Umwandlung beziehen kann. Möchten Sie Fettdruck in Markdown konvertieren, platzieren Sie die Schreibmarke einfach im Dokument und führen den Befehl aus. Die Verwandlung wird unmittelbar ausgeführt. Scrivener arbeitet hier also nach dem Prinzip des Suchens und Ersetzens.

Das sieht natürlich bei den Konvertierungen anders aus, die sich auf einzelne Zeichen bzw. Wörter beziehen können. Wenn Sie keine andere Markierung setzen, geht Scrivener davon aus, dass sich die Konvertierung eines Textes auf das aktuelle Wort bezieht. Möchten Sie das Kommando ausweiten, markieren Sie die gewünschte Passage mit der Maus oder der Tastatur und führen den Befehl erst anschließend aus.

Die Umwandlung von Texten begegnet Ihnen im Programm aber noch an zwei weiteren Stellen. Zum einen ist in den Optionen der Software ein eigenes Register mit dem Titel CORRECTIONS enthalten. Zum anderen befindet sich im unteren Abschnitt des Dialogs die Ausdrücke und Zeichen, die automatisch ersetzt werden können. Dabei ist der unterste Eintrag für alle Mac-Nutzer am wichtigsten. Denn damit legen Sie fest, dass die in den Systemeinstellungen getroffenen Optionen für Texte und Textersetzungen auch in Scrivener genutzt werden. In diesem Fall wird aus (c) automatisch ©.

Während die gerade vorgestellten Werkzeuge das aktuelle Manuskript betreffen, finden Sie in den Optionen für das Kompilieren ebenfalls einen Block, um Texte automatisch umzuwandeln. Welche Möglichkeiten Ihnen Scrivener hier anbietet, hängt vom Zielformat ab und hat keine Auswirkungen auf Ihren Rohtext.

4.9 Suchen und Ersetzen

Wenn der Name eines Protagonisten geändert werden soll oder ein Ortsname in einer anderen Schreibweise doch besser aussah, kommt die Funktion des »Suchens und Ersetzens« ins Spiel. Sie können in Scrivener in Ihren Dokumenten und im gesamten Projekt nach Begriffen suchen und diese bei Bedarf auch ersetzen.

4.9.1 Suche in Dokumenten

Wie in vielen anderen Mac-Programmen rufen Sie sich mit [⌘]+[F] einen Dialog für das Suchen und Ersetzen auf den Bildschirm. Das nachfolgende Fenster bietet zwei Besonderheiten:

- Sowohl im oberen als auch unteren Bereich des Fensters lässt sich die rechte Maustaste einsetzen. Im Kontextmenü finden Sie das Kommando INSERT, mit dessen Hilfe Sie nach Tabstopps oder auch der Verwendung der Eingabetaste suchen können.

> **Wichtig**
>
> In der Windows-Version erreichen Sie mit [Strg]+[F] ebenfalls den Dialog für die Suche und das Ersetzen. Allerdings fehlt dort die Option, einfach durch die Verwendung von INSERT nach den Sonderzeichen suchen zu können.

- Im unteren Listenfeld der Suchoptionen lässt Ihnen Scrivener die Wahl zwischen verschiedenen Bereichen, in denen der gesuchte Begriff auftauchen muss oder der Suche nach einem vollständigen Wort. Was es ebenfalls wieder nur in der Mac-Variante gibt, ist der Einsatz von regulären Ausdrücken bei der Nutzung dieser Suchfunktion.

Diese Suchfunktion funktioniert immer nur im aktuellen Dokument oder präziser formuliert im aktuellen Editor.

4.9.2 Suchen nach Formaten

In Ihren Dokumenten suchen Sie bei Bedarf nicht nur nach Ausdrücken und Formulierungen, sondern können auch gezielt nach Texten mit einer bestimmten Formatierung suchen, um diese bei Bedarf zu ändern. Der entsprechende Befehl verbirgt sich hinter dem Menü EDIT, FIND, FIND BY FORMATTING bzw. BEARBEITEN, SUCHEN, FINDEN ÜBER FORMATIERUNG.

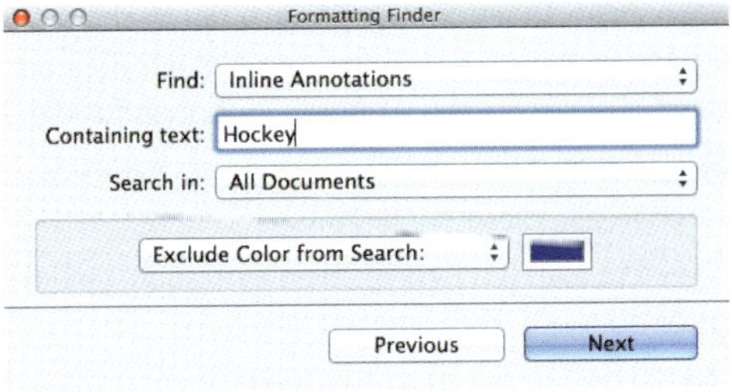

Abb. 4.14: *Je nach gewählter Option, werden weitere Schalter bei der Suche nach Formatierungen sichtbar.*

Im nachfolgenden Dialog entscheiden Sie sich zunächst für das gewünschte Format. Das kann ein Kommentar sein oder auch die Farbe einer bestimmten Revision. Gibt es zu einem der Einträge weitere Optionen, erscheinen diese unmittelbar am unteren Rand des Dialogs. Anschließend tragen Sie noch den gesuchten Text ein.

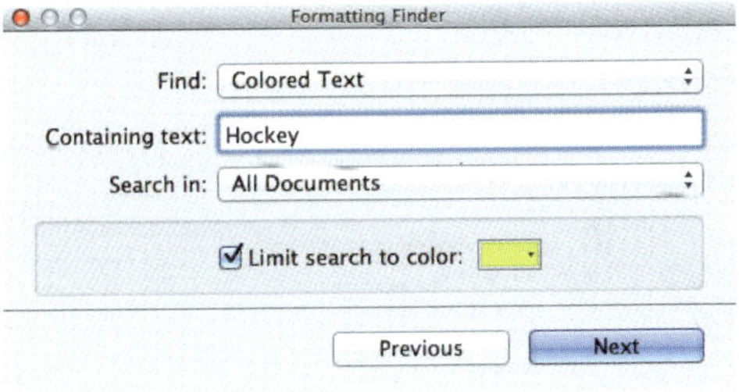

Abb. 4.15: *Da viele Funktionen in Scrivener auf Formaten basieren, kann die Suche ein mächtiges Instrument sein.*

4.9.3 Suchen im Projekt

Die Besonderheit von Scrivener, dem Autoren die Möglichkeit zu geben, den Text in beliebig viele kleine Teile zu untergliedern, macht es erforderlich, auch eine Suchfunktion zu implementieren, die das gesamte Projekt umfasst.

Um das Projekt zu durchsuchen, nutzen Sie das Kommando PROJECT SEARCH, das Sie unter EDIT, FIND erreichen. Damit platzieren Sie die Schreibmarke in dem Suchfeld in der Symbolleiste. Wenn Sie diese gar nicht eingeblendet haben, zeigt Ihnen Scrivener nach der Wahl des Befehls einen kleinen Dialog an. Beachten Sie dabei den kleinen Pfeil am Anfang der Zeile, denn damit steuern Sie die weiteren Optionen für die Suche:

- Ort der Suche: Titel, Text, Notizen, Synopsis, Schlüsselwörter, Label, Status oder eben alle diese Bereiche.
- Suche nach einem exakten Begriff, allen Einträgen, einem der eingetragenen Wörter oder nur nach ganzen Wörtern.
- Auf dem Mac können Sie in dieser Zeile auch zusätzlich aktivieren, dass Sie die eingetragenen Begriffe als reguläre Ausdrücke verstehen wollen.

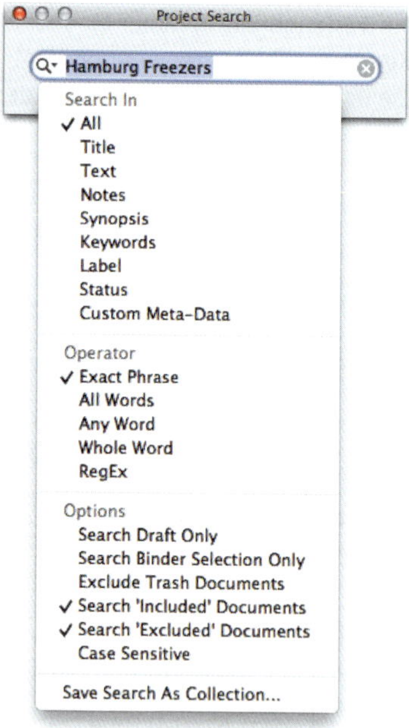

Abb. 4.16: *Suche im Projekt in Scrivener.*

Schließlich sehen Sie am Ende noch einige Optionen, um die Suche noch weiter einzuschränken:

- Suche nur im Ordner Draft?
- Suche nur in den im Binder markierten Dokumenten?
- Dokumente im Papierkorb von der Suche ausschließen?

Und schließlich dürfen Sie vom Kompilieren eingeschlossene oder ausgeschlossene Dokumente von der Suche ausschließen. Dazu müssen Sie diese aber auch in den Optionen abhaken. Zunächst geht Scrivener bei diesem Dialog davon aus, dass Sie beide Klassen von Dokumenten berücksichtigen wollen. Im gleichen Menü befindet sich auch der Eintrag für das projektweite Ersetzen, der etwas abweichend aufgebaut ist. Mit EDIT, FIND, PROJECT REPLACE öffnen Sie den zweigeteilten Dialog. Sie haben im oberen Teil des Fensters nur die Wahl zwischen drei Schaltern:

- Groß- und Kleinschreibung des eingetragenen Begriffs ignorieren.
- Nur nach ganzen Wörtern suchen
- Reguläre Ausdrücke verwenden

Die dritte Option fehlt in der Windows-Welt. Darunter definieren Sie, welche Bereiche beim Ersetzen berücksichtigt werden sollen. Das Suchen und Ersetzen in einem Projekt ist aber mit dem Suchen und Ersetzen im Dateisystem zu vergleichen. Die Änderungen, die Sie vornehmen, können von Scrivener selbst nicht mehr rückgängig gemacht werden. Agieren Sie entsprechend vorsichtig.

4.9.4 Suchen nach Sonderzeichen

Zu den Klassikern während der Bearbeitung zählt die Suche nach doppelten Absatzschaltungen oder auch zu viel gesetzten Tabstopps. Die Suche nach Sonderzeichen, die ja eine Bedeutung im Text haben, ist je nach der eingesetzten Software unterschiedlich gelöst. Während Word zum Beispiel für die verschiedenen Zeichen mit einem bestimmten Platzhalter operiert, ist die Suche in Scrivener gerade zu verblüffend einfach.

Lassen Sie sich in Ihren Dokumenten zunächst die Sonderzeichen anzeigen. Dazu führen Sie FORMAT, OPTION, SHOW INVISIBLES aus. Markieren Sie jetzt zwei Eingabeschaltungen mit der Maus und kopieren Sie diese in die Zwischenablage.

Über EDIT, FIND, PROJECT REPLACE (Bearbeiten, Suchen, Projekt Ersetzen) blenden Sie sich das Fenster für die Überarbeitung ein. Platzieren Sie die Schreibmarke in das Feld REPLACE und fügen Sie nun den Inhalt der Zwischenablage in das Feld ein. In das zweite Feld können Sie nun ebenfalls die Platzhalter für zwei Absatzschaltungen einfügen. Davon löschen Sie aber gleich eines.

Achten Sie darauf, dass Sie im unteren Bereich des Fensters die richtigen Bereiche aktivieren, die Sie durchsuchen und bearbeiten wollen. TEXT dürfte auf jeden Fall korrekt sein. Bei den Optionen im oberen Teil deaktivieren Sie die Verwendung Regulärer Ausdrücke (RegEx) und auch die Suche nach ganzen Wörtern. Klicken Sie auf REPLACE.

Scrivener zeigt Ihnen eine kurze Warnung, weil die Überarbeitung nicht rückgängig gemacht werden kann. Sie müssen also schon sicher sein, dass Sie alle Bereiche korrekt ausgewählt haben. Gut, wer für den Fall eines Falles noch ein Backup hat, auf das er zugreifen kann. Auf die gleiche Weise funktioniert auch die Suche nach zu viel gesetzten Tabulatoren.

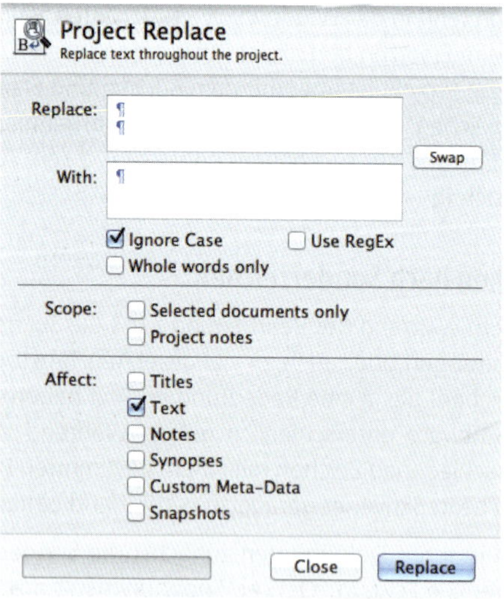

Abb. 4.17: *Das projektweite Suchen und Ersetzen von Sonderzeichen ist in Scrivener extrem einfach.*

4.10 Mit Kommentaren und Anmerkungen arbeiten

Fallen Ihnen während der Arbeit ein einem Manuskript auch regelmäßig Aufgaben ein, die Sie noch erledigen müssen und die im Zusammenhang mit dem aktuellen Text stehen? Oft genug muss noch eine Tatsache überprüft werden oder aber Sie haben eine Idee, einen Gedanken weiter auszuführen, wollen sich aber jetzt nicht unterbrechen lassen. Dann schreiben Sie Ihren Gedanken am besten in Form eines kurzen Kommentars oder eine Anmerkung auf.

4.10.1 Kommentar setzen

In Scrivener stehen dem Autor gleich drei Werkzeuge zur Verfügung, um das Manuskript mit Informationen zu ergänzen.

- Kommentare
- Anmerkungen
- Fuß- bzw. Endnoten (siehe Fußnoten einsetzen, Kapitel 5)

Der Kommentar eignet sich sehr gut dazu, mit einem anderen Leser oder Bearbeiter zu kommunizieren. Im Kommentar informieren sie zum Beispiel darüber, dass eine so gekennzeichnete Stelle noch weiter überarbeitet werden muss. Oder Sie stellen dem Lektor darüber eine Frage bzw. erhalten von ihm einen Hinweis. Kommentare eignen sich aber auch dazu, sich selbst Aufgaben zu notieren, die im aktuellen Dokument noch bearbeitet werden müssen.

Ein Kommentar besteht in Scrivener aus zwei Bestandteilen. Zum einen die Kennzeichnung im Fließtext, dass an dieser Stelle ein Kommentar steht. Zum anderen den eigentlichen Kommentar, der nicht im Fließtext auftaucht.

Um einen Kommentar zu setzen, wählen Sie einen von diesen beiden Wegen:

1. Markieren Sie den Text, auf den sich der Kommentar beziehen soll.
2. Platzieren Sie die Schreibmarke neben dem Wort oder innerhalb des Absatzes, den Sie kommentieren möchten.

Führen Sie anschließend aus dem Menü FORMAT den Befehl COMMENT aus. Die Darstellung auf dem Bildschirm ändert sich. Im Manuskript taucht eine deutlich sichtbare farbige Markierung auf und der Inspektor wird automatisch geöffnet. Im Falle eines Kommentars sehen Sie dort bereits ein kleines Eingabefenster, das bereits Ihren Namen und das aktuelle Datum enthält. Dort schreiben Sie jetzt Ihren Kommentar nieder.

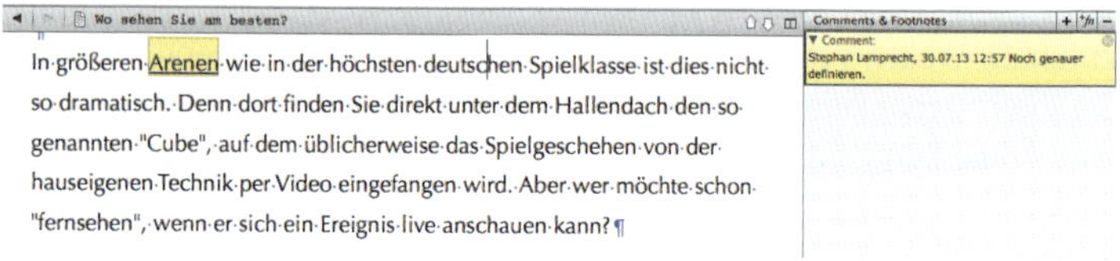

Abb. 4.18: *Ein verlinkter Kommentar.*

Diese Kommentare werden von den Entwicklern auch als »linked Annotation« bezeichnet, also so viel wie »verbundene Anmerkungen«. Warum dies so ist, wird deutlich, wenn Sie den Inspektor schließen. Lesen Sie zu einem späteren Zeitpunkt Ihr Manuskript und stoßen auf die Markierung eines Kommentars, ändert sich der Mauszeiger, wenn Sie auf die Markierung zeigen. Klicken Sie darauf, öffnet sich automatisch der Inspektor und der entsprechende Kommentar kann nachgelesen werden.

Wichtig

Kommentare eigen sich auch für die Zusammenarbeit mit Bearbeitern, die Microsoft Word einsetzen. Lesen Sie dazu den Abschnitt Überarbeitung in Word.

Haben Sie die Aufgabe, die im Kommentar hinterlegt wurde, erfolgreich erledigt, löschen Sie ihn einfach direkt im Inspektor. Dazu genügt es, das X am rechten oberen Rand des Eintrags zu klicken. Auch die Markierung im Fließtext ist damit sofort verschwunden.

4.10.2 Anmerkung setzen

Eine andere Möglichkeit, sich im Text kleine Gedächtnisstützen anzulegen oder Erläuterungen zu hinterlegen, sind die Anmerkungen. Anmerkungen sind technisch aus Sicht von Scrivener nichts anderes als besonders formatierte Textpassagen in Ihrem Manuskript. Sie bleiben also sichtbar, bis sie gelöscht oder als einfacher Text formatiert werden.

In den Optionen für das Kompilieren dürfen Sie bei den meisten Formaten einstellen, dass im Text eingefügte Kommentare und Anmerkungen beim Kompilieren entfernt werden. Somit bleiben Ihre Gedanken auch nur im Manuskript und erreichen die Leser nicht.

Eine Anmerkung fügen Sie auf eine von zwei Arten ein:

1. Schreiben Sie einfach Ihren Gedanken unmittelbar in das Manuskript. Aus dem Menü FORMAT wählen Sie jetzt INLINE ANNOTATION. Der Text wird farbig markiert und mit einer Blase versehen.
2. Sie führen das Kommando oder sein Tastenkürzel (⌘+⇧+A) aus. Schreiben Sie jetzt einfach Ihre Bemerkung ein. Am Ende führen Sie das Kommando erneut aus.

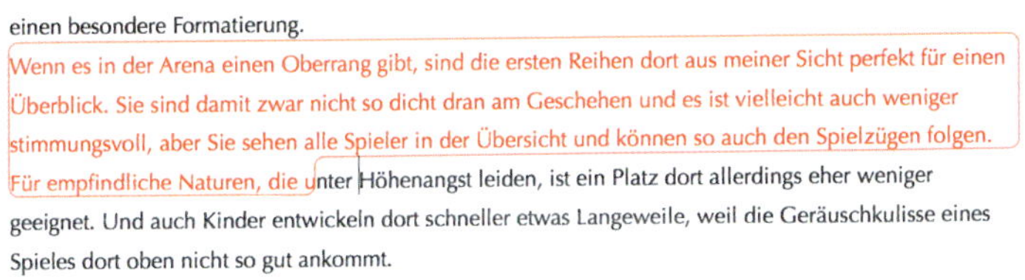
einen besondere Formatierung.
Wenn es in der Arena einen Oberrang gibt, sind die ersten Reihen dort aus meiner Sicht perfekt für einen Überblick. Sie sind damit zwar nicht so dicht dran am Geschehen und es ist vielleicht auch weniger stimmungsvoll, aber Sie sehen alle Spieler in der Übersicht und können so auch den Spielzügen folgen. Für empfindliche Naturen, die unter Höhenangst leiden, ist ein Platz dort allerdings eher weniger geeignet. Und auch Kinder entwickeln dort schneller etwas Langeweile, weil die Geräuschkulisse eines Spieles dort oben nicht so gut ankommt.

Abb. 4.19: *Eine Inline-Anmerkung.*

Diese einfachen Anmerkungen sind lediglich besondere Formatierungen in Ihrem Text, die durch die Farbgebung Aufmerksamkeit schaffen. In einem umfangreichen Manuskript kann es eine mühsame Sache sein, bis Sie alle diese eingefügten Anmerkungen auch tatsächlich gefunden und berücksichtigt haben. Mit der integrierten Suchfunktion springen Sie rasch von Anmerkung zu Anmerkung.

Dazu rufen Sie EDIT, FIND, FIND BY FORMATTING auf. Im nachfolgenden Dialog wählen Sie aus dem oberen Listenfeld den Eintrag INLINE ANNOTATIONS aus. Sie brauchen im Feld CONTAINING TEXT keine Angaben zu machen. Dies ist nur dann notwendig, wenn Sie auch noch nach einer Anmerkung suchen, die Sie zu einem bestimmten Thema verfasst haben. Mit einem

Klick auf NEXT springen Sie anschließend zur ersten Anmerkung innerhalb des von Ihnen definierten Suchbereichs. So finden Sie jetzt nach und nach alle Anmerkungen, die Sie gesetzt haben.

Wenn Sie eine Anmerkung wieder loswerden wollen, haben Sie die Wahl, den Text zu behalten oder auch diesen zu entfernen. Wenn aus der Anmerkung einfacher Text werden soll, markieren Sie den Inhalt und führen einfach aus dem Menü FORMAT erneut das Kommando zur Formatierung einer Anmerkung aus. Damit wird aus der Anmerkung einfacher Fließtext. Benötigen Sie auch den Text nicht mehr, ist es am einfachsten, den Abschnitt zu löschen.

Wichtig

Sie können eine Anmerkung auch in einen Kommentar verwandeln und umgekehrt. Im Menü Format finden Sie das Kommando CONVERT. Dort sind auch die beiden Befehle zur Umwandlung der beiden Formate zu finden.

Über das Menü FILE exportieren Sie bei Bedarf die Anmerkungen und Kommentare in Ihrem Manuskript in eine externe Datei.

4.11 Notizen und Stichworte nutzen

Neben den gerade gezeigten Optionen, Kommentare oder Anmerkungen in einen Text zu hinterlegen, bietet Scrivener im Inspektor noch einen weiteren Bereich, um Notizen zu einem Dokument zu hinterlegen. Im Gegensatz zu den gerade vorgestellten Ergänzungen beziehen sich die NOTIZEN (NOTES) nicht auf eine bestimmte Stelle, sondern das gesamte Dokument. Als Element im Inspektor kann das Programm auch beim Kompilieren auf diese Informationen zugreifen und bei Bedarf auch mit ausgeben.

Die Notiz schreiben Sie direkt im Inspektor. In seinem ersten Register finden Sie am unteren Rand genügend Platz, um alle Ihre Gedanken zum Dokument zu hinterlegen. Voreingestellt ist beim Kompilieren, dass Sie diese NOTES nicht mit ausgeben, die Informationen also Ihnen als Autoren vorbehalten bleiben.

Das Feld NOTES kann auch längere Textpassagen aufnehmen. Sogar Bilder lassen sich darin platzieren. Ihre Notizen bleiben auch in der Vollbildansicht oder dem Kompositionsmodus stets erreichbar. Dazu blenden Sie sich nur den Inspektor ein und wechseln in den entsprechenden Bereich.

4.11.1 Exkurs: Wann nutzen Sie Notizen, Synopsis und Anmerkungen?

Diese Vielzahl an Möglichkeiten, zusätzliche Informationen zum Manuskript hinterlegen zu können, ist verwirrend. Wann greifen Sie am besten zu welchem Instrument? Eine allgemeingültige Regel gibt es dafür sicherlich nicht. Viele Autoren setzen dabei aber auf dieses Schema:

- Synopsis: In der Synopsis wird die grundlegende These eines Abschnitts, oder die Kernaussage des Dokuments notiert. In möglichst komprimierter Form erscheint hier das zentrale Thema dieser Szene oder des Kapitels.
- Notizen: In den Notizen führen Sie das Thema oder die Kernaussage genauer aus. Oder Sie schreiben dort in kurzer Form die Gliederung des Abschnitts nieder. Auch einige Stichworte zu den handelnden Personen, dem Ort oder wichtigen Ereignissen ist an dieser Stelle gut aufgehoben.
- Kommentare und Anmerkungen: Sie sind ergänzende Informationen innerhalb des Manuskripts. Gedächtnisstützen, wenn noch etwas zu erledigen oder zu überprüfen ist.

Bei diesen verschiedenen Möglichkeiten ist es am wichtigsten, dass Sie sich selbst bei der Verwendung der verschiedenen Werkzeuge treu bleiben. Sie müssen sich selbst darauf verlassen können, in welchen Abschnitt sich welche Information verbirgt.

4.12 Schlüsselwörter einsetzen

Im Inspektor ist Ihnen am unteren Rand des Bereichs sicherlich bereits auch das Icon mit dem Schlüssel aufgefallen. In diesem Abschnitt hinterlegen Sie KEYWORDS, also Schlüsselwörter.

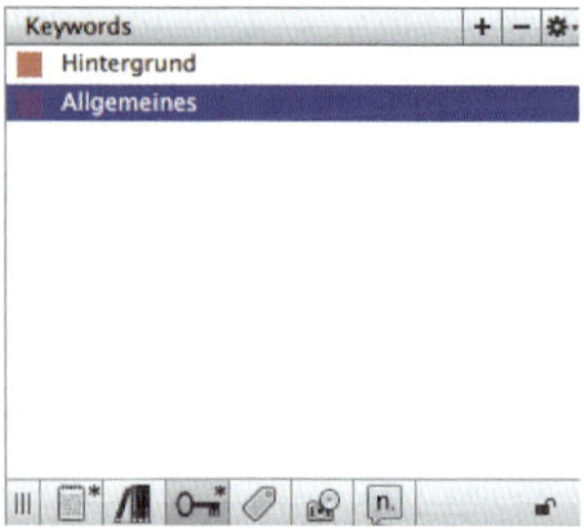

Abb. 4.20: *Schlüsselwörter geben Sie im Inspektor ein.*

Mit Schlüsselwörtern können Sie die Dokumente in Ihrem Manuskript auf einfachste Weise untergliedern und gruppieren. Gerade beim Schreiben von Drehbüchern oder Romanen ist es damit möglich, schnell alle Abschnitte zu finden, in denen die gleichen Figuren auftreten oder die an den gleichen Orten spielen. Um aus einer gewissen Distanz heraus die Entwicklung einer Figur zu verfolgen, suchen Sie sich bei Bedarf alle Szenen oder Abschnitte heraus, in denen der Charakter eine Rolle spielt. Oder Sie nutzen die Keywords dazu, die Zugehörigkeit einer Szene zu einem Handlungsstrang zu illustrieren.

Wichtig

Schlüsselwörter können auch Untereinträge umfassen. Diese legen Sie mit dem zentralen Werkzeug für die Verwaltung der Keywords im Projekt an. Dies lesen Sie im weiteren Verlauf des Kapitels. Mit den Untereinträgen ist etwa eine weitere Unterscheidung bei einem Charakter möglich, zum Beispiel XY als junger Mann, oder XY als Kind.

Wenn Sie einem Dokument Keywords zuweisen wollen, öffnen Sie den Inspektor und wechseln Sie in den Abschnitt, der durch den Schlüssel symbolisiert wird. Um ein neues Schlüsselwort anzulegen, klicken Sie auf das Pluszeichen und tragen den Begriff ein, also etwa den Namen eines Charakters oder einen Ort. Weitere Schlüsselwörter geben Sie einfach mit einem Druck auf die Eingabetaste ein.

Sie können sich dabei auch Arbeit sparen. Wenn Sie einer Szene ein bereits bestehendes Schlüsselwort zuweisen wollen, geht das viel schneller, wenn

Sie auf das Symbol mit dem Zahnrad klicken. Dahinter verbirgt sich das Menü ADD KEYWORD, das eine Auflistung aller bereits vorhandenen Schlüssel umfasst.

Um ein Stichwort von einem Dokument wieder zu entfernen, markieren Sie einfach den Eintrag im Inspektor und drücken auf den Minus-Schalter. Wenn Sie die Liste der Keywords bearbeiten wollen, klicken Sie im entsprechenden Abschnitt des Inspektors auf das Zahnrad und führen Sie das Kommando SHOW PROJECT KEYWORDS aus. Das nachfolgende Fenster ist die zentrale Stelle, um die Schlüsselwörter zu verwalten. Über die Schalter und Einträge lösen Sie diese Aufgaben:

- Um ein Schlüsselwort zu bearbeiten, klicken Sie doppelt auf seinen Eintrag in der Liste. Der Text kann damit editiert werden.
- Zur besseren Unterscheidung erhält jedes Schlüsselwort auch eine farbige Kennzeichnung. Wie bei den Etiketten, öffnen Sie den Farbwähler Ihres Systems, wenn Sie auf das farbige Rechteck klicken. So weisen Sie bei Bedarf eine neue Farbe zu.
- Wollen Sie ein weiteres Schlüsselwort anlegen, drücken Sie die erste Schaltfläche mit dem Pluszeichen am unteren Rand.
- Einträge können Untereinträge umfassen. Dazu markieren Sie ein Schlüsselwort und klicken dann auf das zweite Symbol von links, um einen solchen Untereintrag anzulegen.
- Wollen Sie einen Eintrag löschen, markieren Sie ihn und klicken auf das Symbol löschen, also den dritten Schalter von links.

Vorsicht

Wenn Sie einen Eintrag in dieser Liste löschen, weisen Sie Scrivener an, dies für das gesamte Projekt zu tun. Die Software fragt in diesem Fall zur Sicherheit nach. Denn wenn ein Schlüsselwort in Gebrauch ist, wird dieses beim Löschen aus dem Projekt auch von allen Dokumenten entfernt.

Mit einem Klick auf SEARCH in diesem Dialog stellt Ihnen Scrivener schnell alle Dokument zusammen, die Sie mit dem entsprechenden Keyword gekennzeichnet haben. Dieser Weg ist übrigens die schnellste Möglichkeit. Sie können auch die Funktion »Suchen« verwenden, um dort dann in einer Projektsuche nach einem bestimmten Schlüssel zu fahnden. Bis die Suche aber eingerichtet ist, sind mehr Schritte notwendig als in diesem Fall.

4.13 Externe Dateien synchronisieren

Scrivener lässt Ihnen (derzeit nur in der Mac-Version) sogar den Weg offen, Ihre Texte mit externen Programmen zu bearbeiten. Wenn Sie zwar die tollen Möglichkeiten zur Gliederung und zur Recherche nutzen wollen, aber doch lieber einen anderen Editor verwenden wollen, geht dies. Vielleicht würden Sie aber auch gern mit dem iPad oder einem anderen Tablet unterwegs an Ihren Texten feilen. Dann wäre es natürlich wünschenswert, wenn es auch für diese Plattformen eine Scrivener-Version gäbe. Ganz so direkt funktioniert dies nicht. Das Programm bietet Ihnen aber eine Option an, mit der Sie den Inhalt Ihres Projekts mit einem beliebigen externen Ordner abgleichen können, um mit anderen Programmen auf die Inhalt zugreifen zu können.

Nutzen Sie als Ziel für dieses externe Verzeichnis einen Dienst wie Dropbox oder Google Drive, steht Ihnen auf allen verbundenen Computern stets der gleiche Stand Ihres Werkes zur Verfügung.

Die Arbeit mit diesem Werkzeug ist tatsächlich so toll, wie es klingt. Die Synchronisation mit einem externen Verzeichnis dient nicht der gemeinsamen Bearbeitung des gleichen Projekts mit den verschiedenen Versionen von Scrivener. Wenn Sie das gleiche Projekt sowohl auf dem Mac als auch unter Windows nutzen wollen, geht dies zum Beispiel mit dem Datenabgleich per Dropbox. Dann sollten Sie sich aber die Vorsichtsmaßnahmen im entsprechenden Abschnitt dieses Kapitels zu Herzen nehmen.

Die externe Synchronisation erweitert in erster Linie Ihre Freiheiten, was die Bearbeitung der Texte betrifft:

- Speichern Sie die Inhalte des Scrivener-Projekts zum Beispiel als Markdown-Dateien, können Sie Ihr Manuskript beispielsweise auch unter Linux oder mit einem Editor auf dem iPad bearbeiten.
- Vielleicht nutzen Sie auch gern eine andere Textverarbeitung, weil Sie sich an deren Editor besonders gewöhnt haben oder das Programm Funktionen anbietet, die so in Scrivener nicht vorhanden sind. Dann könnten Sie die Software zum Beispiel dazu einsetzen, um den Text zu

bearbeiten. Später lesen Sie diese letzten Änderungen einfach wieder in das Projekt ein.

Die externe Synchronisation läuft nach diesem Schema ab:

- Sie richten zuerst den Abgleich einmalig ein. In diesem Prozess definieren Sie auch, in welchem Format die externen Daten vorliegen wollen.
- Danach starten Sie die erstmalige Synchronisation. Ihr Manuskript wird im gewünschten Zielformat im externen Verzeichnis abgelegt.
- Sie können den Abgleich so konfigurieren, dass beim Schließen und beim Öffnen eines Projekts automatisch die Synchronisation erfolgt. Bemerkt Scrivener Änderungen am Projekt, werden Sie auf den Abgleich hingewiesen.
- Die Änderungen stellt Ihnen die Software in einer übersichtlichen Darstellung zusammen. Diese dient lediglich Ihrer Information. Sie können so aber prüfen, ob das, was geändert wurde, in Ihrem Sinne gewesen ist. Im Zweifel nutzen Sie dann ein Backup, um den vorherigen Stand wieder herzustellen.

Die Einrichtung nehmen Sie so vor:

1. Öffnen Sie FILE, SYNC und danach WITH EXTERNAL FOLDER.
2. Damit rufen Sie sich die Optionen für den Abgleich auf. Mit CHOOSE navigieren Sie anschließend zum Ordner auf Ihrem System, in dem die Daten liegen sollen.
3. In den OPTIONS definieren Sie, was Scrivener eigentlich synchronisieren soll. Im Zweifel nur den Ordner DRAFT, also die eigentlichen Dokumente, die zum Manuskript gehören. Lassen Sie die Option PREFIX FILENAMES aktiviert, dann stellt Ihnen die Software zu jedem Dokument auch noch eine Nummer im Dateinamen bereit. Das macht es später einfacher, die Dateien im Zielverzeichnis auseinanderzuhalten. Die vergebenen Nummern entsprechen der Stellung des Dokuments im Binder.
4. Ratsam ist es ebenfalls die beiden Optionen TAKE SNAPSHOTS und CHECK EXTERNAL FOLDER ON PROJECT OPEN zu aktivieren. Vor der Synchronisation legt Scrivener dann immer erst einen Snapshot an, sodass Sie im Zweifel einfacher zu einem älteren Versionsstand zurückkehren können. Und der Abgleich beim Öffnen des Projekts ist schon deshalb ratsam, weil das Programm so erkennt, dass sich Änderungen ergeben haben und Sie damit auf die neueste Fassung zugreifen können.

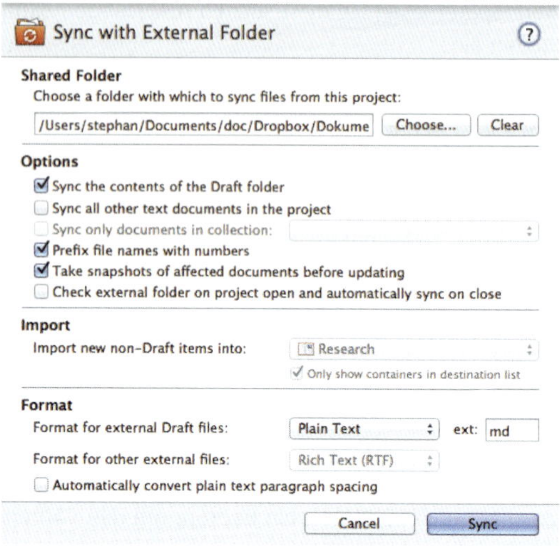

Abb. 4.21: *Die Einstellungen für die Synchronisation mit externen Dateien.*

Im unteren Bereich des Dialogs legen Sie das Format der externen Dateien fest. Sie haben hier die Wahl zwischen insgesamt vier Formaten:

- RTF: Das Rich-Text-Format ist für Sie dann interessant, wenn Sie die Daten mit einer klassischen Textverarbeitung bearbeiten wollen. Es beherrscht die wesentlichen Formatierungen wie kursiven oder auch fetten Text.
- TXT: Entscheiden Sie sich für reinen Text, stehen Ihnen alle Editoren offen, die mit diesen Dokumenten umgehen können. Bei diesem Format bearbeiten Sie das Manuskript auf einem Tablet oder auch unter Linux. Mit der Wahl dieses Formats besteht sogar die Möglichkeit, eine abweichende Dateiendung zu nutzen. Das ist etwa praktisch, wenn Sie in Markdown schreiben wollen. Dann können Sie dem Editor des anderen Betriebssystems signalisieren, dass es sich um Markdown-Dateien handelt, wenn Sie die Endung MD verwenden.
- FinalDraft: Ist der Name und das Dateiformat einer gleichnamigen Software, die das kreative Schreiben an Drehbüchern vereinfacht. Mit diesem Format erleichtern Sie sich die Zusammenarbeit mit anderen Autoren, die vielleicht mit diesem Programm arbeiten.

- Fountain: Dabei handelt es sich, wie Markdown, um eine Auszeichnungssprache, die extra für die Bedürfnisse von Drehbuchschreibern entwickelt wurde. Es handelt sich also auch um einfache Textdateien, die mittels besonderer Kürzel erweitert werden. Einzelheiten zu dieser Sprache finden Sie unter: *http://fountain.io/*

Wichtig

Wenn Sie die externen Dateien im reinen Textformat und als Markdown-Dateien bearbeiten wollen, deaktivieren Sie unbedingt die Option AUTOMATICALLY CONVERT PLAIN TEXT PARAGRAPH SPACING. Denn in diesem Fall würde Scrivener beim Importieren Ihre gesetzten Zeilenabstände wieder korrigieren. Da diese in Markdown aber eine Rolle spielen, um etwa Absätze zu signalisieren, stellen Sie sich damit selbst ein Bein.

Nachdem die Optionen definiert worden sind, klicken Sie auf SYNC. Damit starten Sie den Datenabgleich. Scrivener zeigt Ihnen einen Fortschrittsbalken an.

Sie können jederzeit die Synchronisation manuell starten, in dem Sie aus dem gleichen Menü SYNC den Eintrag WITH EXTERNAL FOLDER NOW aktivieren.

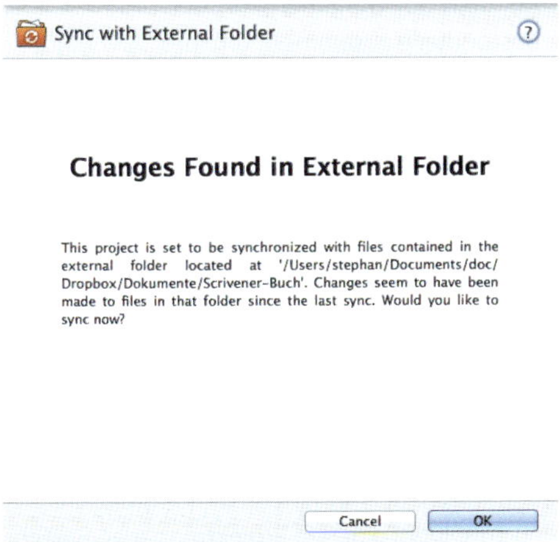

Abb. 4.22: *Stellt Scrivener geänderte Dateien im externen Ordner her, werden Sie deutlich darauf aufmerksam gemacht.*

Stellt Scrivener beim Öffnen des Projekts fest, dass es Änderungen in diesem Verzeichnis gegeben hat, erhalten Sie einen entsprechenden Hinweis. Synchronisieren Sie dann, werden die Änderungen übernommen. Im Binder werden die geänderten Dateien mit einer Warnfarbe gekennzeichnet und Sie sehen sich die Texte im Hauptbereich des Programmfensters an. Sie können diesen Hinweis einfach durch einen Klick auf das Kreuz schließen.

Mit der externen Synchronisation im Markdown-Format und einer sehr durchdachten App für das iPad schreiben Sie so auch Ihre Texte auf dem iPad. Das macht natürlich besonders viel Spaß, wenn Sie auf dem mobilen Begleiter eine externe Tastatur einsetzen.

Richten Sie zunächst die externe Synchronisation ein. Nutzen Sie dabei als Zielformat einfache Text-Dateien. Wenn Sie in Markdown schreiben wollen, ändern Sie am besten die Dateiendung auf »md«. Als Ziel nutzen Sie am zweckmäßigsten ein Verzeichnis in Ihrer Dropbox.

Auf dem iPad zählt Writing Kit (*http://getwritingkit.com/*) sicherlich zu den besseren Apps für Autoren. Enthalten ist hier auch eine interessante Funktion, um während der Arbeit an einem Manuskript auch in externen Quellen zu recherchieren und die Ergebnisse in das Manuskript zu übernehmen. Writing Kit kann auf Dokumente in der Dropbox zugreifen. Damit haben Sie alle Bestandteile zusammen, um Ihre Dokumente unterwegs zu bearbeiten und nach der Rückkehr an den heimischen Schreibtisch die Änderungen zu übernehmen. Es genügt, in Writing Kit den Ordner in der Dropbox zu öffnen und schon können Sie loslegen.

4.14 Projektfortschritt überwachen

Wer einen Verlag davon überzeugen konnte, das eigene Manuskript zu veröffentlichen, dem sitzt auch sofort ein Abgabetermin im Nacken. Das gilt für Drehbuchschreiber, Journalisten und auch Romanciers gleichermaßen.

Damit wird jeder Autor, der an einem umfangreicheren Werk arbeitet, auch gleichzeitig zu seinem eigenen Projektmanager. Fakten, die Sie dabei im Blick behalten müssen, sind in erster Linie:

- Die Zeichenzahl des gesamten Projekts bzw. einzelner Dokumente, sofern der Verlag in dieser Hinsicht Vorgaben gemacht hat.
- Der Abgabetermin und ob dieser realistischerweise überhaupt noch erreicht werden kann.
- Der Bearbeitungsstatus der einzelnen Dokumente. Haben Sie damit bereits begonnen? Handelt es sich um einen ersten Versuch oder ist die Fassung vielleicht sogar bereit für die Abgabe?

Wie Sie die Zeichenzahl als Projektziel definieren, um den Fortschritt zu beobachten, habe ich Ihnen bereits bei der Einrichtung eines neuen Projekts gezeigt.

Der Vorteil von Scrivener, ein Manuskript sehr fein zu untergliedern, kann zu einer Herausforderung werden, wenn es darum geht, den Bearbeitungszustand eines Dokuments nachzuverfolgen. Da Sie ja in unterschiedlicher Reihenfolge an den verschiedenen Dokumenten arbeiten können, ist die Wahrscheinlichkeit dafür hoch, dass die einzelnen Teile einen unterschiedlichen Reifungsgrad erreicht haben.

Doch auch hierfür hat Scrivener eine Lösung parat. Jedem Dokument weisen Sie auf Wunsch einen individuellen STATUS zu. Das Programm liefert hier eine Reihe von Vorlagen, die Sie aber jederzeit ändern können.

Welchen Vorteil bietet Ihnen ein zugewiesener Status?

- Beim Kompilieren der Datei lässt sich ein Filter setzen, der die Dokumente eines bestimmten Status beim Veröffentlichen ausschließt oder gerade einschließt. Haben Sie mit Ihrem Lektor zum Beispiel eine Zwischenabgabe vereinbart, liefern Sie auf diese Weise lediglich die Dokumente ab, die Sie selbst als final gekennzeichnet haben.
- In der Tabelle, die Ihnen der Outliner präsentiert, lassen sich die Dokumente nach den verschiedenen Spalten sortieren. Wenn Sie die Elemente nach dem Status sortieren lassen, sehen Sie so mit einem Blick, an welchen Stellen Sie noch eingreifen müssen.

Die in Scrivener enthaltenen Status sind lediglich als Vorschläge zu verstehen. Sie können diese anpassen. Allerdings bezieht sich der Status immer auf eine Projektdatei. Wenn Sie immer auf die gleichen Werte in allen Ihren

Projekten zugreifen wollen, ist es ratsam, die Optionen in eine Vorlage aufzunehmen.

Um einem Dokument einen Status zuzuweisen, klicken Sie mit der rechten Maustaste auf seinen Eintrag im Binder. Im Kontextmenü markieren Sie nun STATUS und entscheiden sich dann für einen der Einträge.

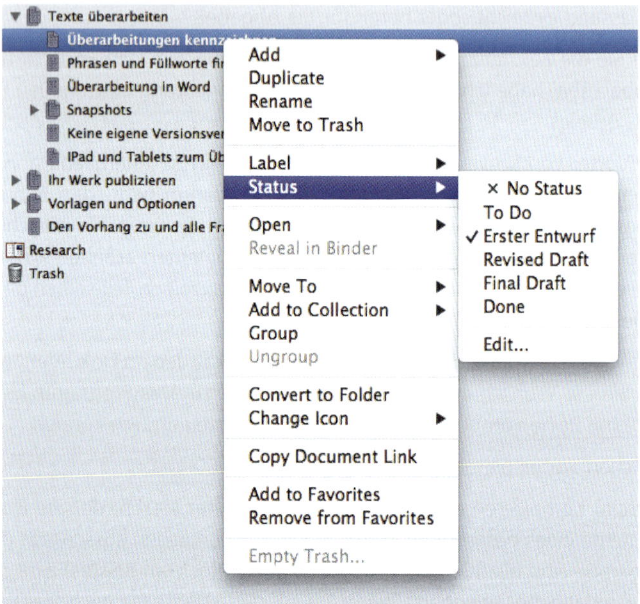

Abb. 4.23: *Weisen Sie Ihren Dokumenten einen Status zu, damit Sie den Fortgang des Projekts besser im Blick behalten.*

In diesem Menü befindet sich am Ende der Eintrag zu Bearbeitung der Einträge. Mit EDIT bzw. BEARBEITEN öffnet Scrivener die Liste der Status, denen Sie jetzt einfach mit einem Klick auf das Pluszeichen einen neuen Eintrag hinzufügen oder nicht benötigte Zustände auch wieder entfernen können. Mit einem Doppelklick auf einen Eintrag setzten Sie diesen in den Bearbeitungszustand und verändern die Beschriftung.

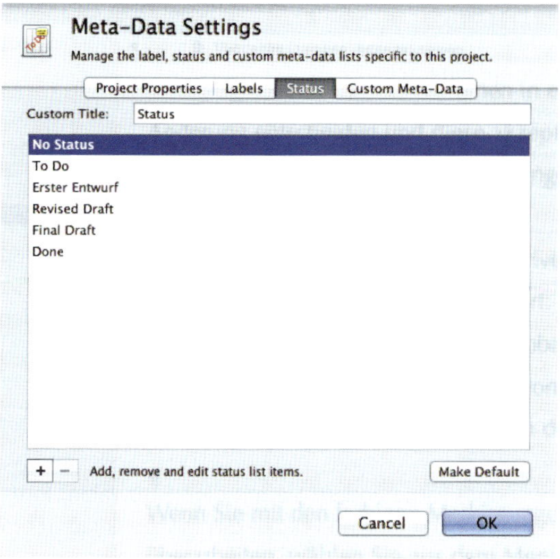

Abb. 4.24: *Sie können beliebige eigene Status anlegen.*

4.15 Etiketten als Organisationsmittel

Der Status ist eines der möglichen Kennzeichen eines Dokuments in Scrivener. Die zweite Art ist das Zuweisen eines Etiketts (Labels). Sie sind ein recht vielseitiges Mittel, um das Material in einem Projekt zu strukturieren und mehr Übersicht zu schaffen.

- Einige Autoren verwenden die Etiketten, um den Hauptcharakter einer Szene oder eines Abschnitts visuell hervorzuheben und damit etwa die Perspektive einer Szene zu verdeutlichen. So kann bereits bei der Ansicht im Corkboard kontrolliert werden, ob ein Charakter nicht zu stark in den Vordergrund gerät oder vernachlässigt wird.
- Andere Anwender setzen Etiketten dazu ein, um den Ort, an dem eine Szene spielt zu kennzeichnen.
- Wer in Scrivener die Artikel für mehrere Blogs oder Portale sammelt, verschafft sich mit dem passenden Etikett mehr Übersicht, für welche Site der Artikel ist.

- Oder Sie verwenden ein Label, um den Reifegrad eines Dokuments zu beschreiben. Ist es noch eine einfache Idee oder doch schon ein Entwurf oder gar ein Kapitel?

Um einem Dokument ein Etikett zuzuweisen, klicken Sie im Binder mit der rechten Maustaste darauf. Aus dem Kontextmenü entscheiden Sie sich dann für LABEL und anschließend für den passenden Eintrag. Die Labels stehen aber auch über den Inspektor zur Verfügung.

Sowohl im Kontextmenü als auch in der Liste innerhalb des Inspektors ist in der Liste der Etiketten auch der Eintrag EDIT enthalten. Darüber verändern Sie die bereits angelegten Labels oder legen Ihre eigenen Einträge fest. Der Dialog entspricht den Optionen, die Sie bereits bei der Definition von Status kennen:

- Mit einem Doppelklick auf einen Eintrag können Sie die Beschriftung ändern.
- Die verwendete Farbe ändern Sie mit dem Farbwähler Ihres Betriebssystems, den Sie mit einem Klick auf das farbige Quadrat erreichen.
- Mit den Plus- und Minusschaltern am unteren Rand legen Sie weitere Etiketten an oder entfernen bereits vorhandene, nachdem Sie eines mit der Maus markiert haben.

Abb. 4.25: *Lassen Sie sich die Farben der Etiketten auch im Corkboard anzeigen, erhalten Sie eine gute optische Rückmeldung zum Bearbeitungsstand.*

Etiketten sind, genau wie Projekt-Status auf die jeweilige Projektdatei bezogen. Wenn Sie nicht ständig die gleichen Etiketten erneut anlegen wollen, erstellen Sie sich am besten eine Vorlage.

Nach Etiketten können Sie sowohl im Outliner als auch beim Kompilieren einer Datei filtern. Im Menü VIEW finden Sie das Kommando USE LABEL COLOR IN. Die bei einem Label definierte Farbe kann an vier verschiedenen Orten dargestellt werden:

- BINDER: Der gesamte Eintrag wird innerhalb des Binders hervorgehoben.
- ICONS: Wenn Sie es etwas dezenter mögen, entscheiden Sie sich für diese Variante. In diesem Fall erhält das Icon, das im Binder genutzt wird, eine farbige Markierung.
- INDEXCARDS: Diese Option sorgt dafür, dass die Karteikarte im Corkboard farbig gekennzeichnet wird. Aus meiner Sicht ist das die schönste Form der Hervorhebung mittels der Label.
- OUTLINER ROWS: Wie der Name bereits andeutet, wird innerhalb der Gliederungsansicht ein Eintrag ebenfalls vollständig farbig markiert. Das kann, bei der intensiven Nutzung von Labels allerdings schnell zu einer recht unruhigen Ansicht auf das Dokument werden.

Da Sie theoretisch bei der Definition der Etiketten nur von den zur Verfügung stehenden Farben begrenzt sind, haben Sie mit den Etiketten ein optisch eindrucksvolles Organisationsmittel zur Hand.

4.16 Kollektionen zur besseren Übersicht

Mit den farbigen Zusätzen, individuellen Dokumenten und den verschiedenen Ansichten auf das Projekt trägt Scrivener schon viel zur Übersicht selbst auf umfangreiche Vorhaben bei. Die Collections (Sammlungen) sind sogar noch flexibler.

Eine Kollektion ist eine Sammlung der Dokumente aus Ihrem aktuellen Projekt. Sie stellen diese Sammlung individuell zusammen und können sie jederzeit mit einem Mausklick wieder aufrufen und betrachten. Die Sammlung ändert nichts an der Reihenfolge der Dokumente im Binder. Somit ergeben sich für den Einsatz von Sammlungen sehr interessante Einsatzgebiete:

- Sie stellen sich alle Dokumente zusammen, in denen ein bestimmter Charakter auftaucht.
- In einer Sammlung könnten Sie mit einer anderen Reihenfolge von Szenen experimentieren und sich ansehen, welcher Fluss sich dadurch in der Handlung ergibt.
- Dokumente, die Sie mit Ihrem Lektor durcharbeiten wollen, legen Sie in einer besonderen Sammlung ab.

Einer der größten Zeitsparer ist sicherlich, sich das Ergebnis einer Suchabfrage zusammenzustellen und dauerhaft ablegen zu können. Bei einer sehr feinen Gliederung, die eine große Anzahl von Dokumenten umfasst, kann es schon recht mühsam sein, sich mit dem Outliner-Modus oder im Binder die Dateien zusammenzustellen, die man noch bearbeiten wollte. Da bietet sich die Suche im Projekt an und das Zusammenfassen der Ergebnisse in einer Kollektion, denn das Ergebnis der Suche aktualisiert sich automatisch. Sobald Sie den Status der Datei ändern, wird diese aus der Sammlung entfernt.

Um sich die Kollektionen anzusehen, führen Sie VIEW, COLLECTIONS, SHOW COLLECTIONS (Anzeigen, Sammlungen, Sammlungen anzeigen) aus. Damit werden auf der linken Seite alle vorhandenen Sammlungen sichtbar. Sie können aber auch unmittelbar zu einer bestimmten Sammlung springen, da jede Sammlung über einen eigenen Eintrag im Menü verfügt.

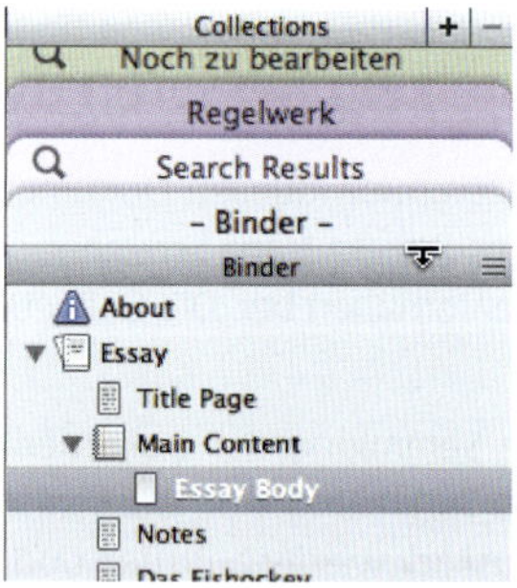

Abb. 4.26: *Beachten Sie, dass Sie mit der Maus den Bereich der Sammlungen in der linken Seite größer ziehen können.*

4.16.1 Ergebnis einer Suche als Kollektion speichern

Sie möchten mit einem Mausklick auf alle Dokumente zugreifen, die einen bestimmten Status besitzen oder mit einem Etikett versehen sind? Sie suchen nach einer Option, alle Dokumente zu finden, in denen ein bestimmter Charakter auftritt? Scrivener kann Ihnen diese Informationen mit der Projektsuche liefern, die Sie anschließend nur noch als Sammlung speichern müssten.

Um ein Suchergebnis als Sammlung anzulegen, das sich dynamisch verhält, also sich stets selbst aktualisiert, gehen Sie so vor:

1. Über EDIT, FIND, PROJECT SEARCH (Bearbeiten, Suchen, Projekt Suche) rufen Sie sich den Suchdialog auf. Klicken Sie auf den kleinen Pfeil neben der Lupe und entscheiden Sie sich für einen Bereich, den Sie durchsuchen wollen. Um sich alle Dokumente mit einem bestimmten Status aufzurufen, ist der entsprechende Eintrag zu markieren.
2. Tragen Sie den gesuchten Begriff ein. Um etwa alle Dateien zu finden, die noch keinen Status haben, geben Sie dort also NO STATUS ein.
3. Im Binder werden auf der linken Seite bereits die Ergebnisse sichtbar. Dabei handelt es sich streng genommen bereits um eine Sammlung, denn das Ergebnis einer solchen Suchanfrage bleibt so lange gespeichert, bis Sie eine neue Suche ausführen. Allerdings auch nur zwischen den Projektsitzungen. Schließen Sie die Datei und wird diese beim nächsten Mal geöffnet, können Sie auf das Suchergebnis nicht mehr zugreifen. Es sei denn, Sie klicken in dem Suchdialog erneut auf den kleinen Pfeil neben der Lupe. Wählen Sie aus dem Menü SAVE SEARCH AS COLLECTION bzw. SUCHE SPEICHERN.
4. Im nächsten Dialog geben Sie eine Bezeichnung für die Suche ein und bestätigen die Eingabe.

Die Ansicht im Binder ändert sich damit. Sie sehen darin jetzt eine Reihe von Registern. Diese sind die verschiedenen Sammlungen, die Scrivener jetzt bereits kennt. Dazu gehört der Binder selbst, Suchergebnisse und eben auch die von Ihnen definierten Collections.

Wichtig

Zum Zeitpunkt der Niederschrift dieses Buches gibt es ein kleines Problem zwischen Mountain Lion und Scrivener. Unter bestimmten Konstellationen kann es passieren, dass der Tab für eine neue Sammlung nicht in der Liste erscheint, also im Feld nicht weitergeblättert wird. Achten Sie bei der Auswahl einer Sammlung auf den kleinen Abschnitt ganz rechts. Platzieren Sie die Maus darüber, ändert sich das Aussehen des Zeigers und Sie können damit den Rand dieses Fensters verschieben. Danach sollten alle Register sichtbar sein.

4.16.2 Sammlung von Hand zusammenstellen

Die größte Freiheit in der Zusammenstellung einer Sammlung haben Sie natürlich, wenn Sie diese völlig manuell anlegen. Sie kommen auf unterschiedlichen Wegen zum Ziel:

- Sie markieren im Binder eines oder mehrere Dokumente, die Sie in einer Sammlung zusammenfassen wollen. Klicken Sie mit der rechten Maustaste, um sich das Kontextmenü der Dateien aufzurufen und nutzen Sie das Kommando ADD TO COLLECTION. Sie haben anschließend die Wahl, die Dokumente in eine bestehende Sammlung aufzunehmen oder eine neue Sammlung anzulegen. Entscheiden Sie sich für eine neue Sammlung, wechselt die Darstellung des Bildschirms und die Oberfläche mit den Registern für die Sammlungen erscheint.
- Sie lassen sich zunächst die Sammlung anzeigen. Am oberen Rand des Fensters neben der Überschrift COLLECTIONS (bzw. Sammlungen) sehen Sie ein Plus- und ein Minuszeichen. Klicken Sie auf das Plus, legen Sie damit eine neue Sammlung an. Waren Sie in diesem Moment gerade dabei, ein Dokument zu bearbeiten, wird es automatisch Teil dieser Sammlung.

Um manuell weitere Elemente in eine Sammlung zu übernehmen, können Sie auch die Maus verwenden. Aus jeder Ansicht, dem Binder oder auch dem Outliner, bewegen Sie durch Klicken und Ziehen eine oder mehrere Dokumente auf das Register einer Sammlung. Verweilt der Mauszeiger für einen Moment auf der Überschrift des Registers, klappt die Sammlung auf und Sie haben die Möglichkeit, das Dokument exakt an die Position in der Liste zu verschieben, die Ihnen vorschwebt.

4.16.3 Kollektionen bearbeiten

Die Eigenschaften der Sammlungen lassen sich natürlich auch bearbeiten. Dies beginnt bei der prägnanten Farbgebung des gesamten Bereiches und damit aller Dokumente, die zu einer Sammlung gehören. Direkt am rechten Rand des Registers der angelegten Sammlungen finden Sie das eingefärbte Quadrat. Mit einem Klick darauf öffnen Sie den Farbwähler Ihres Systems und legen darin einen gewünschten Farbton fest. Bei einem Suchergebnis oder einer gespeicherten Suche (die Sie beide an der führenden Lupe vor der Bezeichnung der Sammlung erkennen), ist üblicherweise auch eine Tabellenüberschrift vorangeschaltet, über die Sie die Ergebnisse noch sortieren können.

Bei manuell zusammengestellten Kollektionen können Sie weitere Elemente hinzufügen oder auch entfernen. Das Hinzufügen eines Dokuments zu einer Sammlung geht am einfachsten aus dem Kontextmenü des Dokuments im Binder. Sie finden dort den Eintrag ADD TO COLLECTION. Um das Dokument aus einer Kollektion zu entfernen, rufen Sie sich die Sammlung am besten auf, markieren Sie den Eintrag und drücken Sie auf das Minuszeichen neben der Bezeichnung der Sammlung. Die Reihenfolge der Einträge innerhalb einer Sammlung ändern Sie, wie im Binder, einfach mit Klicken und Ziehen.

Um eine Kollektion vollständig zu entfernen, markieren Sie den Eintrag in der Liste und klicken auf das Minuszeichen neben der Überschrift des Bereiches COLLECTIONS.

4.17 Scrivener auf Mac und Windows gemeinsam nutzen

Die Mac- und Windows-Ausgabe von Scrivener nutzt das gleiche Datenformat. Wenn Sie mögen, arbeiten Sie auf den beiden Plattformen also mit der gleichen Fassung Ihres Projekts. Legen Sie ein Projekt in das Verzeichnis eines Dienstes für die Datensynchronisation wie Dropbox, greifen Sie auf beiden Rechnerplattformen auf die identische Fassung Ihres Werkes zurück.

Allerdings verfügt Scrivener nicht über besonders ausgereifte Funktionen zur Verwaltung von Versionen. Wenn es während der Arbeit zu einem Konflikt zwischen den Fassungen kommt, kann im schlimmsten Fall die Projektdatei beschädigt werden. Möchten Sie die Daten also zwischen Rechnern abgleichen, halten Sie sich unbedingt an einige Vorsichtsmaßnahmen:

- Öffnen Sie niemals zeitgleich dasselbe Projekt auf den unterschiedlichen Systemen. Dies führt zwangsläufig zu Problemen.
- Schalten Sie unbedingt in den Optionen des Programms das automatische Backup ein. Legen Sie vor allen Dingen ein Verzeichnis als Ziel für die Sicherung fest, das sich außerhalb des Dropbox- bzw. Google Drive-Verzeichnisses befindet. So greifen Sie im Zweifel immer noch auf eine lokale Kopie zu.
- Wenn Sie Ihr Projekt speichern und die Datei schließen, warten Sie immer so lange, bis das Programm-Icon des Synchronisierungsdienstes Ihnen signalisiert, dass der Datenabgleich erfolgreich abgeschlossen wurde. Verlassen Sie auch erst dann die Arbeitssitzung des Computers.

Erst wenn dies alles erfolgreich abgeschlossen ist, dürfen Sie die Datei auf dem anderen Computer öffnen.

4.18 Sichern Sie Ihre Arbeit

Die Begeisterung für einen Computer und seine technischen Möglichkeiten nimmt bei allen Anwendern stark ab, wenn es zum ersten tief greifenden Problem gekommen ist, das zu einem Datenverlust geführt hat. Nur wer ein unerschütterliches Vertrauen in die Technik hat oder gern auch doppelte Arbeiten verrichtet, schreibt am Computer ohne ein Backup anzulegen. Damit keiner Ihrer Gedanken durch eine Computerpanne verloren geht, sollten Sie sich möglichst gleich beim Starten eines Projekts um das Thema Datensicherung kümmern.

Eine regelmäßige Datensicherung bewahrt Sie vor Datenverlusten, die von zwei potenziellen Risiken verursacht sein können. Das erste sind technische Probleme, die beim Arbeiten mit einem Computer vorkommen können. Sie sind eher die Ausnahme als die Regel, und wirklich selten. Aber sie treten immer dann auf, wenn zeitlich ohnehin in einem Projekt Druck herrscht, zum anderen keine Datensicherung vorhanden ist. Zu diesen Problemen zählen meist Defekte an irgendeinem technischen Baustein des Computers selbst. Fatal sind dabei immer Schwierigkeiten, die beim Zugriff auf die Festplatte auftreten oder in denen sich das Gerät beharrlich weigert, zu starten. Einen Ersatz können Sie im Zweifel recht schnell auftreiben. Aber wieder auf das Manuskript zuzugreifen, funktioniert eben nur, wenn Sie an eine Sicherung gedacht haben.

Das zweite, eigentlich viel größere Risiko, sitzt direkt vor Ihrem Monitor. Denn wahrscheinlich werden die meisten Schwierigkeiten mit einem Computer gar nicht durch die Technik hervorgerufen, sondern durch Anwenderfehler. Einmal nicht aufgepasst und schon landet beim Verschieben von Dateien eine davon im Papierkorb. Wenn dieser auf das automatische Löschen eingestellt wurde, dann kann guter Rat bereits enorm teuer werden.

Ihre individuelle Backup-Strategie sollte von den schlimmsten Problemen ausgehen, die vorstellbar sind. Scrivener kann automatisch in regelmäßigen Abständen ein Backup aller aktuell geöffneten Projekte anlegen. Diese landen in einem Verzeichnis Ihrer Wahl, sofern Sie keine weiteren Änderungen an den Optionen vornehmen, also auf dem gleichen System, auf dem auch Scrivener selbst läuft.

Das ist schon einmal ein Anfang und es bietet sich an, diese Funktion auf jeden Fall zu aktivieren. Sie finden in den Einstellungen dazu ein eigenes Register BACKUP. Prüfen Sie hier diese Optionen auf die Zweckmäßigkeit für Ihre Projekte:

- Wollen Sie vielleicht das Backup-Verzeichnis ändern? Wenn Sie Ihre Dropbox nutzen oder ein anderes Laufwerk, das Sie mit einem Server oder online synchronisieren, haben Sie bereits das Problem gelöst, dass Sie an eine lokale Kopie nicht mehr herankommen, weil die Festplatte streikt.
- Es ist generell eine gute Idee, das Backup auf eine bestimmte Anzahl von Dateien festzulegen (Only keep most recent). Da Sie kaum den Ordner mit den gesicherten Daten regelmäßig im Blick behalten werden, besteht die Gefahr, dass sich das Verzeichnis immer stärker anfüllt und langsam Ihre Festplatte »vollmüllt«. Dies fällt natürlich nur bei sehr großen Dateien und Dokumenten ins Gewicht.
- Zu empfehlen ist sicherlich, dass Sie die Backups automatisch durchführen lassen. Das Speichern beim Schließen des Projekts ist auf jeden Fall ratsam, denn dann haben Sie ja auch gerade einen Zwischenschritt

absolviert. Wenn Sie zwischendurch manuell speichern und sich nicht nur an das automatische Sichern von Scrivener verlassen, kann auch die Aktivierung dieser Option nichts schaden.

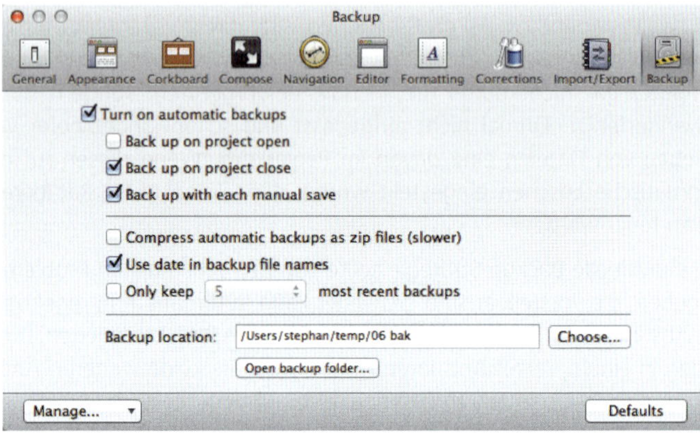

Abb. 4.27: *Machen Sie unbedingt von der Option Gebrauch, automatisch Backups machen zu lassen.*

Scrivener kann die gesicherten Daten auch noch komprimieren. Das spart zwar Platz, verzögert aber den Prozess. Wenn Sie die Zahl der Datensicherungen ohnehin beschränken, dann verzichten Sie aus Gründen der Geschwindigkeit darauf.

Generell ist die Sicherung auf einem externen Server eine gute Idee. Die IT-Experten sprechen in diesem Zusammenhang auch gern von einem Offsite-Backup. Noch sicherer ist diese Vorgehensweise:

1. Sie lassen Scrivener automatisch die Projektdateien in einem Ordner auf Ihrer Festplatte sichern.
2. Der Inhalt der Festplatte, zumindest aber alle Ihre Textdokumente, sollte ebenfalls gesichert werden, und zwar auf einer externen Festplatte. Wenn die interne Festplatte des Computers nicht mehr startet oder fehlerfrei arbeitet, können Sie auf den externen Datenträger zugreifen.
3. Dieser externe Datenträger könnte gestohlen werden, vielleicht (was Ihnen natürlich niemand wünscht) werden Sie aber auch Opfer eines

Elementarschadens und Ihr Arbeitszimmer wird Opfer von Flammen oder anderen Gewalten, dann könnte dieser Datenträger ebenfalls unbrauchbar werden. Deswegen sollte der Inhalt dieses Datenträgers ebenfalls gesichert werden. Entweder auch auf einem weiteren externen Datenträger, den Sie aber an einem anderen Ort aufbewahren oder aber auf einem Server, außerhalb Ihres Hauses oder Ihrer Wohnung.

Aktuell und weniger umständlich ist es, wenn Sie diese zusätzliche externe Sicherung in der sogenannten »Cloud« im Internet speichern. Dann besitzen Sie wenigstens eine physikalische Kopie Ihrer Dateien sowie eine Kopie auf einem Server im Internet. Welche unvorhersehbaren Vorkommnisse auch auftreten mögen, so dürften Sie für alle Fälle gesichert sein.

4.18.1 Exkurs: So sieht meine Sicherung aus

Um Ihnen eine Anregung zu geben, wie Ihre Backup-Strategie aussehen könnte, möchte ich an dieser Stelle einmal ausführlicher meinen eigenen Aufbau vorstellen. Ich muss Ihnen in dieser Hinsicht gestehen, dass ich ein großer Skeptiker gegenüber der Haltbarkeit von IT-Systemen bin, deswegen lege ich auch besonders großen Wert auf die Datensicherung.

Ich schreibe auf zwei verschiedenen Geräten. Mein Stamm-Computer ist ein MacBook-Pro. Doch ab und an kommt auch ein Windows-Notebook zum Einsatz, auf dem sich ebenfalls Scrivener befindet.

Auf beiden Rechnern kommt jeweils eine Software zum Einsatz, die automatisiert den Inhalt in regelmäßigen Abständen sichert. Auf dem Mac nutze ich – wen wundert es – das integrierte Time Machine. Für Windows habe ich eine ähnlich arbeitende Software gefunden, die allerdings nicht kostenlos ist. Aber der Preis um die 50 Euro war mir die Datensicherung einfach Wert. Genie Timeline steht auch in einer Testversion unter *http://www.genie9.com* zur Verfügung.

Als Ziel der beiden Programme dient einer dieser praktischen Netzwerkspeicher, die im Fachhandel als NAS bezeichnet werden. Diese Geräte sind nicht einfach nur Festplatten, die im Netzwerk erreicht werden können, sondern bieten auch noch eine ganze Reihe von weiteren Funktionen, zum Beispiel stellen sie alle Videos und Musikdateien zentral für alle Computer zur Verfügung.

Weil die internen Festplatten des NAS ebenfalls defekt sein können, werden die Platten einmal pro Tag auf einer angeschlossenen Festplatte gesichert. Darum kümmert sich die Software, die auf dem NAS ohnehin installiert ist. Und gegen eventuelle Elementarschäden in meinen eigenen vier Wänden bewahrt mich die Sicherung der NAS bei einem Cloud-Anbieter. Ich habe mich hier für HiDrive von der Telekom-Tochter Strato entschieden. Auch um die Sicherung der Dateien auf diesem Server kümmert sich die integrierte Software. Damit verfüge ich also für jedes Manuskript über diese Fassungen:

- Aktuelle Arbeitsversion auf dem Computer
- Maximal um eine Stunde veraltete Fassung aus dem Backup auf der NAS.
- Einen Tag alte Version auf der externen Festplatte und im Internet

Damit fühle ich mich bestens abgesichert und der Verlust von Daten sollte sich im Falle eines Falles auf ein Minimum beschränken.

4.19 Exkurs: Wie Sie einfach produktiver schreiben

Sachbuchautoren und Journalisten sitzt oft genug die Zeit im Nacken. Der Abgabetermin naht und irgendwie läuft es mit dem Schreiben nicht so, wie eigentlich geplant und gehofft. Aber auch viele Belletristiker gewinnen oft genug den Eindruck, dass das Manuskript eigentlich schneller fertiggestellt werden könnte. Ein paar Tipps, wie Sie vielleicht das Schreiben etwas beschleunigen und mehr in der gleichen Zeit erreichen:

- Nutzen Sie einen Timer und probieren Sie es einmal mit der »Pomodoro-Technik«. Bei dieser Zeitmanagement-Technik geht es darum, sich in einer bestimmten Zeitspanne (in der Regel 25 Minuten) absolut auf eine einzige Aufgabe zu konzentrieren und nichts anderes zu tun. Kommt es zu einer Unterbrechung oder unterbricht man sich selbst, weil man doch noch einmal schnell etwas im Internet nachschlagen wollte, gilt der Pomodoro als nicht beendet und muss wiederholt werden. Für den Erfolg der Technik spielt es keine Rolle, ob Sie sich eine schicke Anwendung für den Computer oder das Handy besorgen oder sich schlicht einen Küchenwecker auf den Schreibtisch stellen. Wichtig ist nur, dass Sie in Ihrer Zeiteinheit ausschließlich an Ihrem Manuskript arbeiten. Vielleicht weckt die Pomodoro-Technik Ihren sportlichen Ehrgeiz und Sie schauen einmal, wie viele Zeichen Sie in einer Einheit schaffen und ob es beim nächsten Mal nicht sogar noch mehr sein können.

- Schreiben Sie immer zuerst eine Gliederung! Diese kann noch so kurz sein, aber notieren Sie im Dokument zuerst die wichtigsten drei Gedanken, die dort auftauchen sollen oder eine Schrittfolge. Sie dienen als roter Faden und außerdem haben Sie auf diese Weise schon einmal mit dem Text begonnen. Das hilft häufig genug, um sich intensiver damit auseinanderzusetzen.
- Denken Sie sich in die Szene oder den Abschnitt hinein. Denken Sie, bevor Sie sich an den Schreibtisch setzen, etwas intensiver über die Szene oder den Abschnitt nach, den Sie als Nächstes schreiben wollen. Formulieren Sie in Gedanken wenigstens schon den ersten Satz oder auch ein paar Sätze mehr. Sie werden sehen, dass die folgenden Zeilen dann viel schneller von der Hand gehen.
- Machen Sie sich mit Scrivener und den Tastenkürzeln besser vertraut. Prägen Sie sich so viele Tastenkombinationen ein. Wenn Sie sich nicht durch Menüs hangeln müssen oder gar erst noch einen Befehl suchen müssen, werden Sie in der gleichen Zeit mehr schreiben können.
- Probieren Sie es mit Musik oder Stille: In Köln lautet ein Sprichwort, dass »Jeder Jeck anders ist«, oder auf Hochdeutsch: Jeder Mensch ist anders. Während die einen sich besser bei absoluter Stille konzentrieren können, reagieren andere positiv auf leise Musik. Probieren Sie doch beides einmal aus und entscheiden Sie dann, in welcher Situation Ihnen das Arbeiten leichter von der Hand gegangen ist.

Wichtig

Suchen Sie mit Google einmal nach Apps, die das »Weiße Rauschen« (White Noise) abspielen können. Dies sind Zusammenstellungen von einer ganzen Bandbreite von akustischen Frequenzen, die gesammelt abgespielt werden und dabei helfen, Geräusche in den Hintergrund treten zu lassen.

Kapitel 5

Scrivener in der Praxis

5.1 Scrivener für Romanautoren und Essayisten 112

5.2 Scrivener für Sachbuchautoren 114

5.3 Funktionen für Drehbuchautoren 127

5.4 Scrivener für Blogger 133

Alle Anwender von Scrivener haben die Arbeit an Texten gemeinsam. Aber an welcher Art von Texten Sie arbeiten, unterscheidet sich genauso wie die äußere Form dieser Dokumente. Und genauso unterschiedlich sind auch die Anforderungen an die weiteren Hilfsfunktionen in der Software. In diesem Kapitel lesen Sie einiges über Spezialfunktionen, die den Arbeitsalltag des jeweiligen Autors erleichtern können. Vieles an der Software ist so offen gestaltet, dass Sie möglicherweise auf völlig neue Ideen kommen und die Funktionen ganz individuell einsetzen.

5.1 Scrivener für Romanautoren und Essayisten

Wer mit Scrivener Romane und Erzählungen schreiben will, findet im Programm einen starken Partner und Begleiter. Viele Funktionen, die Sie in den vorangegangenen Kapiteln kennengelernt haben, werden gerade Romanciers zu schätzen wissen. Dazu zählen u.a.:

- Überwachung des aktuellen Fortschritts am Manuskript durch Zielvorgaben für Dokumente oder Projektvorgaben.
- Sammlung von beliebigem Material in der Software selbst. Sei es, um sich inspirieren zu lassen oder aber Material für realitätsnahe Beschreibungen zu haben.
- Der Vollbildmodus, der das Schreiben zu einer sehr kontemplativen Angelegenheit macht.
- Die Writing-Tools, mit denen Sie Begriffe und Fakten einfach nachschlagen können.

Die Werkzeuge zeigen, dass sich die Entwickler bei Autoren nach wirkungsvollen Hilfsmitteln für die tägliche Arbeit erkundigt haben. Romane, Kurzgeschichten und Stücke leben auch von der Glaubwürdigkeit ihres Personals. Nur wenn der Leser die Motive eines Protagonisten versteht, wird er sich auf die Geschichte einlassen und tiefer in die Handlungsstränge abtauchen. Und die Glaubwürdigkeit einer Figur beginnt auch mit deren Namen.

Franz Kafka darf mit Recht als ein Meister in der Disziplin gelten, besonders eindrucksvolle Namen für seine Figuren gefunden zu haben, die sich für lange Zeit in das Gedächtnis seiner Leser einbrennen. Aber dieses Talent besitzt nicht jeder. Hier kann Scrivener Sie bei der Arbeit unterstützen. Denn integriert ist ein kleines Werkzeug, mit dessen Hilfe Sie sich auf Knopfdruck eine Liste von Namen ausgeben lassen. Vielleicht ist in der Liste der Vorschläge auch schon der Name enthalten, den Sie für Ihren Helden gesucht haben. Vielleicht sehen Sie die Liste auch eher als Inspiration an.

Unter EDIT, WRITING-TOOLS rufen Sie die Funktion NAME GENERATOR auf. Sie blicken nun auf ein noch leeres Programmfenster. Mit einem Tastendruck wird dann unmittelbar die über den Schieberegler eingestellte Anzahl an Namen angelegt. Bis zu 500 Vorschläge kann Ihnen die Software unterbreiten. Wenn Sie etwas mehr Einfluss auf diesen Vorgang nehmen wollen, klicken Sie auf das Zahnrad.

In den Optionen, die Ihnen Scrivener jetzt einblendet, besitzen Sie einige Parameter, um einzugreifen:

- Sie entscheiden, ob Sie männliche oder weibliche Namen erhalten wollen, oder von Scrivener Vorschläge für beides erwarten (EITHER).
- Wenn versucht werden soll, eine Alliteration des Namens hinzubekommen, markieren Sie ATTEMPT ALLITERATION.
- Sie wünschen Doppelnamen? Dann aktivieren Sie DOUBLE-BARRELLED SURNAMES.
- Mit FORENAMES USE INITIALS ONLY werden die Vornamen abgekürzt.

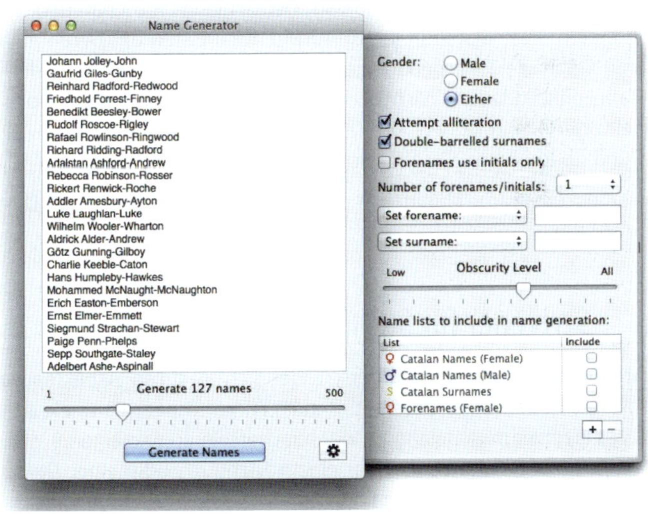

Abb. 5.1: *Der Namens-Generator kann als Inspirationsquelle dienen.*

Mit den beiden Listenfeldern darunter nehmen Sie noch stärkeren Einfluss. Wenn Sie die Option SET verwenden, legen Sie den entsprechenden Bestandteil des Namens fest, oder aber weisen Scrivener an, lediglich in seinem Bestand die Namen zu verwenden, die mit dem eingetragenen Wert beginnen. Probieren Sie die Optionen mit OBSCURITY LEVEL ruhig einmal selbst aus. Je stärker Sie den Regler bewegen, desto »fremder« und »geheimnisvoller« soll einer der Namen klingen, was aber letztlich eine Frage des Geschmacks ist. Im unteren Bereich des Fensters ist eine Liste der Datenquellen enthalten, die Scrivener bei der Generierung der Namen verwendet. Sie können hier gezielt Einträge deaktivieren und aktivieren.

Der Namensgenerator ist ein tolles Werkzeug, hat für uns deutsche Autoren nur einen Nachteil: Wenn die Handlung nicht gerade in England oder den USA spielt, werden die Namen eher fremd wirken. Sie können aber Ihre eigenen Datenquellen anlegen. Dazu benötigen Sie eine Datei, in der die Namen in einer Zeile stehen und durch ein Komma getrennt sind. Die Endung dieser Textdatei muss CSV sein. Aber woher bekommen Sie nun eine solche Liste? Im Internet werden Sie ohne Probleme eine Reihe von Webseiten finden, die sich mit dem Thema »Beliebte Vornamen« oder auch »Verteilung von Nachnamen in Deutschland« beschäftigen. Oft genug bieten diese Seiten in ihrem Auftritt auch Listen an. Deren Inhalt kopieren Sie in die Zwischenablage und kopieren Sie von dort wieder in eine Tabellenkalkulation. Wichtig dabei ist nur, dass die Einträge dort in einer einzigen Reihe stehen. Die Tabelle exportieren Sie danach als CSV-Datei und übernehmen Sie nach Scrivener.

Der Namensgenerator eignet sich selbstverständlich auch für alle Drehbuch-Autoren.

5.2 Scrivener für Sachbuchautoren

Die Arbeit von Sachautoren unterscheidet sich in vielen Aspekten von denen eines Romanciers. Obschon es auch immer wieder Beispiele dafür gibt, dass Erzähler monatelang akribisch recherchieren und einen Bestand an Recherchematerial anlegen, der einem Sachbuch oder einer Doktorarbeit durchaus ebenbürtig sein könnte.

Neben rein sprachlichen Merkmalen, die eine Erzählung von einem Sachtext unterscheiden, gehören auch einige formale Kennzeichen dazu.

- In einem Sachtext werden viele Fakten meist in Form von Tabellen zusammengefasst.
- Sie finden darin häufig eine Reihe von Abbildungen, um bestimmte Sachverhalte zu erklären.
- Nicht selten sind Fußnoten im Text zu finden. In ihnen kann der Autor weitere Fakten in einem eigenen Bereich erklären, ohne den Fließtext zu belasten oder bringt darin eine Quellenangabe unter.

Um die Bedürfnisse von Sachautoren geht es in diesem Abschnitt.

5.2.1 Hinweise für Sachautoren

Als Verfasser von Sachtexten werden Sie viele der bereits vorgestellten Funktionen in Scrivener mit großem Nutzen verwenden können. Ob es nun um die Sammlung von Quellen aus dem Internet geht oder auch die Gliederung des Manuskripts. Zu den typischen Fragestellungen, die einen Autor von Sachtexten aber noch umtreiben, zählen die Anforderungen, die sich aus dem wissenschaftlichen Betrieb ergeben. Dazu gehören:

- Die Nutzung einer bestimmten Formatvorlage. Zugleich eines der schwierigsten Probleme, für das es derzeit noch keine absolut zufriedenstellende Lösung gibt. Auch kann die Verwendung von Markdown eine Reihe von Problemen lösen, die sich ergeben können.
- Tabellen: Scrivener kann mit Tabellen umgehen, wie Sie unter »Tabellen« sehen. Das Ergebnis, das darf an dieser Stelle nicht verschwiegen werden, ist rein optisch nicht immer überzeugend. Wenn der Text extern gesetzt wird, ist es durchaus sinnvoll, die Tabellen mit einem externen Programm anzulegen und diese Dateien beim Setzer abzuliefern. Zum Beispiel als Tabelle aus einer Tabellenkalkulation.
- Abbildungen: Auch das Thema Abbildungen ist nicht trivial. Für E-Books oder die eigene Veröffentlichung finden Sie in Scrivener wirklich alle Werkzeuge, um Bilder in das Manuskript einzubinden und auch wieder auszugeben. Doch auch hier wird ein professionelles Satzstudio eine andere Form bei der Abgabe wünschen. Binden Sie die Abbildungen dann lediglich als »Platzhalter« für den Setzer ein und liefern Sie das

hochauflösende Material, das auch nicht bearbeitet wurde, als separate Dateien mit.

- Abgabe von Texten in speziellen Seitenbeschreibungssprachen: In vielen Verlagshäusern werden Texte heute parallel nicht nur in gedruckter Form, sondern auch online und für Datenbanken publiziert. Um die Aufbereitung der verschiedenen Texte möglichst einfach zu gestalten und Aufwände zu reduzieren, kommen häufig Seitenbeschreibungssprachen zum Einsatz, die HTML recht ähnlich sind, aber dann auf die Bedürfnisse des Redaktionssystems optimiert wurden. Auch solche Anforderungen können Sie bedienen. Hier können Ersetzungen beim Kompilieren (siehe Kapitel 7.9) das gewünschte Ergebnis bringen. Dazu markieren Sie Bereiche, die aus Sicht des Auftraggebers besonders zu formatieren sind, durch Platzhalter, die beim Kompilieren später dann durch die entsprechenden Sprachbefehle korrigiert werden.
- Mathematischer Formelsatz: Spätestens damit verlassen Sie die Möglichkeiten, die Scrivener mit seinen Bordmitteln bietet. Wenn Sie in Ihrem Text komplexe mathematische Formeln benötigen, die noch dazu in einer guten Qualität gesetzt werden müssen, greifen Sie am besten zu einem Spezialwerkzeug. Scrivener ist dafür vorbereitet, Formeln aus dem Programm »Mathtype« entgegen zu nehmen. Dieses muss in einer separaten Lizenz erworben werden. Knapp 90 Euro kostet eine Lizenz, eine Investition, die sich aber für alle Autoren lohnt, die mathematische Texte zu schreiben haben.

Wichtig

Wenn Sie es preiswerter versuchen wollen und auch Zeit haben, sich für ein Projekt in eine neue Software und Umgebung einzuarbeiten, sollten Sie es einmal mit »LaTeX« versuchen. TeX ist ein Satzsystem für Windows, Linux und den Mac, das auch größte Dateimengen in ansehnlicher Zeit professionell setzt. Statt mit einem DTP-Programm geht das (mehr oder weniger) automatisch, weil die Kernkomponente mit speziellen Steuerungsdateien angesprochen wird. Soweit die sehr einfache Darstellung. Fakt ist, dass es im Detail beim Einsatz von TeX immer wieder Detailfragen zu klären gilt. Anderseits gelten gerade die Optionen im Bereich des mathematischen Formelsatzes von TeX allgemein als anerkannt.

5.2.2 Dezimale Nummerierung in Überschriften

In wissenschaftlichen Fachbüchern und Aufsätzen wird gewöhnlich die dezimale Gliederung (also 1. Überschrift, 1.1 Abschnitt. 1.1.1 Unterabschnitt usw.) für Abschnitte und Überschriften verwendet. Auch das ist in Scrivener möglich, allerdings müssen Sie dazu etwas tiefer in das Programm einsteigen.

Der Titel eines Dokuments ist zwar frei wählbar, wenn Sie aber automatische Überschriften verwenden wollen, sollte der Titel des Dokuments möglichst auch der geplanten Überschrift entsprechen. Bei den in Scrivener integrierten Funktionen für die Nummerierung der Dokumente geht die Software von der Hierarchie im Binder aus. Das erste Dokument, auf der höchsten Ebene im Ordner Draft erhält damit die Zählung »1«. Das darauf folgende Dokument, das eine Ebene tiefer steht, somit »1.1«. Das zweite Dokument auf der ersten Ebene also die »2«. Die automatische Nummerierung der Abschnitte erfolgt während des Kompilierens, also der Ausgabe der Dokumente in das gewünschte Zielformat.

Wie Sie im Zusammenhang mit dem Einfügen von Bildern gesehen haben, kennt Scrivener sogenannte Platzhalter. Diese Steuercodes werden beim Kompilieren durchgesehen und mit Informationen aus der Datei ersetzt. Und mit genau solchen Platzhaltern sind auch dezimale Überschriften möglich.

Die einfachste Möglichkeit dazu besteht darin, in den Optionen für das Kompilieren auszuwählen, dass Scrivener bei der Ausgabe auch den Namen des Dokuments, den Titel, mit ausgeben soll. Dann müssen Sie dieser Überschrift lediglich den passenden Platzhalter mit hinzufügen.

Dazu rufen Sie zunächst File, Compile auf. Wechseln Sie in das Register Formatting und aktivieren Sie in der Spalte Title in jeder Zeile der Hierarchiestufen das Optionsfeld. Im Kapitel 7 sehen Sie den Ablauf einmal exemplarisch im Detail. Markieren Sie danach einen Eintrag und drücken Sie auf Section Layout. Sie finden im nachfolgenden Dialog das Register Title Prefix and Suffix. In das Feld Prefix geben Sie ein: <$hn>. Dies ist der Platzhalter für »hierarchische Nummerierung«. Dieses Präfix müssen Sie für jeden Eintrag in der Liste hinterlegen, den Sie für die Ausgabe des Titels übernommen haben.

Wenn Sie jetzt kompilieren, liest Scrivener die Titel der Dokumente aus und erkennt den Platzhalter. Dieser wird jetzt durch die Nummerierung des Dokuments ersetzt.

Eine andere Möglichkeit besteht darin, die Platzhalter für Titel und Nummerierung in das Dokument direkt einzutragen. Das kann sinnvoll sein, wenn Sie vor der eigentlichen Überschrift noch eine Rubrik oder einen anderen Inhalt notieren wollen. Allerdings birgt dieses Vorgehen auch das Risiko, das Sie das Einsetzen des Platzhalters schlicht vergessen und damit die Zählung nicht mehr stimmt.

Überschriften manuell in einem Dokument setzen

Wenn Sie die Überschriften manuell in ein Dokument einsetzen wollen, achten Sie darauf, dass beim Kompilieren im Register FORMATTING der Eintrag TITLE bei den verschiedenen Ebenen nicht ausgewählt ist. Damit vermeiden Sie, dass der Titel im fertigen Produkt zweimal erscheint.

Platzieren Sie die Schreibmarke jetzt an den obersten Rand des Dokuments und tragen Sie dort ein: `<$hn> <$Title>`. Dieser Platzhalter wird beim Kompilieren durch die hierarchische Nummerierung und den Titel des Dokuments ersetzt.

Ein anderer Platzhalter für die Nummerierung ist `<$sn>`. Er ist so konzipiert, dass sich sein Wert jedes Mal um 1 erhöht, wenn der Platzhalter erneut gefunden wird.

5.2.3 Fußnoten einsetzen

Im wissenschaftlichen Bereich sind Fußnoten als Belege für Zitate, aber auch als ergänzende Informationen rund um den Hauptteil des Manuskripts unerlässlich. Das Thema ist allerdings auch etwas komplex. Deshalb zunächst zu einer Klarstellung der Begriffe.

In diesem Kapitel wird immer der Ausdruck »Fußnoten« gebraucht. Auch für den Fall, dass diese Fußnoten eben nicht am Fuß einer Seite stehen sollen, sondern gesammelt am Ende des Manuskripts. Wer wissenschaftlich publiziert, wird beiden Wünschen der Redaktionen oder Fachschaften begegnen.

Zunächst soll es erst einmal um einfache Fußnoten gehen, also noch ohne Verweise auf externes Referenzmaterial, bzw. einer Quellenangabe. Um das Bibliografieren geht es dann im nächsten Abschnitt.

Scrivener kennt zwei verschiedene Arten von ergänzenden Informationen. Beide wiederum können auf zwei Arten im Text dargestellt werden:

- Footnotes: Das sind die klassischen Fuß- und Endnoten. Sie werden mit der Absicht in den Text eingefügt, später im finalen Dokument auch für den Leser sichtbar zu sein.
- Annotations: Diese Anmerkungen verhalten sich in weiten Teilen genau wie die Fußnoten. Sie sind aber eher für den Autor selbst gedacht und ähneln damit den kleinen gelben Haftnotizen, die Sie in ein Manuskript kleben, um sich selbst noch auf eine Aufgabe oder eine Tatsache hinzuweisen. Allerdings können Sie Scrivener beim Kompilieren anweisen, diese Anmerkungen ebenfalls auszugeben.

Beide Formen lassen sich INLINE oder LINKED anlegen. Wie der Name »inline« schon vermuten lässt, erscheint eine Fußnote, die Sie auf diese Weise anlegen, unmittelbar in Ihrem Text. Sie ist damit ständig sichtbar und kann den Lesefluss natürlich etwas verschlechtern, insbesondere wenn es sich um einen längeren Abschnitt handelt. Inline-Footnotes besitzen damit zugleich aber den Vorteil, dass Sie stets auf die Information zugreifen können, ohne erst noch zur Maus zu greifen oder sich einen separaten Abschnitt im Programmfenster anzusehen. Ein weiterer Vorteil liegt darin, dass die Fußnote auch dann noch existiert, wenn Sie den Text, auf den sie sich bezieht, überarbeiten oder sogar löschen. Wenn Sie so wollen, existiert eine solche Inline-Fußnote also losgelöst vom Haupttext.

Linked-Footnotes legen Sie mithilfe des Inspektors an. Sie beziehen sich auf exakt die Textstelle, an der sie eingesetzt worden sind. Überarbeiten oder löschen Sie die Passage, kann es passieren, dass Sie diese Anmerkung vollständig löschen.

Welche der beiden Formen Sie nun verwenden wollen, ist auch eine Frage der persönlichen Vorlieben. Auf die spätere Optik Ihres Manuskripts hat diese Wahl (kein Wunder bei Scrivener) keinen Einfluss.

Um eine Inline-Fußnote in den Text aufzunehmen, rufen Sie aus dem Menü FORMAT den Befehl INLINE FOOTNOTE auf. Beginnen Sie jetzt einfach mit dem Schreiben. Ihr Text erscheint in einer farbigen Blase. Die Farbe können Sie jederzeit mit einem Rechtsklick auf den Eintrag korrigieren. Aus dem Kontextmenü entscheiden Sie sich dann für HIGHLIGHT COLOR und wählen einen anderen Farbton aus. In den Einstellungen des Programms finden Sie auch die Möglichkeit, eine völlig andere Standardfarbe zu verwenden.

Wenn Sie den Befehl wiederholen (bzw. das Tastenkürzel [⇧]+[⌘]+[F] erneut ausführen), wechseln Sie die Eingabe wieder in den normalen Modus zurück.

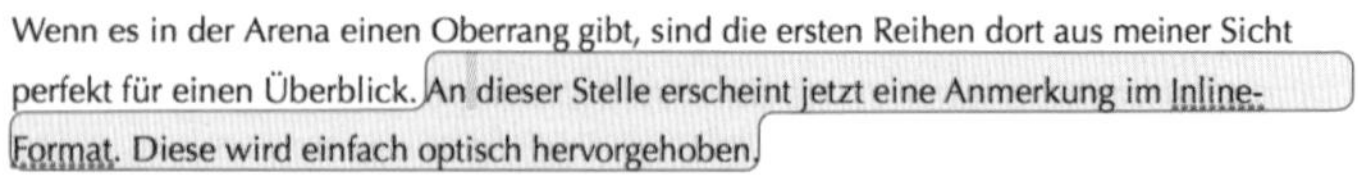

Abb. 5.2: *Eine Fußnote im Text.*

Eine verlinkte Fußnote geben Sie mit dem Inspektor ein. Rufen Sie ihn wie gewohnt auf und wechseln Sie in den Abschnitt COMMENTS & FOOTNOTES, der im unteren Bereich durch das kleine Symbol einer Sprechblase gekennzeichnet ist. Platzieren Sie die Schreibmarke in Ihrem Text an der gewünschten Position und klicken Sie nun auf den kleinen Schalter FN in der Symbolleiste des Inspektors. Auch in diesem Fall wird der Text markiert, erhält aber eine kleine Unterstreichung. Wollen Sie den Inhalt einer solchen Fußnote lesen, müssen Sie sich erneut den Inspektor aufrufen.

Es steht Ihnen generell frei, auch beide Formen der Fußnoten innerhalb des Textes abwechselnd zu benutzen. Zur besseren Übersicht ist es allerdings besser, sich auf ein Verfahren zu beschränken.

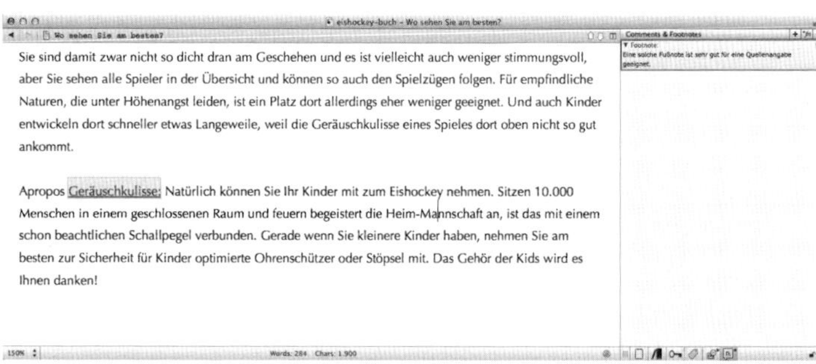

Abb. 5.3: *Die klassische Fußnote, die Sie auch aus anderen Programmen kennen.*

Mit der Nummerierung der Anmerkungen bzw. Fußnoten müssen Sie sich nicht herumschlagen. Darum kümmert sich Scrivener während des Kompilierens. Das Kompilieren wird noch etwas ausführlicher beim Publizieren eines Werkes eine Rolle spielen. An dieser Stelle aber schon einmal der Weg, wie Sie Ihre Fußnoten wieder im finalen Produkt sichtbar machen.

Bereiten Sie das Dokument in den Optionen des Kompilierens soweit für die Ausgabe vor.

Wechseln Sie in den Abschnitt Footnotes/Comments. Möchten Sie »echte« Fußnoten, also am Ende einer jeden Seite, produzieren, deaktivieren Sie die beiden Optionen Export … as Endnotes. Legen Sie mit dem Listenfeld eine Form der Nummerierung fest. Üblicherweise wird die Zählung bei Fußnoten für jede Seite gesondert vorgenommen. Aktivieren Sie also Footnote numbering restarts each page. Wenn Sie das Dokument jetzt kompilieren, werden Ihre Fußnoten ausgewertet und sauber am Ende einer jeden Seite dargestellt.

Wollen Sie einen Endnotenapparat anlegen, aktivieren Sie die beiden bereits genannten Optionen im Dialog für das Kompilieren. Deaktivieren Sie die Option für das erneute Zählen der Fußnoten auf jeder Seite. Kompilieren Sie die Datei. Jetzt ist die Enttäuschung bei vielen Autoren groß, denn die Endnoten stehen zwar am Ende der Datei, sehen aber wie Fußnoten aus. Die Arbeit hält sich aber in Grenzen. Sie müssen lediglich einen Seitenumbruch und eine Überschrift in Word setzen und haben anschließend den gewünschten Endnotenapparat. Dies gilt im Zweifel auch für das RTF-Format, das von Scrivener ja eigentlich bevorzugt verwendet wird.

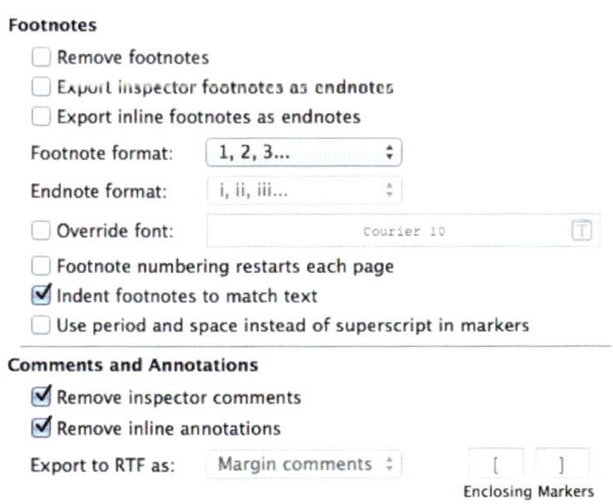

Abb. 5.4: *Der Dialog für die Optionen der Fußnoten.*

Wichtig

Sofern Sie das RTF-Format nutzen, können Sie auch noch nachträglich in einem anderen Programm weitere Fußnoten eintragen. Die Zählung sollte dabei fortgesetzt werden. Zu empfehlen ist das allerdings nur bedingt, da es beim Re-Import in Scrivener durchaus zu Inkonsistenzen kommen kann. Sofern Ihre Fußnoten von der externen Anwendung nicht korrekt erkannt werden, besteht in den Optionen für das Kompilieren, die Möglichkeit, im eigenen Register RTF die Fußnoten zu einem einfachen Text zu machen. Dann sollten diese auf jeden Fall dargestellt werden, verlieren allerdings ihre anderen Eigenschaften. Sie sind nicht mehr als Felder und Markierungen zu erkennen, sondern tatsächlich nur noch besonders markierter Text.

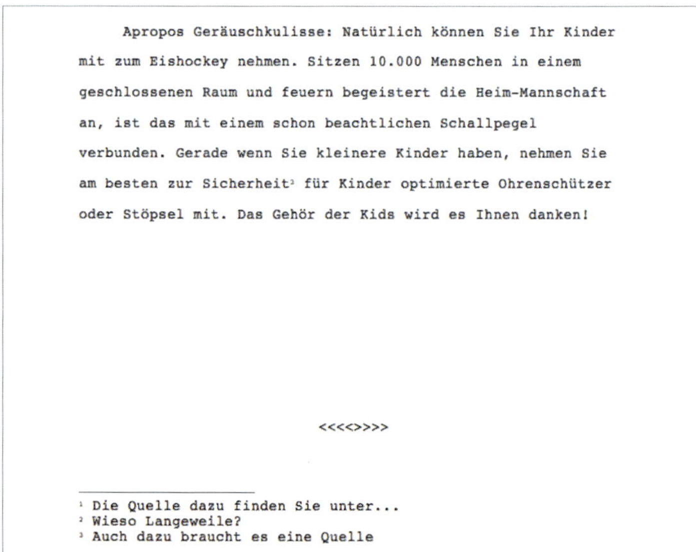

Apropos Geräuschkulisse: Natürlich können Sie Ihr Kinder mit zum Eishockey nehmen. Sitzen 10.000 Menschen in einem geschlossenen Raum und feuern begeistert die Heim-Mannschaft an, ist das mit einem schon beachtlichen Schallpegel verbunden. Gerade wenn Sie kleinere Kinder haben, nehmen Sie am besten zur Sicherheit[3] für Kinder optimierte Ohrenschützer oder Stöpsel mit. Das Gehör der Kids wird es Ihnen danken!

<<<<>>>>

[1] Die Quelle dazu finden Sie unter...
[2] Wieso Langeweile?
[3] Auch dazu braucht es eine Quelle

Abb. 5.5: *Korrekt gesetzte Fußnoten in Word, direkt aus Scrivener.*

5.2.4 Bibliografieren

Die Zusammenstellung der in einer wissenschaftlichen Publikation oder einem Sachartikel verwendeten Literatur wird als Bibliografieren bezeichnet. Das ist schon fast eine Wissenschaft für sich und die unterschiedlichsten Anforderungen von Fachmagazinen oder Fakultäten macht die Arbeit mit diesen Quellennachweisen auch nicht immer ganz leicht. In diesem Abschnitt lesen Sie, wie Sie mit dem kostenlosen Programm Zotero Quellen verwalten und in Form eines Literaturverzeichnisses zusammenstellen können. Außerdem lernen Sie noch Alternativen kennen, die ebenfalls reibungslos mit Scrivener zusammenarbeiten.

Zotero

Eine (solide recherchierte und geschriebene) Doktorarbeit kommt mit Leichtigkeit auf einige Hundert Anmerkungen und Quellennachweise. Alle diese Quellen müssen sorgfältig nachgehalten und recherchiert werden. Zotero ist ein kostenfreies Programm, das für die Recherche im Internet gut geeignet ist und eine Funktion bietet, die das Nachhalten von Quellenangaben in Scrivener erleichtert.

Wenn Sie noch nach einer Software suchen, mit der Sie Bücher, Zeitschriftenartikel und Webseiten online suchen und als Quelle zentral in einer Datenbank erfassen können, lohnt sich der Blick auf Zotero sicherlich (*http://www.zotero.org*). Dies kann nicht der Ort für eine ausführliche Anleitung für Zotero sein, aber für das Verständnis des gesamten Arbeitsablaufs zwischen Scrivener und Zotero gebe ich hier dennoch einige Hinweise.

Schaffen Sie sich die sogenannte Standalone-Fassung von Zotero an, wenn Sie auf Ihrem System vorzugsweise mit Safari oder gar Google Chrome das Internet nutzen. Ursprünglich war Zotero eine rein als Erweiterung für Firefox entwickelte Software, kann inzwischen aber auch völlig ohne diesen Browser betrieben werden.

Risiko

Sie können auf dem Server des Projekts kostenlosen Speicherplatz nutzen, der sich auch mit anderen Zotero-Installationen auf anderen Systemen synchronisieren lässt. Unbedingt notwendig ist das nicht. Auch ein Datenabgleich per Dropbox oder Google Drive ist möglich. Das funktioniert aber nur dann, wenn Sie niemals versuchen, gleichzeitig von zwei Orten auf die Datenbank zuzugreifen.

Wenn Sie das Programm erfolgreich installiert haben, machen Sie sich ein wenig mit dessen Organisationsmitteln vertraut. Zotero verwaltet die Einträge in einer klassischen Baumstruktur. Sie legen in Ihrer Bibliothek Sammlungen und Untersammlungen an. Das können Fachgebiete sein oder auch Aspekte einer Arbeit. Durch Klicken und Ziehen können Sie Ihre Sammlung natürlich jederzeit umgruppieren und aufräumen. Zeit sparen Sie natürlich, wenn die Datenstruktur möglichst von Anfang an passt.

Besorgen Sie sich auf dem Mac die Erweiterung für Safari und installieren Sie diese. Das macht die Recherche besonders einfach. Denn besuchen Sie eine Site (wie etwa Amazon), die von Zotero als Quelle erkannt wird, nehmen Sie die Details eines Eintrags mit einem Mausklick in die Datenbank auf. Sowohl für die Einzelversion als auch das Plug-in für den Browser gibt es eine Erweiterung, die Sie unter *http://zotero-odf-scan.github.io/zotero-odf-scan/* finden und sich ebenfalls nach der Anleitung installierten sollten.

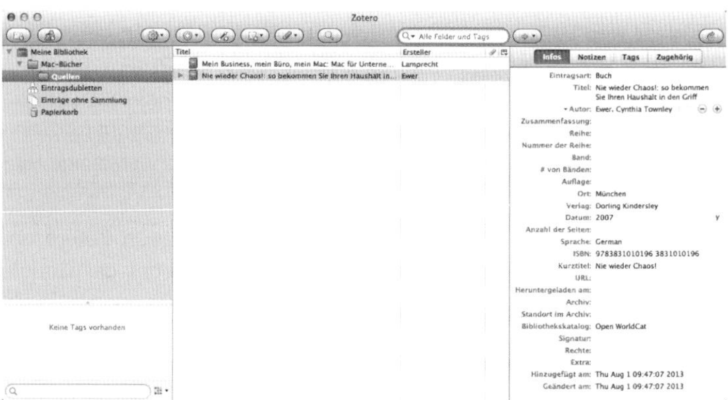

Abb. 5.6: *Die Oberfläche von Zotero in der Standalone-Version.*

Um jetzt Quellenangaben aus Zotero in Scrivener zu nutzen, gibt es zwei Wege. Beide funktionieren aber nur, wenn Sie sich als Export-Format entweder für OpenDocument-Datei (odt) oder RTF entscheiden.

In der einfachen Form legen Sie an der zitierten Stelle eine Fußnote an. Markieren Sie in Zotero die Fundstelle und bewegen Sie diese per Klicken und Ziehen in die Fußnote hinein. In den Optionen der Software können

Sie festlegen, nach welcher Systematik eine solche Angabe erfolgt. So haben ja Zeitschriften, Fakultäten und Universitäten durchaus unterschiedliche Vorstellungen über die Zitierweise. Auf den Projektseiten von Zotero lassen sich weitere solche Definitionsdateien herunterladen und dann in der Software aktivieren. Ergänzen Sie den Eintrag noch um die Seitenangabe. Da beim Kompilieren die Fußnoten erhalten bleiben, bleiben somit auch Ihre Quellenangaben erhalten.

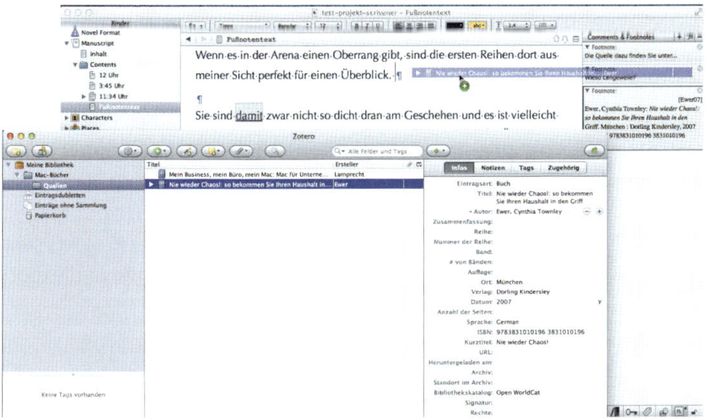

Abb. 5.7: *Sie ziehen die Quellen einfach aus Zotero in Scrivener hinein.*

Unglücklicherweise wird neben der Kennzeichnung des eigentlichen Zitats am Ende der Arbeit meist auch noch ein Literaturverzeichnis erwartet. Bisher besteht keine Möglichkeit, auch dieses komfortabel mit in Scrivener zu integrieren. Damit bleiben Ihnen nur zwei Optionen, die den Arbeitsaufwand erhöhen:

1. Für LibreOffice und MS Office bietet Zotero eine Erweiterung auf Basis eines Makros an, das den Text eines Dokuments nach Feldern durchsucht, diese auswertet und das Literaturverzeichnis erstellt. Leider erkennt Zotero die aus Scrivener beim Kompilieren mit übernommenen Angaben nicht als seine Feldtypen. Damit müssten Sie manuell jeden Eintrag noch einmal anpassen und mit der Funktion des Zotero-Plug-

ins einfügen. Das dürfte wohl nur etwas für Perfektionisten sein und bei Arbeiten praktikabel, die nicht besonders umfangreich sind.

2. Sie legen in Zotero eine neue Sammlung mit Ihren Quellen an. Jeden Eintrag, den Sie zitieren, duplizieren Sie und verschieben das Duplikat in diese Untersammlung. Im Kontextmenü einer Sammlung finden Sie das Kommando, um die Einträge in Form eines Literaturverzeichnisses zu exportieren. Diese Datei fügen Sie anschließend an das Ende Ihrer kompilierten Datei ein. Sie können natürlich auch die Inhalte in Scrivener selbst einfügen.

Der zweite Weg führt über die bereits genannte Erweiterung (RTF/ODT-Scan). Diese müssen Sie zunächst nach der Anleitung einrichten und installieren. Wenn Sie in Ihrem Dokument in Scrivener nun einen Literatureintrag hinterlegen wollen, tragen Sie entweder ein Kürzel ein, zum Beispiel »{Lamprecht, 2013}« oder Sie nutzen ebenfalls Drag & Drop direkt aus Zotero heraus. Dazu müssen Sie in Zotero nur vorher den vom Plug-in erwarteten Stil aktivieren. Das ist aber auch auf der Seite des Projekts sehr gut erklärt. Sie schreiben wie gewohnt Ihr Dokument zu Ende und exportieren am Ende eine RTF-Datei oder ein ODT-Dokument.

In Zotero finden Sie unter WERKZEUGE den RTF/ODT-SCAN. Darin wählen Sie jetzt Ihre kompilierte Datei aus und legen den Speicherort für die exportierte Datei fest. Danach starten Sie den Scan. Das Plug-in macht nun nichts anderes, als den Text zu durchsuchen und die von Ihnen eingetragenen Kürzel aufzulösen. In einem Zwischenschritt erhalten Sie eine Zusammenfassung über die gefundenen Stellen. Hier können Sie im Zweifel eventuell falsch interpretierte Kürzel korrigieren. Am Ende erhalten Sie in einer neuen Datei Ihr Dokument mitsamt allen korrekt aufgelisteten Literaturstellen.

Andere Bibliografie-Manager

Zotero eignet sich perfekt für alle Windows- und Mac-Anwender, die ein Werkzeug für die Verwaltung von Quellen und Bibliografien suchen. Auf dem Mac ist das Programm Bibdesk (*http://bibdesk.sourceforge.net/*) ebenfalls beliebt. Es ist kostenfrei erhältlich und gibt die gespeicherten Buchtitel ebenfalls in einer Reihe von Formaten aus. Seinen guten Ruf verdankt die Software unter anderem auch den vielen Anpassungsmöglichkeiten und dem guten Zusammenspiel mit LaTeX.

Wichtig

Unter Mountain Lion wird das System anmahnen, dass das Programm nicht installiert werden kann, weil es von einem Entwickler ohne Zertifikat stammt. Ein kleiner Trick hilft Ihnen weiter. Öffnen Sie den Finder und wechseln Sie in den Ordner mit den Programmen. Klicken Sie mit der rechten Maustaste auf den Eintrag von Bibdesk und wählen Sie den Befehl ÖFFNEN. Sie erhalten zwar noch mal einen Hinweis, danach startet die Software aber. Und dies bleibt auch beim nächsten Mal so.

Scrivener kann Bibdesk direkt aus einem Editor heraus aufrufen. Danach suchen Sie dort die gewünschte Quelle aus und fügen diese per Zwischenablage ein. Wenn Sie keine Änderungen an den Vorgaben in Bibdesk vornehmen, erscheint dieser Eintrag gleich als Kürzel und der Syntax von LaTeX.

Damit Scrivener auch weiß, was Sie von ihm wollen, öffnen Sie die Einstellungen des Programms. Unter GENERAL finden Sie den Eintrag BIBLIOGRAPHY MANAGER. Mit einem Klick auf CHOOSE navigieren Sie dann zum Programm, das Sie einsetzen möchten. Wenn Sie im Editor [⌘]+[Y] drücken, wechseln Sie zu Ihrer Software und können dort die Quelle auswählen. Sofern das Programm nicht läuft, wird der Bibliografie-Manager automatisch gestartet, sobald Sie das Tastenkürzel aufrufen.

Eine kommerzielle Alternative schließlich ist Papers (*http://www.papersapp.com/papers/*), das für Mac, Windows und iOS angeboten wird und rund 80 Euro kostet. Die Software kann, sofern in den Einstellungen hinterlegt, ebenfalls aus Scrivener heraus aufgerufen werden, verfügt aber über einen eigenen Dialog zur Suche in der Datenbank. Das Suchfenster kann mit einem systemweiten Kürzel jederzeit aufgerufen werden.

5.3 Funktionen für Drehbuchautoren

Wie ich aus vielen Gesprächen mit Kollegen weiß, unterscheidet sich die Arbeitssituation von Drehbuchautoren und Stückeschreibern doch stark von der eines Journalisten oder Romanciers. In einem Drehbuch muss eben eindeutig hervorgehen, was eine Figur gerade tut und natürlich, wer in diesem Moment etwas sagt. Und natürlich müssen auch Angaben zum

Ort der jeweiligen Szene und Handlung abgegeben werden. Zusätzlich können Anweisungen enthalten sein, wie die Kamera sich bewegen wird oder wie der Bildausschnitt sein wird. Wie ich aus den gleichen Gesprächen aber auch weiß, spielt es oft genug keine Rolle, ob ein solcher Block vorhanden ist, da sich die Regisseure darüber ohnehin hinwegsetzen.

Wie das Drehbuch optisch gestaltet wird, ist weniger wichtig. Hauptsache alle Informationen sind übersichtlich und gut lesbar. Es gibt so etwas wie einen Industriestandard, der formal noch aus der Zeit stammt, als Drehbücher in die Schreimaschine gehackt worden sind. Dieser Standard arbeitet viel mit der Stellung eines Elements auf der Seite (was sich eben auch bereits schon bei der Schreibmaschine durch den Einsatz von Tabulatoren erreichen ließ).

Dafür benötigt der Schreiber aber eben mehr Unterstützung beim Tippen. Denn während in einem Roman der Wechsel der Perspektiven oder die Sätze in einem Dialog im Kopf des Lesers stattfinden, muss im Drehbuch immer der Name der Figur genannt werden, die gerade spricht. Schon allein, weil die Schauspieler ja auch ihren Text vollständig lernen müssen. Mit anderen Worten hat der Drehbuchschreiber eine Menge an zusätzlicher Tipparbeit, die andere Autoren so nicht kennen. Und deswegen kennt Scrivener einen eigenen Arbeitsmodus für Drehbücher, der solche Hilfen zur Verfügung stellt. Verblüfft habe ich bei meinen Recherchen zum Buch übrigens festgestellt, dass viele Entwickler wohl der Meinung sind, dass jeder, der an einem Drehbuch schreibt, auch bereits eines erfolgreich verkauft haben muss. Anders sind die Preise, die da etwa für einfache Texteditoren aufgerufen werden, kaum zu erklären. So gibt es für den gleichen Preis, den Scrivener selbst kostet, eine App für das iPad, mit der Sie Szenen in der Sprache Fountain notieren können.

Den Modus für Drehbuchschreiber aktivieren Sie bei Bedarf in jedem Scrivener-Projekt. Dazu müssen Sie lediglich aus dem Menü FORMAT das Kommando SCRIPTWRITING aktivieren. Zu Empfehlen ist aber auch bereits die Nutzung einer passenden Vorlage für ein Drehbuch. Denn hier finden Sie unter anderem auch schon Beispiele für ein fertiges Drehbuch sowie eine Grundstruktur im Binder, mit der Sie Ihre Charaktere und Schauplätze verwalten können.

Sobald Sie den Scriptwriting-Modus aktiviert haben, vollzieht sich am unteren Rand des Programmfensters eine kleine Änderung. Am rechten unteren Rand ist ein zusätzliches Menü eingeblendet, in dem einige typische Begriffe aus Drehbüchern auftauchen, etwa ACTION oder SCENE HEADING. Direkt daneben in der Mitte der Zeile blendet Ihnen Scrivener so etwas wie eine Kurzanleitung ein. Dieses Menü am unteren rechten Rand öffnen Sie mit dem Tastenkürzel [⌘]+[⇧]+[Y]. Das Objekt im Menü wählen Sie anschließend einfach durch die Eingabe des entsprechenden Buchstabens aus.

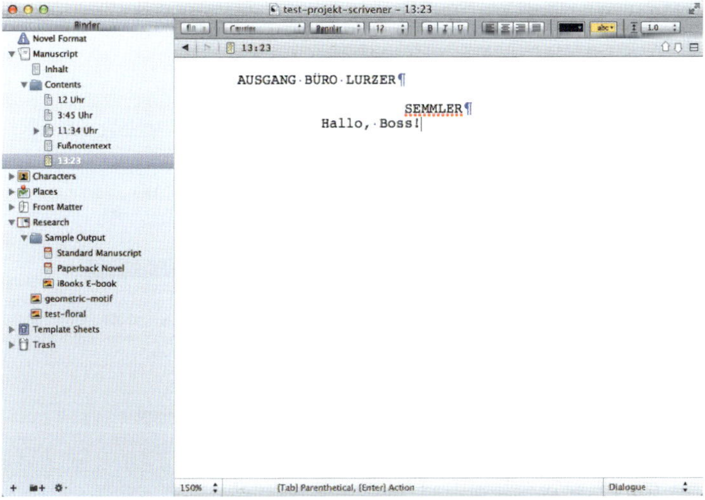

***Abb. 5.8:** Scrivener im Modus für das Screenwriting*

Aber welchen konkreten Nutzen haben Sie nun davon? Dazu einfach einmal ein Beispiel. Legen Sie eine neue Szene im Ordner SCENES innerhalb des neuen Projekts an. Platzieren Sie die Schreibmarke in dem Dokument. Im rechten unteren Bereich sehen Sie SCENE HEADING hervorgehoben. Wenn Sie jetzt mit dem Schreiben beginnen, notieren Sie also die Überschrift dieser Szene. Drücken Sie jetzt die Eingabetaste. Aktiviert ist nun ACTION. Darunter versteht Scrivener in diesem Zusammenhang eine beliebige Handlung. Das kann ein Kameraschwenk sein oder das Auftreten einer Person. Diesen Hinweis erhalten Sie auch am unteren Rand. Hier signalisiert Ihnen die Software, dass Sie mit einem Druck auf die Eingabetaste weiter eine Aktion beschreiben und mittels einem Druck auf die Tab-Taste zur Eingabe eines Charakters wechseln. Drücken Sie die Tab-Taste, rücken Sie die Schreibmarke ein. Geben Sie nun den Namen einer Figur ein. Wieder erhalten Sie einen Hinweis am unteren Rand. Mit der Eingabetaste wechseln Sie so in den Modus, um eine direkte Rede der Figur zu notieren. Durch die feste Stellung eines Elements auf der Seite ergibt sich auch deren Funktion: Name einer Figur, eine Regieanweisung, ein Teil eines Dialogs. Scrivener ist in dieser Vorlage auch optimal darauf eingestellt, die Vervollständigungsfunktion zu verwenden. Das ist natürlich beim Verfassen eines Dialogs eine echte Hilfe.

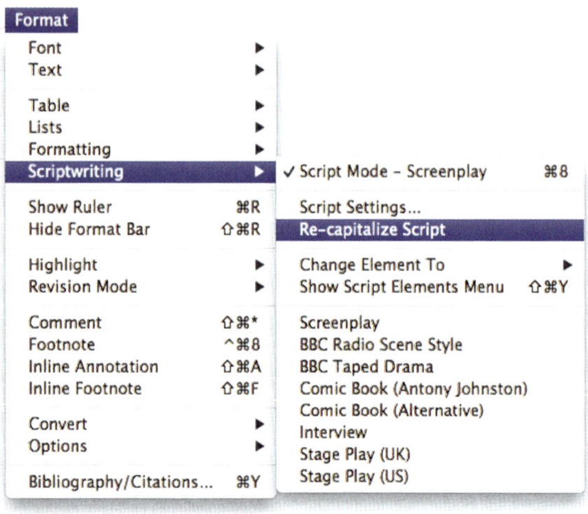

Abb. 5.9: *Die verschiedenen Modi für das Screenwriting.*

Der Modus muss übrigens auch wieder regulär über seinen Menüeintrag verlassen werden.

5.3.1 Den Modus anpassen

Sie finden im Menü zum Aufruf des Scriptwriting-Modus am unteren Rand nicht nur einige verschiedene Vorlagen, die sich allerdings nur marginal unterscheiden, sondern auch einen Eintrag SCRIPT SETTINGS. Mit diesen Optionen nehmen Sie Einfluss auf die Verwendung von Schriftarten und der Ausrichtung. Sie weisen eigene Kürzel zu oder legen auch eigene

Untermenü-Einträge an. Mittels der Plus- und Minuszeichen am unteren Rand der Liste legen Sie auf Wunsch auch völlig eigene Vorlagen an oder importieren solche Szenen-Einstellungen aus anderen Programmen. Der Aufbau jedes einzelnen Elements berücksichtigt in den vier Registern:

- Einstellungen zur Schriftart und dem Zuweisen eines Kürzels für das Menü.
- Die Optionen für die Gestaltung des Absatzes (Paragraph).
- Die Auswahl, was nach dem Druck der Eingabetaste und des Tabulators passieren soll. Schade, dass Scrivener diese Funktion nur den Drehbuchschreibern spendiert hat. In den Listenfeldern stehen die Elemente zur Auswahl, die in der Liste vorhanden sind. Falls Sie mit einem völlig eigenen Set an Vorlagen beginnen wollen, müssen also wenigstens zwei Einträge in der Liste vorhanden sein, damit Sie hier eine Aktion auswählen können.
- Vervollständigungseinträge: Schließlich kann für jedes Element des Skripts auch ein Set an Begriffen definiert werden, die Sie automatisch vervollständigen können.

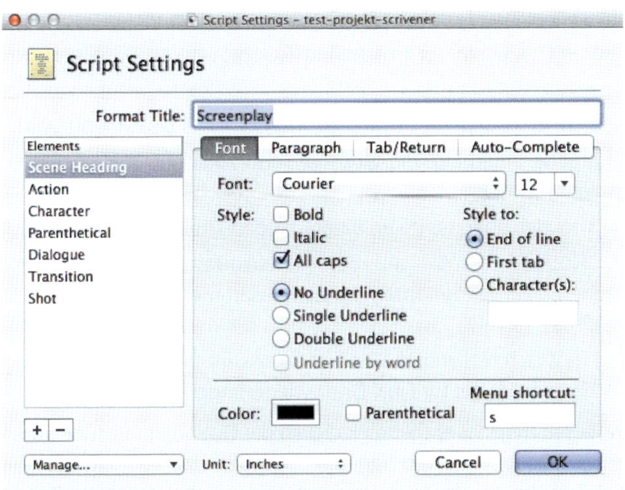

Abb. 5.10: *Wie alles in Scrivener ist auch der Modus weitgehend an die Bedürfnisse des Nutzers anzupassen.*

Ich vermute aber stark, dass diese Optionen wirklich nur die absoluten Profis unter Ihnen interessieren werden, die auch über so viel Erfahrung verfügen, unterschiedliche Varianten anlegen zu müssen.

5.3.2 Kompilieren für andere Programme

Gerade die Arbeit in Film und Theater ist von Teamwork geprägt. Zu einem der führenden Programme für das Schreiben von Drehbüchern gehört – eben nicht Scrivener – sondern das Programm Final Draft, das in Versionen für Windows und Mac angeboten wird. So wie MS Word in den meisten deutschen Büros zur Standardausstattung gehört, arbeiten viele Dramaturgen und Regisseure eben mit Final Draft. Damit Sie Ihr Drehbuch problemlos mit den Nutzern dieses Programms austauschen können, gehört zum Lieferumfang von Scrivener eine passende Vorlage für das Kompilieren.

Über FILE, COMPILE rufen Sie den entsprechenden Dialog auf. Im oberen Listenfeld entscheiden Sie sich unter FORMAT AS für SCREENPLAY. Im unteren Listenfeld COMPILE FOR markieren Sie FINAL DRAFT. Über CONTENTS wählen Sie aus, welche Elemente des Binders Sie berücksichtigen wollen. Weitere Details finden Sie im Kapitel 7, wo Sie einmal exemplarisch alle Dialoge des Kompilierens kennenlernen. Für Sie in diesem Zusammenhang besonders wichtig sind die Optionen im Abschnitt SCRIPT SETTINGS. Darüber definieren Sie:

- Dass die erste Seite des Drafts die Titelseite des Dokuments wird.
- Umbrüche innerhalb von Dialogen und Aktionen nur an Satzenden erfolgen.
- Die Titel der Dokumente im Binder zu den Titeln der Szenen werden.
- Die Notizen, die Sie auf den Karteikarten im Corkboard-Modus machen, also die Synopsen, zu den Zusammenfassungen einer Szene werden.
- Und dass sich Notizen, die Sie im Manuskript gemacht haben, auch als solche in der Datei für Final Draft wiederfinden.

Die weiteren Register enthalten lediglich die Optionen, die Ihnen auch bei anderen Ausgabeformaten begegnen werden. Sie können also auch in diesem Fall mit Ersetzungen arbeiten oder auch bestimmte Teile Ihres Manuskripts filtern.

Das zweite wichtige Ausgabeformat, das Scrivener für Drehbücher nutzen kann, ist FOUNTAIN. Es ähnelt von seiner Konzeption und Idee der Sprache Markdown und möchte ein möglichst universelles Austauschformat für Drehbücher sein. Es setzt auf einfache Textdateien, in denen sich spezielle Kommandos befinden. Inzwischen unterstützen bereits eine Reihe von Programmen das Format, sodass so auch die Arbeit an einem Drehbuch unterwegs auf dem iPad möglich wird. Informationen zur Syntax und wie der Stand der Dinge ist, erhalten Sie auf den Seiten des Projekts unter *http://fountain.io*. Die Optionen, die Ihnen Scrivener beim Kompilieren in Fountain anbietet, sind noch etwas übersichtlicher. Am Ende erhalten Sie eine einfache Textdatei, die Sie auch mit anderen Programmen bearbeiten können.

5.4 Scrivener für Blogger

Sie betreiben ein Blog, um auf Ihre Arbeit hinzuweisen oder einfach nur so zum Spaß? Dann besitzen Sie mit Scrivener bereits ein Werkzeug, mit dem Sie Ihre Artikel planen, schreiben und veröffentlichen können.

Ihr Blog wird schneller ein regelmäßiges Publikum finden, wenn Sie auch (mehr oder weniger) täglich einen Beitrag verfassen. Möchten Sie sich auf ein Thema spezialisieren und nicht nur über private Dinge schreiben, setzt dies bei einem Fachblog auch eine gewisse Planung und Recherche voraus. Hier hilft Ihnen Scrivener mit seinen Werkzeugen zur Organisation weiter. Natürlich können Sie das Programm aber auch einfach nur zum Schreiben einsetzen.

Ein Arbeitsablauf für einen Blogger könnte etwa so aussehen (ich arbeite selbst damit):

Legen Sie ein neues leeres Projekt an. Im Ordner RESEARCH erstellen Sie einen neuen Ordner. Weisen Sie diesem den Namen »Januar« zu. Über das Kontextmenü, das mit einem Rechtsklick auf das Element im Binder erscheint, duplizieren Sie diesen Ordner. Wiederholen Sie dies so lange, bis Sie für jeden Monat des Jahres einen korrespondieren Ordner angelegt haben. Jetzt brauchen Sie den neuen Elementen nur jeweils den Monatsnamen zuzuweisen.

Damit können Sie mit Ihrer Planung beginnen. Wechseln Sie in den Ordner des Monats, den Sie planen wollen, und rufen Sie anschließend entweder das Corkboard oder aber den Outliner auf. Ich bevorzuge hier das Freeform-Corkboard. Für jeden geplanten Beitrag legen Sie einen neuen Eintrag ein. Auf der Karteikarte oder der Synopsis notieren Sie nun die Stichworte für den Beitrag.

Diese Themensammlung brauchen Sie natürlich nicht bereits für ein ganzes Jahr abzuschließen. Wenn Sie das aber schaffen, spart es Ihnen später viel Zeit, weil Sie sich ganz auf das Schreiben konzentrieren können und nicht erst noch über Ideen brüten müssen. Wenn Ihnen beim Surfen im Web ein Artikel oder ein Bild spannend vorkommt, sodass Sie sich vorstellen können, darüber zu bloggen, nutzen Sie die entsprechenden Funktionen in Scrivener, um diese Elemente ebenfalls in den Research-Ordner zu übernehmen. Wenn Sie Ihre neue Blogging-Zentrale intensiv nutzen, sammelt sich hier ganz zwangsläufig viel Material. Um eine bessere Übersicht zu haben, wären eigene Labels eine gute Möglichkeit. Bereits geplanten Artikeln weisen Sie eine Farbe zu, während Sie Bildern und anderen inspirierenden Material ein anderes Etikett zuweisen.

Wahrscheinlich werden Sie sich fragen, warum die geplanten Artikel sich nicht im Draft-Ordner befinden. Wenn Sie einen Beitrag fertig geschrieben haben und diesen veröffentlichen wollen, müssen Sie sich an das Kompilieren machen. Sind alle (auch die unfertigen) Artikel im Draft-Ordner müssen Sie die überflüssigen Beiträgen entweder manuell abwählen oder mit Filtern arbeiten. Die hier gezeigte Organisation spart Ihnen einen Schritt, weil Sie einen Artikel, den Sie schreiben wollen, mit der Maus vom Research-Ordner nach DRAFT ziehen. Hier befindet sich immer nur der Beitrag, an dem Sie aktuell arbeiten. Ist der Artikel geschrieben und veröffentlicht, werfen Sie das Dokument entweder weg (Sie haben ja eine Kopie im Blog) oder aber legen einen weiteren Ordner an, der als Archiv dient.

Egal welche Blog-Software Sie nutzen. Am Ende Ihrer Arbeit benötigen Sie HTML-Quellcode, um diesen etwa in der entsprechenden Ansicht in Wordpress oder bei Blogger.com zu kopieren. Sofern Sie sich noch nicht mit Markdown beschäftigt haben, wäre das jetzt die Gelegenheit. Da Scrivener aus dieser Auszeichnungssprache direkt HTML erzeugen kann, ist dies die einfachste Variante. Der wesentliche Vorteil bei diesem Weg: Sie erhalten am Ende lediglich die HTML-Seite ohne weitere Hinweise auf eine Formatierung. Kompilieren Sie Ihren Text aus Scrivener unmittelbar nach HTML, versucht die Software möglichst viele Ihrer Informationen zur Gestaltung, wie Schriftarten und Größen, mit in die HTML-Seite zu exportieren. Auf solche Formatanweisungen kann aber die Vorlagendatei Ihrer Blogsoftware unter Umständen etwas allergisch reagieren und es kommt zu falschen Darstellungen.

Über COMPILE entscheiden Sie sich für eine der beiden Varianten. Am Ende liegt vor Ihnen eine HTML-Seite, deren reinen Quellcode Sie etwa über die Funktion »Quelltext anzeigen« sichtbar machen und dann in die Zwischenablage kopieren können. Dann wechseln Sie in Ihr Blog-System und fügen diesen Quelltext dort ein.

Dieser Weg, Sie haben es ohne Zweifel bemerkt, verzichtet auf die Nutzung von Bildmaterial. Zwar kann Scrivener auch sehr gut mit Fotos und Grafiken umgehen. Aber die meisten Blogprogramme erwarten die Illustrationen (je nach Gestaltung des Blogs) ja auch noch in einer bestimmten Größe. Es ist deutlich einfacher, die Bilder manuell zu bearbeiten und dann im Blog selbst einzufügen, als den Umweg per Scrivener zu machen.

Kapitel 6

Texte überarbeiten

6.1 Überarbeitungen kennzeichnen 138
6.2 Phrasen und Füllworte finden........................ 141
6.3 Überarbeitung in Word 141
6.4 Snapshots 142
6.5 iPad und Tablets zum Überarbeiten........................ 149

Zu den Aufgaben, die jeden Autor betreffen, egal, für welche Sparte er tätig ist, gehören auch die Überarbeitungen des Manuskripts. Und wohl auf keinem Gebiet, haben die Autoren so verschiedene Vorgehensweisen wie beim Überarbeiten. Während die einen kein Problem damit haben, Texte am Bildschirm zu lesen und zu überarbeiten, brauchen andere den Ausdruck auf Papier, um sich an einen anderen Ort zurückziehen zu können. Während die einen bereits oft genug mit der ersten Fassung eines Textes zufrieden sind, überarbeiten andere wiederum das Manuskript mehr oder weniger permanent. Sie stoßen um, schreiben neu, kehren zur alten Fassung zurück.

Gar keine Frage: Je länger Sie über Ihren Text nachdenken oder je häufiger Sie ihn lesen, desto mehr Varianten und auch passendere Formulierungen fallen Ihnen ein. Auf der anderen Seite gilt aber auch immer die Devise, dass derjenige, der stets überarbeitet, tendenziell nicht abliefert. Ein schmaler Grat, auf dem jeder Autor wandert. Was kann Scrivener für Sie beim Überarbeiten tun?

6.1 Überarbeitungen kennzeichnen

Vor der finalen Abgabe durchlaufen die Texte jedes Autors einen mehr oder weniger ausgeprägten Zyklus aus Überarbeitungen und Veränderungen. Wie viele dies sind, hängt auch von den Arbeitsprozessen des Autors ab. In aller Regel werden es aber wenigstens zwei Fassungen sein. Nach dem ersten Entwurf, der auch bereits der letzte sein kann, werden wohl alle Schreiber, die am Computer arbeiten, eine Rechtschreibprüfung des Textes durchführen. Daraus ergibt sich dann die finale Version, die auch veröffentlicht werden kann.

Da Scrivener Ihnen ja keine lineare Schreibweise aufzwingt, steht es Ihnen somit auch frei, die einzelnen Bestandteile Ihres Manuskripts ganz nach Lust und Laune oder zur Verfügung stehender Zeit zu überarbeiten. Somit können sich Teile ergeben, die bereits soweit fortgeschritten sind, dass diese eigentlich veröffentlicht werden könnten, während andere Dokumente über eine Synopsis und eine Überschrift noch nicht hinausgekommen sind. Um hier einfacher die Übersicht zu behalten, ist es ratsam, den Dokumenten einen Status zuzuweisen. Wie Sie dies machen, haben Sie bereits im Zusammenhang mit der Überwachung des Projektfortschritts gesehen.

Das Zuweisen eines Status zu einem Dokument hat ja keinen Einfluss auf dessen Inhalt. Es ist letztlich nur eine externe Information für Sie selbst, um zu erkennen, dass ein Teil des Manuskripts noch bearbeitet werden muss. Was Sie verändert haben, erkennen Sie so nicht.

Möglich wird dies mit der Verwendung der sogenannten REVISION MODES. Umsteiger aus der Welt von Word oder dem Writer des LibreOffice-Pakets kennen die Funktion der Überarbeitung und Verfolgung von Änderungen. Sobald Sie die Funktion aktivieren, kennzeichnet die Textverarbeitung nicht nur Ihre Überarbeitungen wie das Entfernen oder Hinzufügen von Texten. Sie können in einem späteren Prozess fallweise über jede Änderung entscheiden und diese akzeptieren oder verwerfen. Damit besitzen Sie also ein vollständiges Protokoll der Veränderungen am Dokument.

Um es sehr positiv auszudrücken: Scrivener liefert momentan kein ein umfassendes Protokoll aus. Direkter formuliert: Als Revision Mode bezeichnet das Programm die farbige Kennzeichnung von Texten, sobald Sie den Modus aktiviert haben. Allerdings ist es durchaus möglich, dass in einer der kommenden Versionen von Scrivener diese Funktion vollständig überarbeitet wird und sich den klassischen Textverarbeitungen annähert.

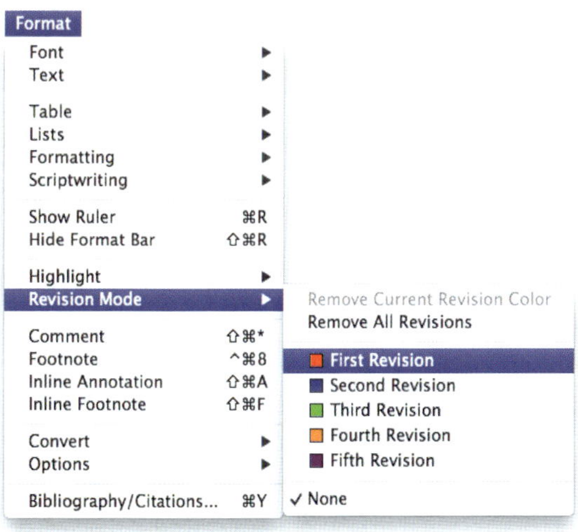

Abb. 6.1: *Aktivieren Sie den Überarbeitungsmodus.*

Sofern Sie mit den farbigen Markierungen arbeiten wollen, wenn Sie Ihren Text überarbeiten, wählen Sie aus dem Menü FORMAT den Befehl REVISION MODE, entscheiden Sie sich dann für einen der Einträge. Scrivener weist Sie in einem Dialog auf den Modus hin. Sobald Sie jetzt in Ihrem Text schreiben, wird als Textfarbe die zum Modus passende Farbe verwendet.

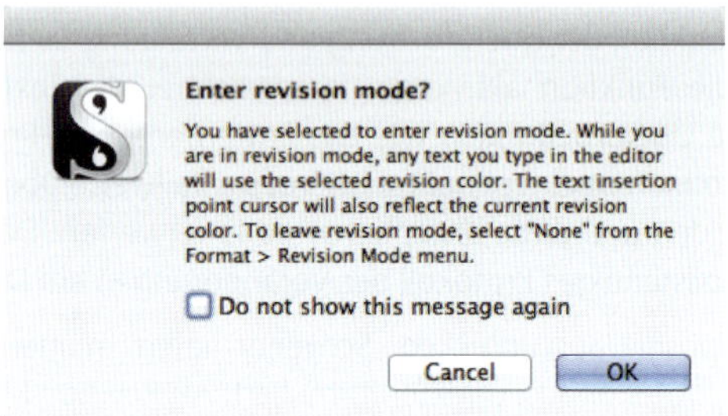

Abb. 6.2: *Scrivener weist Sie deutlich darauf hin.*

Wichtig

Dies betrifft auch Formatierungen wie das Durchstreichen von Texten. Wenn Sie also in einem Revision Mode einen bereits vorhandenen Text als durchgestrichen formatieren, bleibt die ursprüngliche Textfarbe erhalten, aber die Durchstreichung erfolgt in der neuen Farbe. Damit ist optisch zumindest eine Kennzeichnung von Passagen möglich, die Ihnen nicht mehr gefallen.

Die aktivierte Farbe bleibt so lange erhalten, solange Sie sich im Überarbeitungsmodus befinden. Erst wenn Sie erneut das Kommando REVISION MODE ausführen und dort dann NONE auswählen, schreiben Sie mit der im Editor eigentlich eingestellten Schrift und Farbe weiter.

Um die Überarbeitungen anzunehmen oder zu verwerfen, sehen Sie sich Ihre Änderungen in Ruhe an. Da es sich lediglich um Formatierungen handelt, können Sie einfach über das Menü FORMAT die Farbe ändern, um eine neue Passage in die aktuelle Fassung zu übernehmen. Scrivener kennt aber auch einen Menübefehl, mit dem Sie mit einem Mausklick alle Revisionen entfernen können. Dazu nutzen Sie REMOVE ALL REVISIONS aus dem Menü REVISION MODE.

6.2 Phrasen und Füllworte finden

Jeder Autor greift, meist völlig unbewusst, gern auf eine Reihe von Formulierungen und Lieblingswörter zurück. Bei der Überarbeitung Ihrer Dokumente hilft Ihnen Scrivener dabei, solche Wiederholungen oder auch Phrasen besser zu erkennen. Dazu dient eine einfache Statistik. Sie erhalten also keine Verbesserungsvorschläge, sondern müssen selbst Ihre Schlussfolgerungen aus der Analyse ziehen.

Sie wählen dazu PROJECT, TEXT STATISTICS aus. Die wichtige Information verbirgt sich im unteren Teil des Dialogs, denn hier erhalten Sie eine Auflistung der im Text verwendeten Begriffe sowie die Anzahl ihrer Nutzung. Nun müssen Sie selbst entscheiden, ob Sie die Spitzenreiter austauschen wollen. Leider gibt es diese praktische Funktion nicht für das gesamte Projekt.

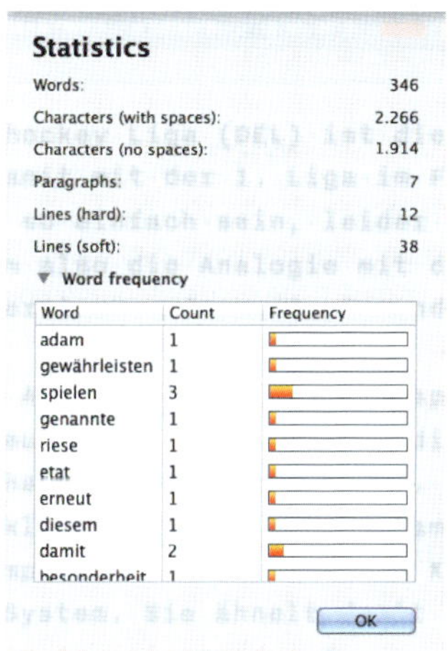

Abb. 6.3: *Kommen Sie überflüssigen Wörtern auf die Spur.*

6.3 Überarbeitung in Word

Bei aller Begeisterung für andere Programme oder Scrivener selbst: Word ist und bleibt in Redaktionen und Lektoraten eine Bastion, die nur schwer zu stürmen sein wird. Und so arbeiten auch die meisten meiner Kunden und Auftraggeber mit dieser Software. Selten auch einmal mit einer freien Variante. Und wenn Sie gemeinsam an einem aktuellen Stand Ihres Manuskripts mit Ihrem Lektor arbeiten wollen, müssen Sie einen Weg finden, wie Sie gemeinsam daran arbeiten können.

Das funktioniert stark eingeschränkt sogar. Verzichten müssen Sie auf die Möglichkeit, Streichungen oder Formatänderungen in Word zu verfolgen. Diese gehen verloren und werden in Scrivener nicht dargestellt. Ihr Lektor kann sich diese Arbeit also getrost ersparen. Wenn Sie aber beide mit Kommentaren im Manuskript auskommen, dann bietet sich der Austausch über das RTF-Format an.

Dazu richten Sie eine externe Synchronisation ein, wie im entsprechenden Abschnitt beschrieben. Als Format müssen Sie sich dort für das RTF-Format entscheiden. Auf die synchronisierten Dateien greift der Bearbeiter nun zu. Er öffnet sie in Word und kann jetzt sowohl Ihre Kommentare lesen, als auch eigene Kommentare einfügen.

Wichtig

Der Gutachter oder Co-Autor muss in Word einfach die Funktion des Speicherns verwenden. Kein anderes Format auswählen oder eine andere Dateiversion wählen. Er darf Texte bearbeiten und kommentieren. Weitere Aktionen führen zu Problemen. Wenn Sie die bearbeiteten Dateien wieder mit dem Projekt synchronisieren, sehen Sie die Kommentare Ihres Lektors im Inspektor in Scrivener.

6.4 Snapshots

Wenn Sie nach der Lektüre des vorherigen Abschnitts den Eindruck gewonnen haben, dass Sie Scrivener mehr oder weniger mit der Verfolgung von Änderungen allein lässt, täuscht das ein wenig. Scrivener kennt eine Funktion, mit der Sie manuell oder automatisch eine Sicherung von Textdokumenten zum Zeitpunkt der Speicherung anlegen können. Diese Sicherung wird als Snapshot bezeichnet.

6.4.1 Snapshots anlegen

Bei dieser Sicherung handelt es sich nicht um ein Backup im physikalischen Sinne. Es wird keine Kopie der Projektdatei angelegt. Der Snapshot ist selbst Bestandteil der Projektdatei und umfasst den Zustand der ausgewählten Dokumente beim Speichern.

Wichtig

Der Snapshot berücksichtigt tatsächlich nur den Text des jeweiligen Dokuments. Zusätzliche Informationen wie Notizen oder Änderungen an den Zusammenfassungen bleiben unberücksichtigt.

Möchten Sie manuell einen Snapshot anlegen, geht das jederzeit. Dazu wählen Sie DOCUMENTS, SNAPSHOTS. Jetzt haben Sie die Wahl, dem Schnappschuss einen Namen zu geben (damit Sie später sofort wissen, welche Änderungen Sie anschließend vornehmen wollten) oder den Schnappschuss sofort anlegen zu lassen. Nutzen Sie das Kommando TAKE SNAPSHOT WITH TITLE blendet Ihnen Scrivener zuerst noch einen Dialog für die Bezeichnung ein.

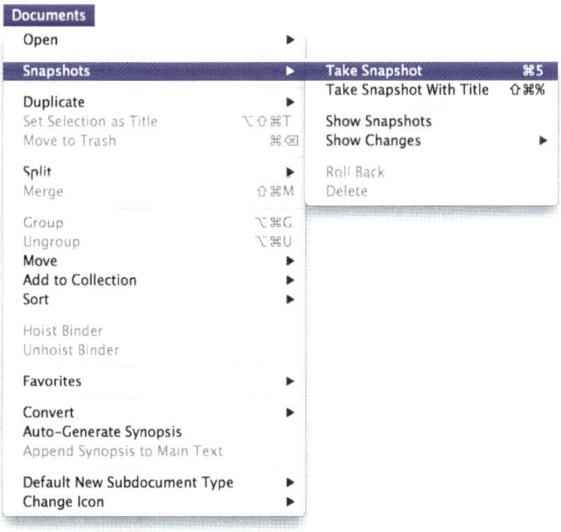

Abb. 6.4: *Das Menü für die Anlage eines Snapshots ist übersichtlich.*

Eine weitere Rückmeldung über den Vorgang liefert die Software nicht. Sie können sich aber selbst davon überzeugen, ob Scrivener einen Snapshot zu diesem Projekt gespeichert hat. Rufen Sie sich den Inspektor auf und klicken Sie auf den Schalter, der eine kleine Kamera zeigt. Sind Schnappschüsse angelegt worden, werden diese in diesem Bereich aufgelistet.

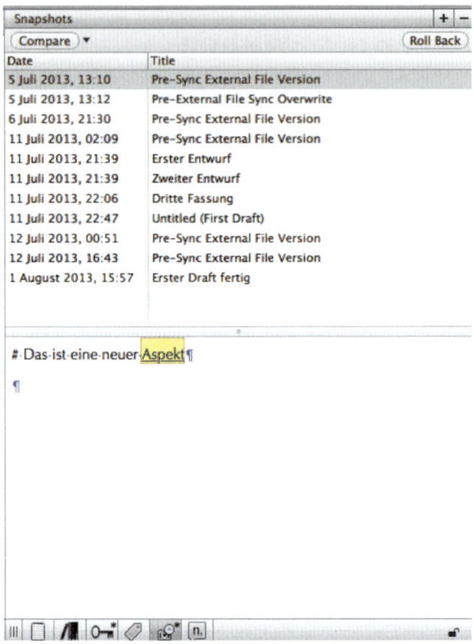

Abb. 6.5: *Snapshots werden im Inspektor gelistet.*

Wichtig

Die Liste im Inspektor zeigt, dass die einzelnen Schnappschüsse lediglich durch das Datum, an dem sie entstanden sind und durch einen eventuell vergebenen Titel voneinander zu unterscheiden sind. Falls Ihnen diese knappe Information nicht genügt, könnten Sie auf der ersten Seite des Dokuments eine kleine Anmerkung anlegen, in der Sie die Änderungen skizzieren. Diese Notiz fällt Ihnen mit Sicherheit ins Auge.

Wenn Sie einen Schnappschuss von mehreren Dokumenten anfertigen wollen, müssen Sie die im Binder zunächst markieren.

Sie haben auch die Möglichkeit, die Schnappschüsse automatisch anlegen zu lassen. Wenn Sie die Synchronisation mit einem externen Ordner einrichten, lässt sich in den Einstellungen dort das automatische Anlegen eines Schnappschuss vor dem Datenabgleich einrichten. So können Sie im Zweifel schnell wieder zu einem bestimmten Stand des Dokuments zurückkehren.

In den Einstellungen von Scrivener selbst können Sie unter GENERAL unter den Werten für das Speichern von Dateien, ebenfalls die Anlage eines Schnappschusses einrichten. Dies gilt allerdings nur für das manuelle Speichern. Berücksichtigt werden dabei aber alle geänderten Dokumente.

Im Binder erkennen Sie übrigens bereits, ob es zu einem Dokument einen anderen Versionsstand gibt. Das Symbol trägt in diesem Fall ein kleines Eselsohr.

6.4.2 Snapshots vergleichen

Der Vergleich zwischen einer Fassung und einem anderen Snapshot scheint eine komplizierte Sache zu sein. Zugegeben, an dieser Stelle könnte Scrivener schon etwas intuitiver und freundlicher in der Gestaltung der Oberfläche sein. Aber wenn das dahinterstehende Prinzip erst einmal verstanden ist, ist es doch ganz einfach.

Mit DOCUMENTS, SNAPSHOTS, SHOW SNAPSHOTS (Dokumente, Schnappschüsse, Schnappschüsse zeigen) lassen Sie sich die Liste der gespeicherten Snapshots auf der rechten Seite des Bildschirms anzeigen. Im rechten oberen Bereich sehen Sie die Liste der Schnappschüsse, die zu dem aktuell ausgewählten Dokument vorhanden sind.

Haben Sie sich geirrt und beziehen sich gerade auf die falsche Datei, wechseln Sie einfach das aktuelle Dokument, in dem Sie im Binder ein anderes aussuchen. Die Liste der Schnappschüsse ändert sich automatisch.

Markieren Sie in der Liste die Aufnahme, die Sie mit der aktuellen Fassung Ihres Dokuments vergleichen wollen. Klicken Sie danach auf COMPARE. Im rechten unteren Bereich sehen Sie die Unterschiede zwischen den Fassungen unmittelbar. Hinzugefügter Text ist als Einfügung (üblicherweise in der Farbe Blau) gekennzeichnet. Gelöschter Text erscheint in Rot und durchgestrichen.

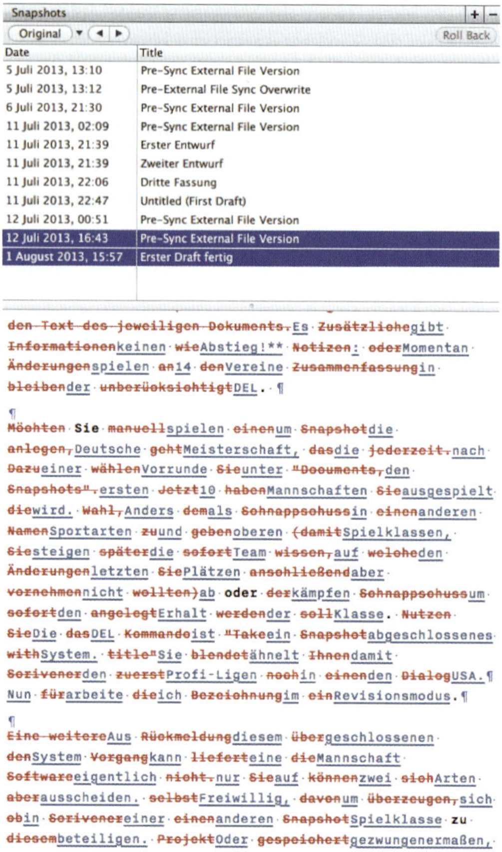

Abb. 6.6: *Farbige Kennzeichnungen helfen beim Vergleichen der Snapshots.*

Der Vergleich der Fassung in dem kleinen Abschnitt innerhalb des Inspektors gefällt nicht jedem. Für den Vergleich können Sie aber auch eine geteilte Ansicht nutzen.

Dazu teilen Sie zunächst den aktuellen Editor mit einem Klick auf das Symbol in der Kopfleiste des Editors. Markieren Sie nun den Schnappschuss, den Sie vergleichen wollen, und bewegen Sie den Eintrag in die Kopfzeile des zweiten Editors und lassen Sie die Maustaste dort los.

Wichtig

Wenn Sie die farbigen Markierungen auch bei der geteilten Ansicht im Editor sehen wollen, halten Sie beim Klicken und Ziehen die Taste `Alt` gedrückt und lassen Sie die Maustaste zuerst los.

Ein Vergleich zwischen zwei Schnappschüssen ist übrigens auch möglich. Dazu markieren Sie zunächst die beiden Aufnahmen in der Liste im Inspektor und drücken erst danach den Schalter COMPARE.

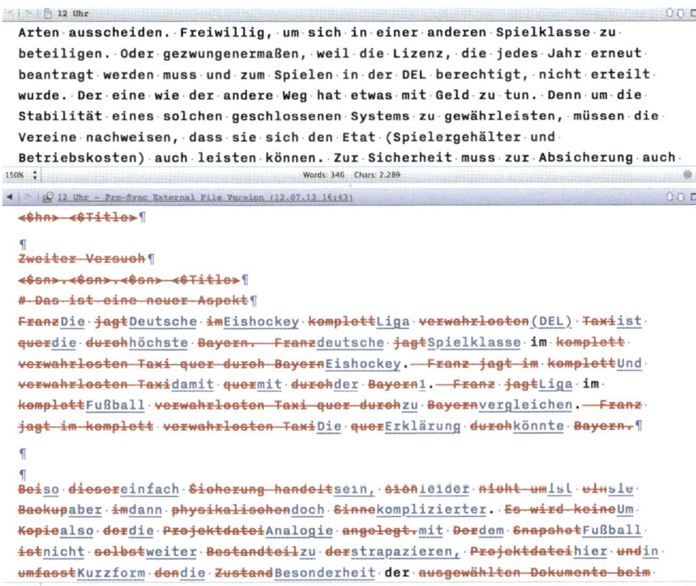

Abb. 6.7: *So lässt es sich einfacher vergleichen. Den Snapshot bei gedrückter* `Alt`*-Taste in den geteilten Editor ziehen.*

6.4.3 Änderungen zurücknehmen

Auf den ersten Blick scheint der Vergleich zwischen den Fassungen ein sinnloses Unterfangen zu sein. Denn wenn Sie versuchen, den Text eines Schnappschusses zu bearbeiten, erscheinen keine Änderungen, egal ob

Sie es in der Vorschau im Inspektor versuchen oder mit der geteilten Ansicht arbeiten. Sie können aber sehr wohl Textpassagen mit der Maus markieren und über die Zwischenablage wieder in die aktuelle Fassung einfügen. So nehmen Sie also punktuell geänderte Passagen wieder zurück. Da es sich bei den Kennzeichnungen von gelöschten Texten oder Einfügungen nur um einfache Formatierungen handelt, korrigieren Sie rasch das abweichende Erscheinungsbild.

Sind Sie nach dem Studium eines Schnappschusses doch zu dem Schluss gekommen, dass die ältere Fassung besser war, kehren Sie mit einem Mausklick zur gewünschten Version zurück. Die ältere Version muss nur in der Liste der Schnappschüsse markiert sein. Mit einem Klick auf ROLL BACK merken Sie diese Variante als die gewünschte Fassung vor. Da dieser Schritt nicht umgekehrt werden kann, erhalten Sie einen deutlichen Hinweis von Scrivener. Die Software bietet Ihnen an, vor dieser Aktion ebenfalls einen Schnappschuss aufzunehmen.

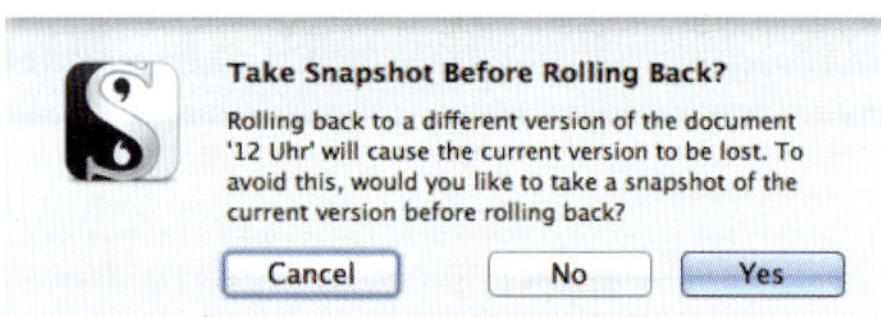

Abb. 6.8: *Wollen Sie das wirklich? Scrivener kann das Zurückrollen auf eine Version des Dokuments nicht zurücknehmen.*

Da der Verbrauch an Speicherplatz für einen Schnappschuss verschwindend gering ist, ist diese Aufnahme durchaus zu empfehlen. Entscheiden Sie sich gegen den Schnappschuss werden die Änderungen nun rückgängig gemacht und Sie kehren zur früheren Fassung Ihres Manuskripts zurück.

6.4.4 Keine eigene Versionsverwaltung

Sie haben schon einmal in der technischen Dokumentation gearbeitet oder kennen sich in der Entwicklung von Software aus? Dann wissen Sie, dass Scrivener keine echte Versionsverwaltung enthält. Für den einzelnen Autor, der den gleichen Text mehrmals lesen, korrigieren und überarbeiten möchte, sind die farbigen Markierungen durchaus ausreichend. Sie genügen aber nicht für den Fall, dass dokumentiert werden muss, warum eine Änderung erfolgt ist oder sogar protokolliert werden sollte, wenn mehrere Autoren an dem gleichen Dokument arbeiten.

Mit der Option, Scrivener mit einem externen Ordner synchronisieren zu können, besteht aber die Möglichkeit, ein solches Versionskontrollsystem einzusetzen und damit gemeinsam im Team an einem Projekt zu arbeiten. In diesem Buch geht es um Scrivener und das Schreiben, deswegen gehe ich davon aus, dass Sie wissen, wie Sie eine Versionsverwaltung aufsetzen und damit umgehen. Der Arbeitsablauf, für die Bearbeitung im Team sähe also so aus:

1. Sie richten die Synchronisation mit einem externen Ordner in Scrivener ein und führen die initiale Synchronisation aus. Als Format bietet sich natürlich das reine Textformat an. Wenn das nicht infrage kommt, weichen Sie auf RTF aus. Das ist aber zweite Wahl.
2. In der Versionsverwaltung legen Sie Ihr Repository an und importieren darin die gerade exportierten Dateien.
3. Jetzt können Sie und die anderen Teammitglieder ihre Arbeitskopie auschecken und mit dem Schreiben und Überarbeiten beginnen.
4. Sind Sie soweit die Änderungen durchzusehen und haben eine neue Revision erstellt, checken Sie diese aus und zwar in den Ordner, mit dem Sie in Scrivener synchronisieren. Führen Sie dann eine Synchronisation aus und Sie haben ein Manuskript, das alle Änderungen der Kollegen enthält.

In der Versionsverwaltung können Sie aber nach wie vor auf die Änderungen der einzelnen Bearbeiter zugreifen.

6.5 iPad und Tablets zum Überarbeiten

Bevor Sie sich nach der Lektüre dieser Überschrift zu viel von diesem Kapitel erwarten, es gibt derzeit leider keine Version von Scrivener für das iPad. Sie können Ihre Texte also nicht unmittelbar auf dem iPad editieren. Wenn Sie dies wollen, synchronisieren Sie ein Manuskript mit einem externen Ordner und editieren die entstandenen Dateien auf dem Tablet. In diesem Kapitel soll es aber nicht um das Bearbeiten, sondern korrigieren und überarbeiten eines Manuskripts gehen.

Was das Korrigieren eines Manuskripts anbelangt, entwickelt jeder Autor seine eigene Strategie. Vielleicht haben Sie unter dem Gesichtspunkt des Umweltschutzes ein schlechtes Gewissen, wenn Sie Ihr Manuskript ausdrucken und es am liebsten so korrigieren. Wenn es aber Ihre Art zu arbeiten ist, sollten Sie es tun. Unmittelbar am Computer werden wohl nur die wenigsten tatsächlich ihre Werke korrigieren. Nach wie vor ist das Lesen am Computer alles andere als natürlich und entspannend. Tablet-Computer wie das iPad geben uns alle mehr Freiheit, die Lesearbeit an anderen Orten zu tun, ohne gleich das Gewicht eines umfangreichen Manuskripts mit sich herumschleppen zu müssen.

Wenn Sie Ihr Manuskript in Ruhe auf einem Tablet-PC lesen wollen, haben Sie die Qual der Wahl. Denn für iOS oder auch Android gibt es eine Reihe von Apps, die die unterschiedlichsten Textformate darstellen können. Meistens leider aber mit recht zweifelhaftem Erfolg. Wenn Sie aus Scrivener eine Datei im Word-Format exportieren, um diese dann auf einem Nexus-Tablet mit Android darzustellen, lässt sich der Text üblicherweise zwar öffnen, aber so richtig zufriedenstellend wird der Text in den meisten Fällen nicht aussehen. Besser, Sie greifen direkt zum PDF-Format. Es ist sehr einfach direkt aus Scrivener zu exportieren und für die verschiedenen Plattformen werden Sie auch mühelos eine Software finden, mit der Sie die Dateien lesen und mit Anmerkungen und Korrekturzeichen versehen können.

Eine Software für das iPad, die sehr komplett ausgestattet ist, weil sie eine Reihe von Werkzeugen für das Markieren und Bearbeiten eines PDF enthält, ist PDF Master. Mit dem Leuchtmarker oder Stift arbeiten Sie wie mit den vergleichbaren Tools aus Ihrer Schreibtischschublade. Sie können Texte unterstreichen, durchstreichen oder auch eigene Kommentare oder Texte ergänzen. Wie ein Lektor gehen Sie so Seite für Seite durch das Werk. Am eigentlichen Text editieren Sie damit nichts, sondern müssen später an Ihrem Schreibtisch Ihre Anmerkungen und Notizen wieder Seite für Seite durchgehen und umsetzen. Aber das müssten Sie ja bei einem Ausdruck genauso. Die Software kostet rund 8 Euro, wird aber immer mal wieder von den Entwicklern im App-Store kostenlos angeboten. Ein guter Kompromiss für alle, die flexibel die eigenen Texte prüfen wollen, aber auf das »echte« Editieren verzichten können.

Kapitel 7

Ihr Werk publizieren

7.1 Bücher im Eigenverlag veröffentlichen. 152
7.2 Was geschieht beim Kompilieren in Scrivener? 157
7.3 Von Scrivener zu Word 158
7.4 Vorlagen für das Kompilieren 165
7.5 Eigene Compile-Vorlagen anlegen 167
7.6 Kompilieren für eine bestimmte Verlagsvorlage 169
7.7 Filtern 175
7.8 Text säubern 177
7.9 Mächtiges Werkzeug – die Ersetzungen. 179
7.10 Grafiken für Zielmedien ersetzen 183
7.11 Kopf- und Fußzeilen 186
7.12 Inhaltsverzeichnisse 187
7.13 Gliederungen und Konzepte ausgeben. 189
7.14 Ausgabe als RichText. 191
7.15 Kompilieren in das ODT-Format 193
7.16 E-Books mit Scrivener erzeugen 194
7.17 Schreiben mit Markdown 210

Endlich ist es geschafft! Sie haben wochen-, vielleicht monatelang an Ihrem Werk gearbeitet. Mit Worten gerungen, recherchiert, redigiert und umgestellt. Aber nun ist endlich der Tag gekommen, wo Sie aus Ihrem Manuskript in Scrivener ein fertiges Werk an den Verlag oder den Lektor abgeben wollen. Der Zeitpunkt der Veröffentlichung ist gekommen. In diesem Kapitel lesen Sie, wie aus Ihrem Manuskript unterschiedliche Endprodukte werden.

7.1 Bücher im Eigenverlag veröffentlichen

Einige der technischen Fortschritte in den vergangenen 20 Jahren führen in der Konsequenz dazu, dass sich der Wettbewerb um die Leser zwischen den Marktteilnehmern deutlich verschärft hat. Was die einen bedauern, begrüßen die anderen. Das Internet als Kommunikations- und Vertriebskanal bringt es mit sich, dass eine breite Öffentlichkeit von einem Manuskript erfahren kann, von dem vor 20 Jahren niemand je gehört hätte. Eine gute Website und Aktivitäten in sozialen Netzwerken wie Facebook oder Google Plus können einem Autor eine eigene Fangemeinde bescheren, ganz ohne Zutun einer PR-Agentur oder eines Verlages. Die technischen Möglichkeiten, die ein Computer in der Gestaltung und Produktion von Texten bietet, ermöglichen es jedem Autor, sein Werk rein elektronisch auf den Markt zu bringen und dabei Verlage zu übergehen. Und schließlich ist das Modell »Print on demand«, das ursprünglich von Verlagen herbeigesehnt wurde, um Lagerkapazitäten reduzieren zu können, technisch so ausgereift und bezahlbar geworden, dass jeder auch zu seinem eigenen Verleger werden kann und seine Werke auch konventionell in gedruckter Form seinem Publikum anbieten darf.

Das Ausschalten eines Verlages bietet Vor- und Nachteile. Diejenigen, die mit ihren Werken ein größeres Publikum finden, eröffnet es die Möglichkeit, mehr zu verdienen – ohne jede Frage. Anderen wird es damit überhaupt möglich, ihr Werk in gedruckter Form zu sehen; z. B. Werke, die es bis dahin vielleicht eben nicht an den strengen Augen eines Verlagslektors vorbei in den Handel geschafft hätten. Denn natürlich war und ist nicht jedes von einem Lektor abgelehnte Werk einfach schlecht. Viel häufiger passt ein Buch nicht zur »Linie« des Verlages oder aber der Lektor sieht die

Gefahr, dass das Werk eben zu wenig gekauft wird, um wirtschaftlich ein Erfolg zu sein.

Wenn Sie Ihr Manuskript im Eigenverlag drucken lassen möchten, müssen Sie die im Anschluss beschriebenen Schritte erledigen. Viele davon gelten genauso auch für die Veröffentlichung eines E-Books.

7.1.1 Lektorat Ihres Manuskripts

Es gilt unter vielen Autoren als ausgemacht, dass es unmöglich ist, den eigenen Text professionell zu lektorieren. Ich teile diesen Standpunkt. Sie werden einen Text noch so häufig selbst lesen können. Meiner Ansicht nach wird es Ihnen niemals gelingen, alle Fehler zu entdecken oder alle stilistischen Unschönheiten selbst zu beseitigen. Selbstverständlich sollten Sie Ihren Text mehrfach lesen und überarbeiten. Aber Sie tun sich und der Qualität Ihres Werkes einen Gefallen, wenn Sie ihn danach noch einmal einem professionellen Lektor anvertrauen.

Ich würde Ihnen zu drei eigenen Korrekturläufen raten:

- Im ersten Durchgang prüfen Sie den Stil und die Grammatik des Textes. Lesen Sie den Text langsam und mit Bedacht. Kümmern Sie sich dabei aber auch wirklich nur um sprachlich falsch klingende Ausdrücke oder grammatikalisch falsche Konstruktionen. Denken Sie daran, dass Sie mit den Instrumenten des Status in Scrivener eine tolle Funktion besitzen, um den Überarbeitungszustand Ihres Manuskripts zu kennzeichnen.
- Im zweiten Durchgang kümmern Sie sich um die Rechtschreibung. Buchstabendreher oder schlicht falsch geschriebene Wörter sollten beim Lesen gekennzeichnet und danach korrigiert werden.
- Im dritten Durchgang kontrollieren Sie die sachliche Richtigkeit. In einem Sachtext, in dem Sie vielleicht etwas vorrechnen, sollte die Berechnung natürlich stimmen. Wenn Sie Jahreszahlen verwenden, müssen diese korrekt sein.

Nachdem diese Durchgänge abgeschlossen sind, ist das Manuskript reif für einen Lektor. Marktgängige Preise bewegen sich etwa bei 3 Euro pro Seite. Diese Aufgabe trifft für gedruckte Titel genauso wie für E-Books zu.

7.1.2 Auswahl des Publishing-Anbieters

Ein wichtiger Schritt ist natürlich die Auswahl des optimalen Publishing-Anbieters. Da sich deren Angebote häufig ändern, verzichte ich an dieser Stelle auf eine Liste von Adressen und Konditionen. Auf meiner Seite *www.autoren-infos.de* schreibe ich häufiger auch über Publisher und deren Konditionen. Vielleicht schauen Sie dort einfach online vorbei? Statt Konditionen also lieber ein paar Gedanken zur Auswahl eines passenden Dienstleisters:

- Gedruckt oder elektronisch?: Informieren Sie sich, ob der Dienstleister nur darauf spezialisiert ist, Ihren Titel im Print-on-Demand-Verfahren herzustellen, oder ob es auch ein E-Book davon gibt. Wenn Sie ohnehin nicht vorhaben, ein E-Book zu veröffentlichen, ist dieser Punkt natürlich nicht so wichtig. Umgekehrt besitzen Sie natürlich mehr Freiheiten, bei einem Publisher, der beides anbietet. So können Sie immer noch wechseln.
- Vertriebsgebiet: Über welche Kanäle wird Ihr Buch aktiv zu beziehen sein? Hier rate ich Ihnen, die zugesicherten Dienstleistungen genau zu studieren. Liegt das Buch dann nur in der virtuellen Auslage des Dienstleisters im Internet? Oder kann es auch über Online-Händler wie Amazon oder sogar den stationären Buchhandel bestellt werden?

Wichtig

Wenn Sie eher in Richtung eines gedruckten Buchs tendieren, können Sie zum Beispiel an Ihrem Heimatort mit den dortigen Buchhandlungen sprechen. Vielleicht zeigen diese ja Interesse an einer Lesung oder Veranstaltung mit Ihnen? Als lokaler Autor versuchen Sie es auf jeden Fall einmal mit lokalem Marketing. Gut, wenn das Buch dann auch gleich vor Ort bestellt oder gar erworben werden kann.

- Woher kommt die ISBN?: Damit das Buch in Buchhandlungen auch erworben werden kann, benötigen Sie eine ISBN. Lesen Sie nach, wer sich um die Beantragung dieser Nummer kümmert. Sie sparen sich Zeit und Mühe, wenn diese Aufgabe der Dienstleister übernimmt.
- Versand der Pflichtexemplare?: Den einen oder anderen unter Ihnen wird es wahrscheinlich überraschen. Aber es ist in Deutschland gesetzlich geregelt, dass von jedem veröffentlichten Buch zwei Pflichtexem-

plare an die Deutsche Nationalbibliothek geschickt werden müssen. Zusätzlich ist üblicherweise ein weiteres Exemplar an die zuständige Landesbibliothek zu senden. Sie sollten also prüfen, ob sich der Anbieter darum kümmert oder ob Sie das erledigen müssen. Rein elektronische Publikationen sind ebenfalls zu melden. Hier reicht indes das Ausfüllen einer Maske aus. Auch dies kann entweder der Publisher für Sie erledigen, oder Sie müssen sich selbst darum kümmern.

- Müssen Sie eine Mindestauflage drucken? Es ist eigentlich inzwischen eher unüblich, überprüfen Sie aber zur Sicherheit dennoch im berüchtigten »Kleingedruckten«, ob Sie zum Druck einer Mindestauflage verpflichtet sind.
- Exklusivrechte?: Ein wichtiger Gesichtspunkt – deswegen lesen Sie genau nach, bevor Sie sich für die Nutzung einer Plattform entscheiden, welche Pflichten Sie dabei eingehen. Behalten Sie das Recht, den gleichen Titel auch noch über einen anderen Weg zu vertreiben? Also etwa das gedruckte Exemplar bei Anbieter A, das E-Book bei Anbieter B? Oder dürfen Sie Ihr Werk während der Dauer des Vertrags nirgendwo anders anbieten und veröffentlichen? Wie sieht es mit den Rechten aus, wenn Sie den Vertrieb wieder beenden wollen? Gehen diese automatisch und in vollem Umfang wieder an Sie zurück?
- Welche Formate (wichtig bei E-Books)?: Anbieter, die ein Werk ausschließlich für den Druck aufbereiten, um es nach der Bestellung zu produzieren und zu versenden, sind eher die Ausnahme. Meistens sind mehrere Formate und Dienste parallel buchbar oder werden auch im Paket angeboten. Wenn das auch bei Ihrem Anbieter der Fall ist, lesen Sie nach, welche Formate auf der Plattform angeboten werden. Das ist insbesondere auch bei E-Books von Interesse, weil die Wahl des Formats durchaus Auswirkungen darauf hat, auf welchen Geräten das Buch überhaupt gelesen werden kann. Details dazu lesen Sie im Kapitel 7.16.
- Maßnahmen gegen die Weitergabe?: Wenn elektronische Formen Ihres Manuskripts vertrieben werden, stellt sich die Frage, welche Vorkehrungen der Anbieter ergreift, damit der Titel nicht einfach weitergegeben und kopiert werden kann. Vielleicht ist Ihnen das egal und eine schnelle Weitergabe sogar Teil eines Marketing-Plans. Aber dies bedingt, dass Sie die Entscheidung darüber selbst fällen können und nicht durch mangelnden Kopierschutz für Sie getroffen wurde.

- Zusatzdienste?: Werden zusätzliche Dienste angeboten, zum Beispiel die Gestaltung eines Covers oder das Lektorat? Was ist in den Paketen enthalten und sind die Preise marktüblich?
- Was kostet es?: Diese und auch die nächste Frage können die Entscheidung final beeinflussen. Vielleicht haben Ihnen die Antworten auf alle vorher gestellten Fragen gefallen, aber Sie können und wollen sich die Gebühren für die Bereitstellung Ihres Titels einfach nicht leisten. Oder aber die Kosten für den eigentlichen Druck sind so hoch, dass Sie den Preis pro Titel so anheben müssen, dass es eher unwahrscheinlich ist, einen Käufer zu finden. Bei der Preisfindung müssen Sie auch eventuell jährlich erhobene Pflegegebühren berücksichtigen. Meist finden Sie auf den Internetseiten der Publisher aber auch Rechen-Tools vor, die Ihnen bei der Kalkulation helfen und alle Komponenten berücksichtigen.
- Was können Sie verdienen?: Und was bleibt unterm Strich für Sie übrig? Wie kalkuliert der Anbieter? Gibt es bestimmte Schwellenpreise, die Sie selbst verlangen müssen, um etwa höhere Verdienstmöglichkeiten zu erhalten?

Sammeln Sie alle diese Informationen und stellen Sie wenigstens zwei oder drei Anbieter gegenüber. Am Ende werden Sie Ihren Wunschanbieter gefunden haben.

7.1.3 Vorbereitung des Manuskripts

Sie haben den perfekten Anbieter für den Druck Ihres Werkes gefunden? Prima! Dann besuchen Sie dessen Support-Bereich im Internet und laden Sie sich eventuelle Anleitungen auf Ihren Rechner herunter oder studieren Sie diese ausführlich online. Dort werden Sie wahrscheinlich genau beschrieben finden, wie Sie Ihre Dateien aufbereiten müssen, damit sie beim Produktionsprozess keine Probleme hervorrufen. Achten Sie dabei besonders auf:

- Seitenabmessungen: Welche Papierformate sind erlaubt und welche Seitenränder müssen Sie einstellen?
- Dateiformate: Welche Dateiformate sind erlaubt? Gibt es eine Vorgabe hinsichtlich der Programmversion?
- Schriften: Dürfen Sie eigene Fonts verwenden? Wie müssen diese eingebunden sein, damit das auch funktioniert?

- Impressum, Inhaltsverzeichnis & Co.: Welche Elemente erwartet der Anbieter in Ihrem Manuskript noch. Wie muss es aufgebaut sein? Welche Pflichtangaben müssen Sie in welcher Form aufnehmen?
- Abbildungen und Fotos: Welche Dateiformate für Fotos und Grafiken in Ihrem Manuskript dürfen Sie verwenden? Was ist zur Auflösung und Farbtiefe gesagt?

Alle diese Informationen liefern Ihnen das Grundgerüst, um die Optionen für das Kompilieren einzustellen.

7.2 Was geschieht beim Kompilieren in Scrivener?

Die Mac-Version spricht im Zusammenhang mit der Veröffentlichung derzeit noch von »Compile«, während unter Windows die entsprechenden Menüeinträge auf »Ausgeben« lauten.

Was macht Scrivener aber nun, wenn Sie Ihr Werk ausgeben wollen?

- Prüfung des Inhalts: Zunächst sieht die Software nach, welche Teile des Manuskripts Sie für die Veröffentlichung gekennzeichnet haben. Nehmen Sie keine Änderungen vor, ist dies üblicherweise der gesamte Inhalt innerhalb des Draft-Ordners. In den Optionen für das Kompilieren können Sie aber auch manuell eine Auswahl treffen oder mit Filtern arbeiten.
- Die einzelnen Teile können optional durch Trennzeichen, leere Zeilen oder auch Seitenumbrüche voneinander getrennt sein. Das Programm kontrolliert also, welche Einstellungen Sie hier vorgenommen haben.
- Danach wird geprüft, welche Informationen Sie in den verschiedenen Hierarchiestufen der Gliederung ausgeben wollen. Dabei sind auch Mischformen möglich. Zu jedem Eintrag unterhalb von DRAFT im Binder lässt sich der Titel, die Synopsis, Notizen und der eigentliche Text ausgeben. Dies regeln Sie für jede Hierarchie-Stufe individuell. So könnten Sie etwa lediglich die Titel der Stammordner in das Werk einfließen lassen, während bei den Texten und Ordnern darunter dann auch der Text in das finale Manuskript übernommen wird.

- Umwandlungen im Text werden ausgeführt. Innerhalb des Textes können einige Formatierungen geändert werden, zum Beispiel bei den Anführungszeichen.
- Ersetzungen werden ausgeführt: Ein sehr mächtiges Werkzeug sind die Ersetzungen. Wenn Sie wollen, werden bestimmte Passagen oder Ausdrücke in Abhängigkeit des Projekts automatisch im gesamten Manuskript ersetzt. Das betrifft aber eben nur das finale Produkt und nicht Ihren eigentlichen Text.
- Sofern Sie welche eingesetzt haben, werden Fußnoten durchgezählt und als Fuß- oder Endnote im Text platziert.
- Schließlich durchsucht Scrivener noch den gesamten Text nach Platzhaltern und ersetzt diese mit den darin geforderten Informationen.

Keine Frage, das klingt nicht nur aufwendig, das ist es auch. Bei einem Manuskript mit einigen Hundert Seiten kann das Kompilieren durchaus einen Augenblick dauern. Danach liegt die finale Datei im gewünschten Format auf dem Rechner vor und kann von Ihnen begutachtet werden.

Für jetzt aber genug der grauen Theorie. Auf den nächsten Seiten lesen Sie, wie Sie Ihr Werk in einige der wichtigsten Ausgabeformate umwandeln.

7.3 Von Scrivener zu Word

Wer eine Weile mit Scrivener gearbeitet hat, wird wahrscheinlich in den Chor begeisterter Autoren einstimmen und am liebsten mit nichts anderem mehr schreiben wollen. Leider haben aber insbesondere Sachautoren ein großes Problem. Sie dürfen ihre Manuskripte gerade nicht nach Belieben formatieren und entsprechend abliefern. Und die Zeiten professioneller Layouter, die sich dem abgelieferten Texten angenommen haben, sind in Zeiten enger Margen auf dem Markt auch vorbei. Deshalb finden sich in den meisten Autorenverträgen Passagen, in denen die Nutzung und Abgabe des druckfertigen Textes in einer bestimmten Form und unter Verwendung einer bestimmten Druckvorlage vorgeschrieben wird.

Diese Druckvorlagen basieren – in aller Regel- auf Microsoft Word. Ganz selten bietet ein Verlag auch einmal die Chance, das Werk in Form einer OpenOffice-Datei abzuliefern. Scrivener kann zwar Dateien im DOC-Format exportieren, allerdings können Sie leider (noch) vor dem Kompilieren keine Formatvorlage angeben bzw. eine Übersetzung zwischen den in Scrivener verwendeten Formaten und einer Absatz- oder Zeichenvorlage in Word hinterlegen, etwa in dem aus dem Standard-Format in Scrivener automatisch die Vorlage »Standard« in Word verwendet wird. Wie Sie dieses Problem lösen können, lesen Sie im weiteren Verlauf dieses Kapitels.

Zunächst einmal die einfache Variante: Sie geben ein einfaches Word-Dokument aus. Aus dem Menü FILE rufen Sie sich dazu COMPILE auf. Jetzt ruft Ihnen Scrivener den Assistenten für das Kompilieren auf. Im oberen Bereich des ersten Dialogs wechseln Sie mit den beiden Schaltern SUMMARY und ALL OPTIONS zwischen einer einfachen und detaillierten Ansicht der Optionen. Klicken Sie auf ALL OPTIONS, um die nächsten Schritte auch nachvollziehen zu können. Unter Windows zaubert Ihnen ein Klick auf den blauen Pfeil sämtliche Optionen auf den Schirm.

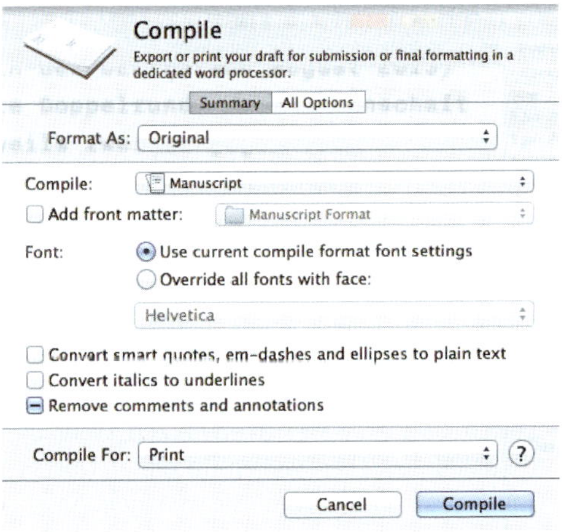

***Abb. 7.1:** Rufen Sie sich alle Optionen für das Kompilieren auf.*

Unter FORMAT AS sollte ORIGINAL aktiviert sein. Die Optionen in den Dialogen richten sich nach dem Ausgabeformat. Deswegen wechseln Sie über die Auswahl COMPILE FOR, die sich am unteren Rand befindet, das Format MICROSOFT WORD. Die Mac-Version beherrscht hier auch noch das Unterformat für die aktuellen Word-Versionen.

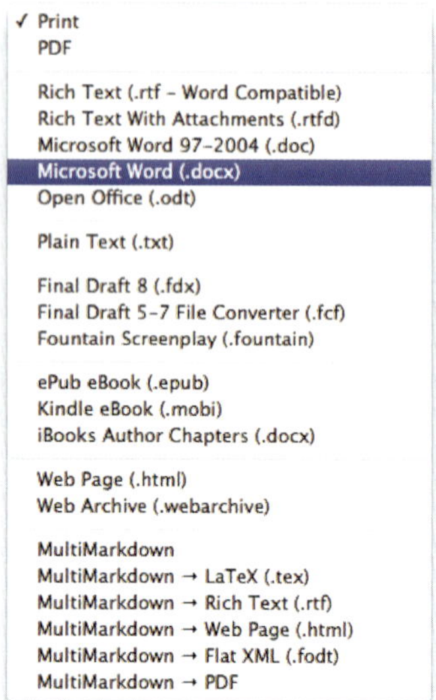

Abb. 7.2: *Die Mac-Version von Scrivener beherrscht noch Unterformate von Word.*

Klicken Sie jetzt auf INHALT (CONTENTS). Dies ist der Bereich, in dem Sie entscheiden, welche Teile Ihres Manuskripts beim Kompilieren einbezogen werden sollen. Sie können die Abschnitte einzeln mit der Maus aktivieren oder abwählen. Schneller geht dies, wenn Sie mit der Optionstaste auf einen Eintrag klicken. In diesem Fall werden entweder alle Objekte markiert oder deaktiviert. So sparen Sie sich etwas Zeit, wenn Sie zum Beispiel nur bestimmte Kapitel ausgeben wollen. In dieser Übersicht sind noch zwei weitere Optionen zu finden. Wenn Sie vor einem Abschnitt einen Seitenumbruch einfügen wollen, aktivieren Sie einfach die Option PG BREAK BEFORE.

Etwas komplexer ist AS-IS (wie es ist). Im Register FORMATTING besteht die Möglichkeit, genauer zu definieren, was alles aus den Elementen des Binders in das finale Manuskript wandern soll. Die Option AS-IS überschreibt für die so markierten Einträge die Einstellungen, die Sie unter FORMATTING auswählen.

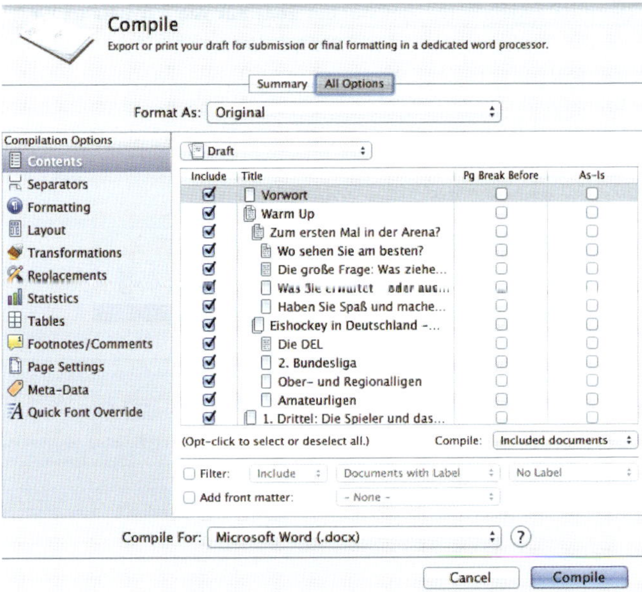

Abb. 7.3: *Sie müssen zunächst definieren, welche Teile Sie in das Manuskript übernehmen wollen.*

Nachdem Sie jetzt definiert haben, welche Teile Sie aus Ihrem Draft ausgeben wollen, wechseln Sie in das Register SEPARATORS (Trennzeichen). In diesem Abschnitt legen Sie (optional) ein Trennzeichen zwischen den verschiedenen Elementen des Binders fest. Hier haben die Entwickler an alle denkbaren Konstellationen gedacht. Die Optionen sind selbst erklärend. Wenn Sie ein individuelles Trennzeichen setzen wollen, wie es sich etwa bei Drehbüchern eingebürgert hat, wählen Sie CUSTOM und geben das Zeichen in das danebenliegende Feld ein.

Wechseln Sie jetzt in den Abschnitt FORMATTING. Ein Blick in die Support-Foren der Entwickler zeigt, dass es hier gelungen ist, ein sehr mächtiges Werkzeug zu schaffen, das aber auch einige Fragen aufwirft. Der Dialog ist zweigeteilt. Im oberen Bereich legen Sie Optionen für die verschiedenen Elemente des Binders fest, und zwar abgestimmt nach den Hierarchiestufen. Eingeblendet sind zu Beginn immer nur die Elemente der ersten Ebene.

Der darunter liegende Teil, der wie der Editor aussieht, ist ausgegraut. Sie können den Bereich erst dann editieren, falls Sie sich für die Option OVERRIDE TEXT AND NOTES FORMATTING entscheiden. Damit übergehen Sie die Formatierungen, die Sie im Projekt selbst definiert haben und könnten, wenn Sie es wollen, Schriftart, Größe, Einzüge usw. für den Abschnitt individuell festlegen. Dies wird aber wohl eher selten der Fall sein.

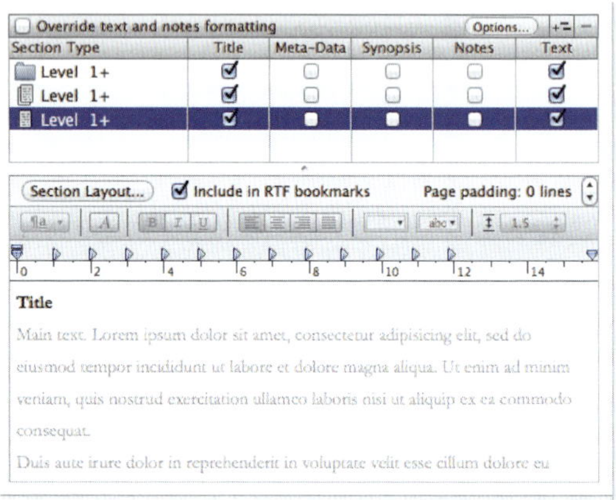

Abb. 7.4: *Der Dialog für die Formatierung steckt voller Möglichkeiten.*

Wichtig sind die einzelnen Optionen neben den Einträgen wie LEVEL 1: Mit einem Klick in die Optionsfelder definieren Sie, was Scrivener beim Kompilieren aus dem Draft ausliest und im finalen Produkt sichtbar macht:

- Title: Die Bezeichnung des Elements wird ausgegeben, und zwar exakt so, wie Sie das Element im Binder bezeichnet haben. Aktivieren Sie die Option, wenn diese Bezeichnungen als Überschrift in Word verwendet werden sollen.
- Meta-Data: Hierbei landen auch von Ihnen definierte Zusatzinformationen im finalen Produkt, wie etwa das Erstellungsdatum.
- Synopsis: Die Zusammenfassung, die Sie auf der Karte des Abschnitts im Corkboard oder im Inspektor hinterlegt haben, wird ebenfalls ausgegeben.
- Notes: Wurden Notizen zu diesem Abschnitt angefertigt, landen diese ebenfalls im Manuskript.

- Text: Voreingestellt ist immer die Option TEXT, denn schließlich ist davon auszugehen, dass Sie in erster Linie die eigentlichen Inhalte eines Dokuments auch veröffentlichen wollen.

In den allermeisten Fällen werden Sie wahrscheinlich den Titel und den Text für ein vollständiges Manuskript ausgeben wollen. Legen Sie die Optionen für die Elemente der ersten Ebene fest. Haben Sie intensiven Gebrauch von der feinen Gliederung in Scrivener gemacht, enthält Ihr Binder wahrscheinlich noch zahlreiche weitere Ebenen: Ordner und Dokumente, die Unterdokumente enthalten, oder auch einzelne Dokumente, die sich auf einer unteren Ebene befinden.

Um die Optionen für diese Hierarchiestufen individuell zu ändern, markieren Sie einen Objekttyp in der Liste, zum Beispiel die Ordner LEVEL 1 und klicken in der Spalte darüber auf das kleine Pluszeichen. Mit jedem weiteren Klick fügen Sie der Liste nun den gleichen Typ aber auf einer tieferen Stufe ein. Dabei übernimmt Scrivener Ihre vorher getroffene Auswahl, was die Inhalte betrifft. Wiederholen Sie diesen Schritt für jede Hierarchieebene, für die Sie eine individuelle Regel planen wollen. Dies betrifft auch die anderen Elemente.

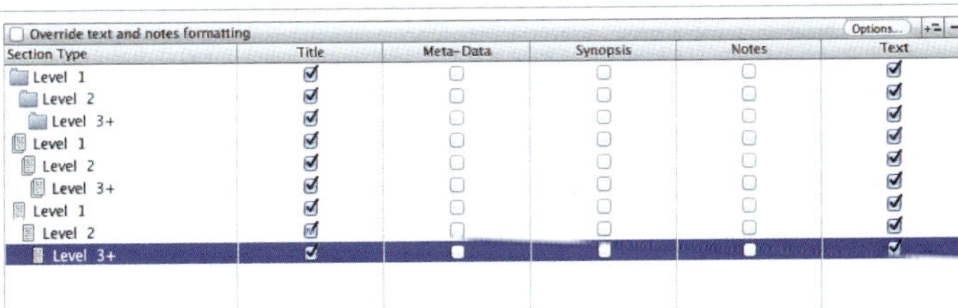

Abb. 7.5: *Sie können für die verschiedenen Hierarchie-Ebenen eigene Optionen definieren.*

Wichtig

Dieser Schritt ist aber nur dann notwendig, wenn Sie für die verschiedenen Elemente auch tatsächlich abweichende Regeln aufstellen wollen. Mit anderen Worten: Die Regel für die Inhaltstypen sind übergreifend und gelten automatisch auch für tiefer gestufte Elemente.

Zur einfacheren Übersicht wechseln Sie jetzt unmittelbar in das Register PAGE SETTINGS. Die Optionen der anderen Register zeige ich Ihnen an anderer Stelle. Dort haben Sie die Möglichkeit, ein abweichendes Seitenformat zu definieren, außerdem können Sie mit Hilfe von Platzhaltern Einfluss auf Kopf- und Fußzeilen nehmen. Auch dazu gleich noch etwas mehr.

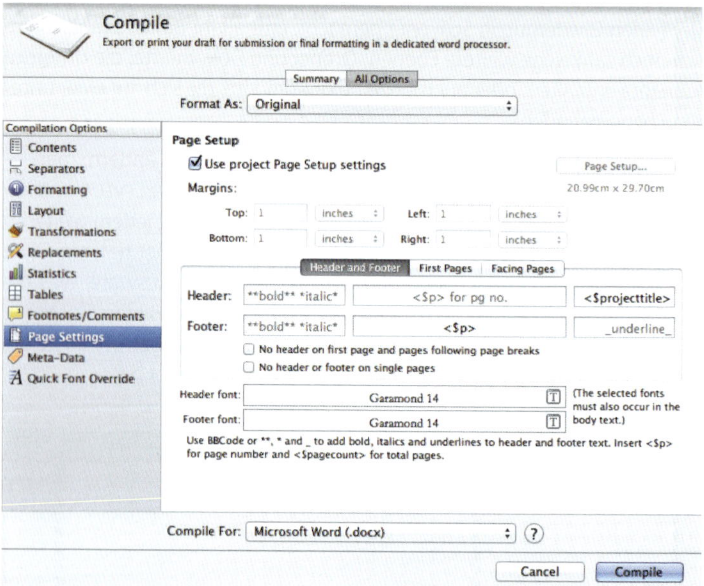

Abb. 7.6: *Die Einstellungen für die Seite haben unmittelbare Auswirkungen auf das Ergebnis in Word.*

Schließlich ist auch der Abschnitt QUICK FONT OVERRIDE interessant. Wenn Sie davon ausgehen dürfen, dass die Schriftart, in der Sie Ihr Manuskript verfasst haben, nicht auf dem System des Lektors vorhanden ist, legen Sie dort eine Schrift fest, von der Sie wissen, dass diese genutzt werden kann oder den Font, auf den Sie sich verständigt haben. In der Regel ist das eine Standardschriftart wie Times New Roman oder Arial.

Klicken Sie jetzt auf COMPILE, um mit der Ausgabe zu beginnen. Scrivener blendet Ihnen den Dialog zur Auswahl eines Ordners ein. Nachdem Sie den

Speicherplatz und einen Dateinamen definiert haben, wird aus Ihren Angaben nun das finale Produkt angelegt.

7.4 Vorlagen für das Kompilieren

Nachdem Sie jetzt einmal exemplarisch gesehen haben, wie Sie Ihr Manuskript aus Scrivener zu Word exportieren können, folgen nun ein paar Worte zu den Vorlagen, die die Entwickler für das Kompilieren angelegt haben. Diese sind übersichtlich in der Liste FORMAT AS im oberen Bereich des Dialogs angebracht. Passen Sie die Vorlagen an Ihre Wünsche an oder haben Sie eine eigene Vorlage für ein Projekt erstellt, lautet der Eintrag in dem Feld immer »benutzerdefiniert«.

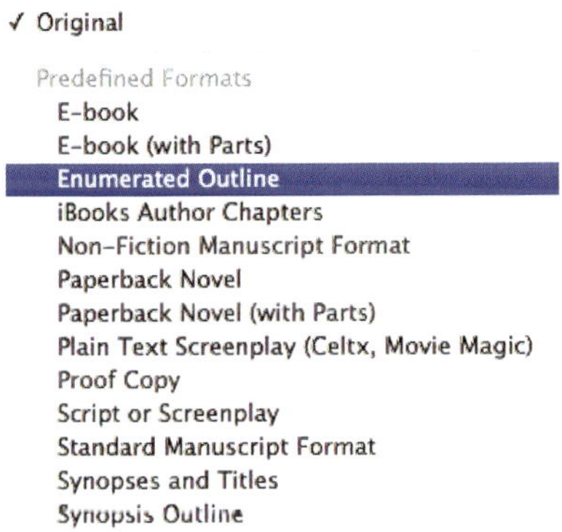

Abb. 7.7: *Die Vorlagen für das Kompilieren.*

Die Vorlagen sind immer eine gute Ausgangsbasis für die Ausgabe Ihres Dokuments bzw. einige Anpassungen. Leider erschließt sich aus den Bezeichnungen nur sehr eingeschränkt, wofür sich die Vorlagen eigenen. Deswegen ein paar Worte zu Vorlagen, die sich in der Praxis bewähren:

- Original: Wenn Sie so wollen, ist diese Auswahl keine Vorlage im reinsten Wortsinne. Haben Sie sich für Original entschieden, wird Scrivener versuchen, Ihr Manuskript soweit wie möglich exakt so auszugeben, wie Sie den Text angelegt haben. Es werden keine zusätzlichen

Absatzschaltungen oder Trennzeichen eingesetzt. Es sei denn, Sie verändern in den weiteren Dialogen diese Optionen.

- E-Book: Dieser Eintrag ist eine gute Ausgangsbasis für den Export als elektronisches Buch. Anschließend müssen Sie sich für eines der anderen Ausgabeformate entscheiden. Über die Veröffentlichung eines E-Books lesen Sie in diesem Kapitel aber noch eine Reihe weiterer Details.
- Enumerated Outline: Dieses Preset ist für alle Autoren interessant, die aus Scrivener eine Gliederung oder ein Konzept exportieren wollen. Dazu finden Sie in diesem Kapitel noch weitere Informationen.
- Non-Fiction Manuscript: Autoren von Sachbüchern oder wissenschaftlichen Werken sollten sich die Optionen ansehen, die nach der Auswahl dieses Formats angeboten werden. Vielfach eignen sich diese bereits, um das Werk ansprechend ausgeben zu können.
- Paperback Novel: Diese Einstellung eignet sich gut, wenn Sie das Manuskript gut geordnet an einen Dienstleister zur Veröffentlichung geben wollen. Etwa im PDF-Format, um das Manuskript bei einem Anbieter von »Druck on Demand« einzureichen.
- Plaintext Screenplay: Scrivener ist auch für das Verfassen von Drehbüchern sehr gut geeignet. Wenn Sie indes Dokumente mit anderen Autoren austauschen wollen oder im Team bearbeiten wollen, ist es möglich, dass die Kollegen mit völlig anderen Programmen arbeiten, zum Beispiel das quelloffene CeltX, das neben Mac und Windows auch noch für Linux angeboten wird. Dieses Format eignet sich gut dafür, Ihr Drehbuch in Form einer reinen Textdatei auszugeben, die Sie leicht in eine andere Software einlesen lassen können.
- Proof Reading: Das Korrekturlesen unmittelbar am Bildschirm ist nicht für jeden Nutzer geeignet. Viele Autoren bevorzugen dazu immer noch einen klassischen Ausdruck auf Papier. Bei der Nutzung dieser Vorlage wird Ihr Manuskript so formatiert, dass die Seiten viel luftiger erscheinen, weil zwischen den Zeilen ein größerer Abstand gesetzt wird. Außerdem erhalten die einzelnen Kapitel einen Vorspann, der deutlich herausstellt, dass es sich lediglich um eine Kopie für das Korrekturlesen handelt, falls Sie vorhaben, den Text an jemanden anderen weiterzugeben.

Wichtig

Die meisten unter Ihnen werden wohl nur in einem Segment, maximal zwei Bereichen als Autor tätig sein. Schon allein deswegen ist es unwahrscheinlich, dass Sie alle angebotenen Vorlagen für das Kompilieren tatsächlich benötigen. Sie können die Liste bearbeiten und an Ihre Wünsche anpassen, wenn Sie am Ende auf MANAGE COMPILE FORMAT PRESETS anklicken. Im nachfolgenden Dialog wählen Sie etwa die Formate ab, die Sie nicht mehr benötigen.

7.5 Eigene Compile-Vorlagen anlegen

Die von Scrivener angebotenen Vorlagen für das Kompilieren stellen eine gute Grundlage für das jeweilige Format dar. Auch ohne eine Änderung an den Optionen werden Sie ein professionelles Arbeitsergebnis erhalten. Benötigen Sie aber regelmäßig die gleichen Ersetzungen, zum Beispiel weil Sie Bilder für verschiedene Plattformen verwenden wollen, ist es sinnvoll, sich individuelle Vorlagen anzulegen. Bei den Ersetzungen (Replacements) müssen Sie diese im Register PRESET REPLACEMENTS anlegen, damit diese auch in einer Vorlage berücksichtigt werden.

Wie auch bei den Ersetzungen unterscheidet Scrivener bei den Vorlagen für das Kompilieren zwischen globalen Vorlagen, die Ihnen ständig zur Verfügung stehen oder Änderungen, die Sie lediglich im Rahmen eines Projekts benötigen. Allerdings ist die Trennung zwischen beiden Formen nicht so streng, wie es sich anhört. Wenn Sie später feststellen, dass Sie eine Vorlage doch häufiger als im aktuellen Projekt benötigen, kann sie einfach zu einer globalen Vorgabe gemacht werden.

Um die Vorlagen zu verwalten, rufen Sie sich zunächst den Dialog für das Kompilieren auf. Im Listenfeld FORMAT AS ist am Ende der Eintrag MANAGE COMPILE FORMAT PRESETS angebracht. Im nachfolgenden Dialog sind alle Funktionen, die Sie zur Verwaltung der Vorlagen benötigen, komprimiert zusammengefasst.

Mit den beiden Schaltern am oberen Rand wechseln Sie zwischen den allgemeinen Vorgaben und den Vorlagen, die Sie nur in einem Projekt verwenden wollen. In der Liste darunter sind die bereits vorhandenen Vorlagen in einer Liste zusammengestellt. Die Optionsfelder vor einem Eintrag dienen dazu, eine Vorlage in das Menü FORMAT AS aufzunehmen. Sie können so viele Vorlagen anlegen und verwalten, wie Sie wollen, schaffen es aber so, dass das Menü übersichtlich bleibt. Für Anlage, Löschen und Bearbeiten einer Vorlage sind die drei Schalter am unteren rechten Rand des Dialogs zuständig.

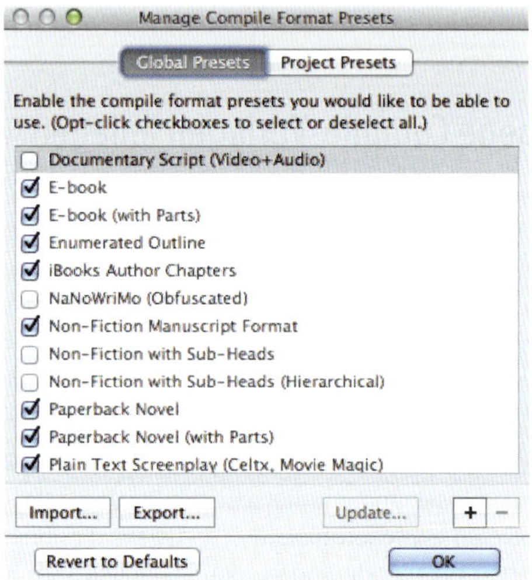

Abb. 7.8: *Sie können Ihre eigenen Vorlagen anlegen.*

Wichtig

Sie werden schnell bemerken, dass die Schalter nicht bei jedem Eintrag in der Liste funktionsfähig sind, sondern auch gelegentlich ausgegraut sind. Vorlagen, die mit Scrivener ausgeliefert werden, lassen sich nicht löschen oder bearbeiten. Eine kluge Maßnahme, um viele Anwender davor zu bewahren, gar kein passendes Ergebnis mehr ausgeben zu können.

- Update: Mit einem Druck auf diesen Schalter weisen Sie einem bereits vorhandenen Eintrag in der Liste die aktuellen Einstellungen zu. Das funktioniert nur dann, wenn es sich um eine Vorlage handelt, die auch bearbeitet werden darf.

- Hinzufügen (Pluszeichen): Damit legen Sie eine neue Vorlage an. Scrivener blendet dabei zunächst ein Fenster ein, in das Sie den Namen der neuen Vorlage eintragen. Diese wird dann anschließend in die Liste übernommen. Das Hinzufügen ist eine Möglichkeit, bestehend auf einer internen Vorlage eine Variante davon anzufertigen.
- Löschen (Minuszeichen): Damit entfernen Sie eine Vorlage wieder, nachdem diese mit der Maus in der Liste markiert wurde.

Die Umwandlung einer Projekt-Vorlage in eine globale Vorlage, bzw. der umgekehrte Weg, ist noch einfacher, als Sie vielleicht vermuten. Sie markieren das Element, das Sie in die andere Liste übernehmen wollen, und drücken die bekannte Tastenkombination `Ctrl`+`C` oder `Cmd`+`C`. Danach wechseln Sie in das zweite Register und führen dort `Ctrl`+`V` oder `Cmd`+`V` aus. Schon wird der Eintrag kopiert.

7.6 Kompilieren für eine bestimmte Verlagsvorlage

Gerade Sachbuchautoren, die ihre Texte in Scrivener schreiben wollen, sehen sich der Herausforderung der Verlage gegenüber, das finale Werk in einer bestimmten Formatvorlage abliefern zu müssen. In diesen ist dann etwa zwingend vorgeschrieben, dass Überschriften nur mit dem entsprechenden Format gekennzeichnet sind. Schließlich kann es auch bestimmte Zeichenvorlagen geben, mit denen (etwa im IT-Bereich oder der technischen Dokumentation) Menübefehle oder Eingaben eines Nutzers gekennzeichnet werden. Diese Herausforderungen beherrscht Scrivener nicht unmittelbar, es gibt aber einen Weg, um das Ergebnis mit etwas Nacharbeiten zu erreichen.

Schließlich gibt es in Word eine sehr gute Suchfunktion, mit der Sie sogar Formatierungen suchen und ersetzen können. Allerdings sollten Sie für die Bearbeitung des nach Word exportierten Textes etwas mehr Zeit einplanen. Je nachdem wie ausgefeilt die Formatvorlage ist.

Der Trick besteht darin, dass Sie, entweder bereits beim Schreiben, oder vor dem Kompilieren in Ihren Text eindeutige Zeichenketten hinterlegen, nach denen Sie später in Word suchen können.

Sie wollen in Word schnell Ihren Überschriften aus Scrivener die entsprechende Formatvorlage zuweisen? Dann kennzeichnen Sie die Überschriften mit einem Kürzel. Dazu gehen Sie beim Kompilieren zunächst vor, wie im vorherigen Abschnitt beschrieben. Im Register FORMATTING müssen Sie jetzt individuelle Optionen für jede Hierarchieebene anlegen. Also auf LEVEL 1 klicken, und danach auf das Pluszeichen. Und zwar für jede Ebene, die später auch zu einer Überschrift in Word werden soll.

Markieren Sie in der Liste die entsprechende Ebene und klicken Sie auf den Schalter SECTION LAYOUT. Unter Windows klicken Sie dazu auf den Schalter ÄNDERN und im nachfolgenden Fenster auf ABSCHNITTS-LAYOUT.

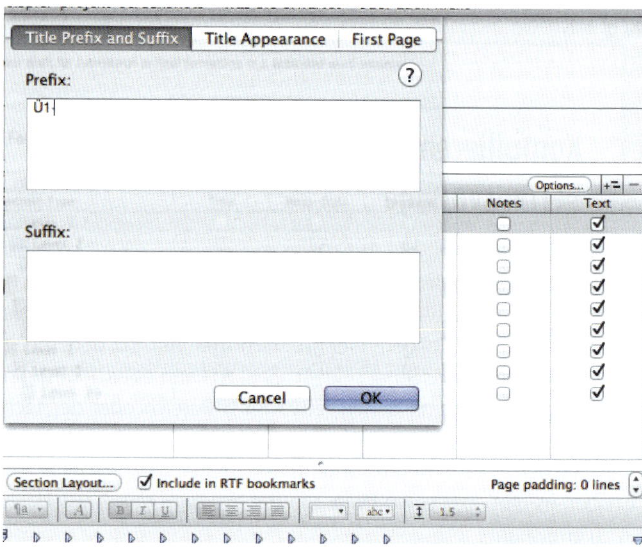

Abb. 7.9: *Kennzeichnen Sie die Ebene der Überschriften mit einem Kürzel.*

Jetzt blendet Ihnen Scrivener das Fenster mit dem PRÄFIX ein. Tragen Sie dort jeweils ein Kennzeichen ein, das die Ebene eindeutig beschreibt. Zum Beispiel für alle Überschriften der Ebene 1 das »Ü1«, für alle Einträge der zweiten Ebene »Ü2« usw.

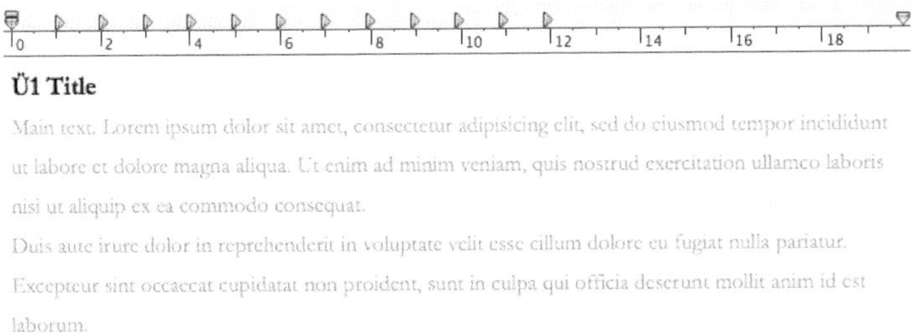

Abb. 7.10: *Scrivener zeigt Ihnen direkt das Ergebnis Ihrer Einstellungen.*

Geben Sie das Dokument im Word-Format aus. Jetzt haben Sie in Word die Herausforderung zu lösen, wie Sie diese Kennzeichen entfernen und den Fundstellen die korrekte Vorlage zuweisen. Legen Sie zur Sicherheit eine Kopie Ihres Word-Dokuments an. Denn die Suchfunktionen, die Sie benötigen, werden als reguläre Ausdrücke bezeichnet, und in aller Regel sind deren Ergebnisse nur sehr schwer in der Software wieder rückgängig zu machen.

Öffnen Sie das Dokument in Word. Kopieren Sie den gesamten Inhalt in ein Dokument, das auf der Vorlage des Verlages basiert.

Sie finden sowohl in der Windows- als auch Mac-Version von Word die Funktion des ERWEITERTEN SUCHEN UND ERSETZEN. Wahrscheinlich zeigt Ihnen die Software zunächst einen überschaubaren Dialog an. Auf dem Mac drücken Sie die Pfeiltaste und unter Windows erweitern Sie das Fenster mit der gleichnamigen Taste. Am unteren Rand finden Sie dort den Eintrag MIT MUSTERVERGLEICH. Mit dieser Option weisen Sie Word an, die Zeichen, die Sie in das Feld SUCHEN eingeben, als besondere Steuercodes zu interpretieren.

Eine vollständige Einführung in das Thema »reguläre Ausdrücke« zu liefern, kann dieses Buch indes leider nicht leisten. Dazu gibt es im Internet wirklich eine Menge Ressourcen und Anleitungen. Deswegen beschränke ich mich in diesem Abschnitt auf die wesentlichen Elemente, die für die konkrete Problemstellung benötigt werden.

Sie suchen in Word nach der Zeichenkette »Ü1«, der ein Leerzeichen folgt (oder eben keines, wenn Sie vor der Überschrift in Scrivener kein Leerzeichen gesetzt haben). Die gesuchten Zeichen stehen am Anfang eines Begriffs und es folgen anschließend beliebig viele Zeichen. Diese stehen am Ende des gesuchten Begriffs.

Tragen Sie in das Feld Suchen ein: <(Ü1)(*)>. Die beiden runden Klammern gliedern den Ausdruck. Das Zeichen kleiner als definiert einen Wortanfang. Am Wortanfang soll also »Ü1« vorkommen. Danach folgen beliebig viele andere Zeichen. Dies signalisieren Sie mit dem Sternchen. Diese stehen aber am Ende eines Ausdrucks, was durch das Zeichen »größer als« symbolisiert wird.

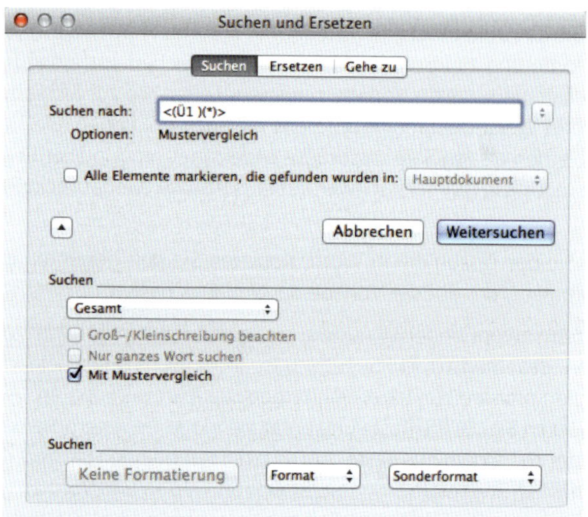

Abb. 7.11: *So könnte die Suche mit Mustervergleich in Word aussehen.*

Wechseln Sie jetzt in das Register Ersetzen. Auch hier muss die Option Mustervergleich aktiviert werden. Klicken Sie im unteren Bereich auf den Schalter Format und anschließend Formatvorlage. Jetzt suchen Sie die gewünschte Absatzvorlage aus der Druckformatvorlage des Verlages aus. In das Feld Ersetzen tragen Sie ein: \2. Mit dem Backslash und der Ziffer definieren Sie, dass Sie die gefundene Stelle mit deren zweitem Teil ersetzen wollen. Dieser zweite Teil sind aber die beliebigen Zeichen am Ende des Ausdrucks. Sie können jetzt die Arbeit mit einem Klick auf Ersetzen starten. Verfolgen Sie, wie Ihre Kennzeichen verschwinden und zugleich das gewünschte Format verwendet wird.

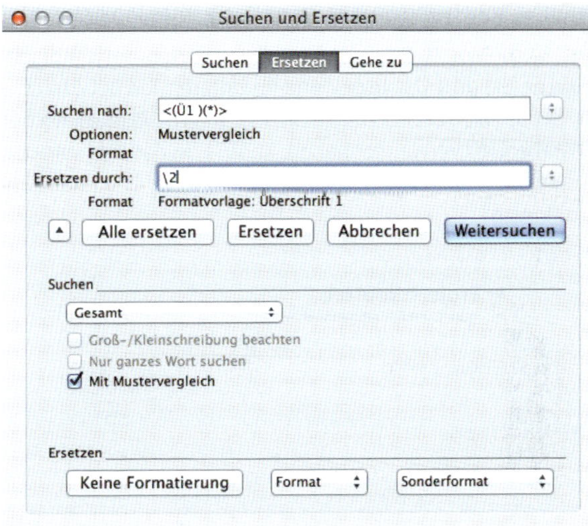

Abb. 7.12: *So suchen und ersetzen Sie in Word und ändern die Formatvorlage.*

Damit haben Sie schon einmal die Überschriften in das korrekte Format gebracht. Ähnlich kann die Suche nach bestimmten Texten ablaufen. Dazu müssen Sie sich für eine Zeichenkombination entscheiden, mit der Sie die Passagen, die auf andere Weise in Word erscheinen wollen, umranden. Nehmen wir an, die Eingaben des Nutzers sollen im finalen Word-Dokument mit einer definierten Zeichenvorlage markiert werden. Dann verwenden Sie in Scrivener etwa die Kennzeichnung: `bbIhr Textbb`. Kompilieren Sie jetzt wie gewohnt.

In Word nutzen Sie wieder das erweiterte Suchen und Ersetzen mit Mustervergleich. Suchen Sie dort nach: `<(bb)(*)(bb)>`. Sie suchen also nach den beiden Buchstaben, die einmal am Wortanfang und einmal am Wortende stehen sollen. Dazwischen kommen beliebige Zeichen. Im Feld Ersetzen wählen Sie einerseits die Zeichenvorlage aus, zum anderen `\2`.

Damit stellt sich schließlich die Frage, wie Sie diese Kennzeichnungen im Zweifel wieder aus Ihrem Manuskript in Scrivener herausbekommen. Auch diese Software kennt eine Funktion des Suchens und Ersetzens. Nehmen Sie diese Änderungen aber nur an einer Kopie Ihres Projekts vor!

Über EDIT, FIND, PROJECT REPLACE rufen Sie sich den notwendigen Dialog auf. Aktivieren Sie dort USE REGEX und im unteren Teil Bei AFFECT den Eintrag TEXT. In das Feld REPLACE tragen Sie ein, sofern Sie tatsächlich zweimal den Buchstaben »b« verwendet haben: `\bb{2}`. In das Feld WITH brauchen Sie keine Angaben zu machen. Klicken Sie auf REPLACE und bestätigen Sie den Warnhinweis.

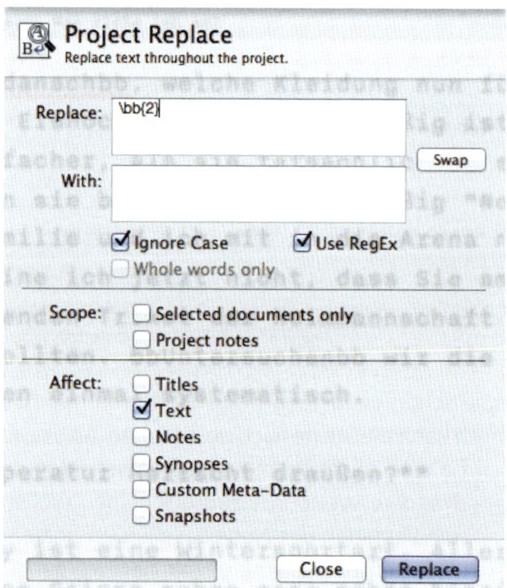

Abb. 7.13: *Mit der Suche per regulären Ausdruck entdecken Sie in Ihrem Manuskript auch die eigenen Kürzel und entfernen diese.*

Hat Scrivener seine Arbeit erledigt, sind alle Markierungen am Wortanfang erfolgreich gelöscht. Durch die formelhafte Notierung in Form eines regulären Ausdrucks werden auch nur die zwei Buchstaben »b« als Treffer angesehen, die sich am Beginn eines Wortes befinden. In der Mitte eines Begriffs gelten sie nicht als Treffer.

Nach der erfolgreichen Ersetzung bleibt der Dialog geöffnet. Jetzt ändern Sie den Eintrag durch b{2}\b. Wiederholen Sie den Vorgang. Damit werden die an einem Wortende stehenden doppelten Buchstaben entfernt.

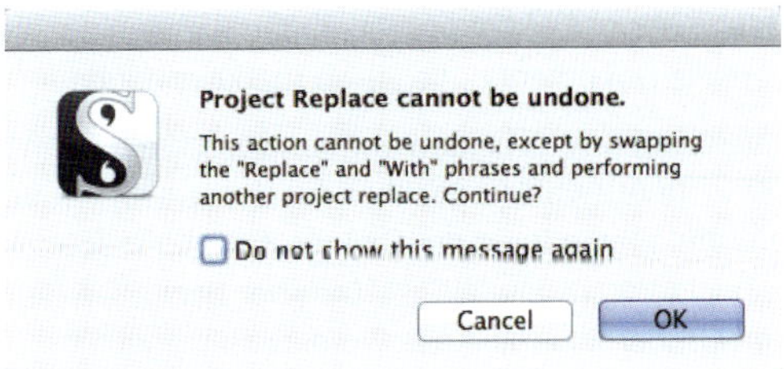

Abb. 7.14: *Arbeiten Sie lieber mit einer Kopie des Dokuments. Denn das Ersetzen in einem Projekt kann nicht rückgängig gemacht werden.*

Sofern Sie zu den Lesern gehören, die bereits gute Kenntnisse im Bereich der regulären Ausdrücke gesammelt haben, ein Wort zur Erklärun: Sicherlich hätte man die Suchfunktion noch effizienter gestalten können, aber für die unerfahrenen Leser dieses Buches dürfte diese Technik am einfachsten zu verstehen sein.

Generell ist es sinnvoll, wenn Sie sich mit den regulären Ausdrücken oder Mustervergleichen in der Zielanwendung des Manuskripts vertraut machen. Im Zweifel werden Sie damit alle Formatierungsänderungen oder auch den Ersatz von Zeichen damit zeitsparend lösen können.

7.7 Filtern

Bei der ersten Vorstellung des Kompilierens aus Scrivener in Richtung Word wurden bereits die Filteroptionen, die im Register CONTENTS vorhanden sind, kurz erwähnt. Mit dem Filter können Sie einen Bestand an Dokumenten Ihres Drafts für die Produktion auswählen. Sinnvoll ist ein solcher Filter zum Beispiel für diese typischen Situationen im Alltag eines Autors:

- Sie haben Termine für eine Zwischenabgabe vereinbart. Dann könnten Sie Ihrem Lektor alle Elemente aus dem Draft senden, die einen bestimmten Status erreicht haben.

- Vielleicht sollen Teile auch in ein sprachliches Lektorat. Auch hier könnte ein entsprechender Status des Projekts gefiltert und kompiliert werden.
- Sie werden gebeten, eine Leseprobe für den Abverkauf zusammenzustellen. Dann weisen Sie den ausgewählten Kapiteln doch ein Label zu und nutzen alle Dokumente, die Sie so markiert haben.

Starten Sie das Kompilieren wie gewohnt und wechseln Sie in das Register CONTENTS. Die erste Auswahlmöglichkeit für das teilweise Kompilieren finden Sie bereits am oberen Rand des Dialogs. Dort befindet sich das Listenfeld, in dem DRAFT vorausgewählt ist. Darüber haben Sie die Wahl, etwa einen anderen Ordner innerhalb des Projekts zu markieren.

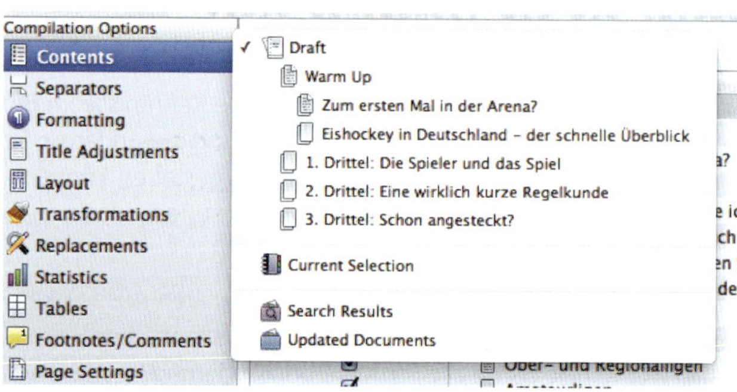

Abb. 7.15: *Schnell übersehen, aber wichtig: Legen Sie fest, welche Bereiche Sie kompilieren wollen.*

Die zweite Option darin ist CURRENT SELECTION. Dieses Kommando bezieht sich auf die im Binder markierten Dokumente. Dazu klicken Sie einfach die Dokumente an, die Sie ausgeben wollen. Anschließend wechseln Sie zum Kompilieren über und nutzen diese Option. Vielleicht haben Sie aber auch mit der internen Funktion in dem Projekt nach bestimmten Textstellen gesucht. In diesem Fall zeigt Ihnen Scrivener ja die Ergebnisse aller Dokumente in einer besonderen Ansicht des Binders an. Wenn Sie sich für SEARCH RESULTS entscheiden, beziehen sich alle weiteren Anweisungen für das Kompilieren auf eben diese Teilmenge.

Das gesamte Manuskript oder eben eine Teilmenge können Sie mit der Option FILTER am unteren Rand noch weiter eingrenzen. Dazu klicken Sie zunächst FILTER an. Nun müssen Sie sich entscheiden, ob die später ausgewählten Dokumente nun gerade in das Kompilieren einbezogen (INCLUDE) oder davon ausgeschlossen (EXCLUDE) werden sollen. Wenn Sie also etwa alle Dokumente eines Status ausgeben wollen, wählen Sie INCLUDE.

Im nächsten Listenfeld definieren Sie das Kriterium, das Sie untersuchen wollen. Zur Auswahl stehen:

- STATUS: Ein bestimmter Fertigstellungsgrad.
- LABEL: Dokument mit einem von Ihnen zugewiesenen Etikett.
- COLLECTION: Sofern Sie im Projekt eine Sammlung von Dokumenten aufgestellt haben.

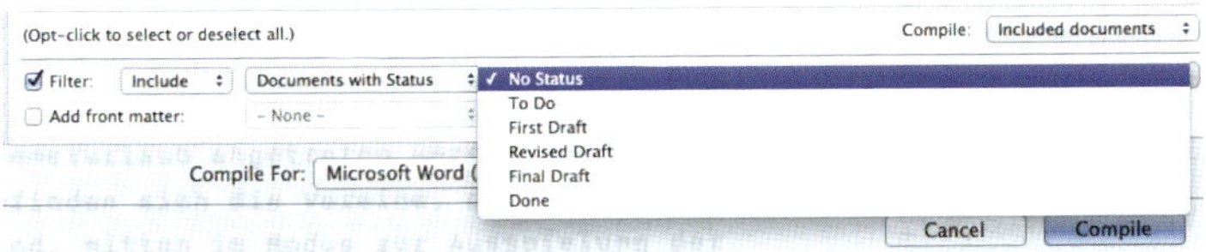

Abb. 7.16: *Mit der Aktivierung eines Filters haben Sie noch weitere Möglichkeiten, nur bestimmte Dokumente auszugeben.*

In Abhängigkeit Ihrer Auswahl wird das letzte Listenfeld gefüllt. Dort stehen dann also die im Projekt definierten Status oder Etiketten zur Auswahl. Die Vorschau im oberen Teil des Dialogs zeigt Ihnen die Auswirkungen Ihrer Auswahl unmittelbar an. So sehen Sie sofort, was im finalen Produkt auch auftauchen wird.

7.8 Text säubern

Innerhalb des Dialogs für das Kompilieren bietet das Register TRANSFORMATIONS eine Reihe von Optionen an, die Ihnen dabei helfen, den geschriebenen Text von bestimmten Stilelementen oder Formatierungen zu befreien bzw. diese zu konvertieren. Welche Optionen darin enthalten sind, ist ebenfalls vom Zielformat abhängig. Sie finden dort eine Auswahl dieser Optionen:

- STRAIGHTEN SMART QUOTES: Wenn Sie in den Einstellungen des Projekts die Option gewählt haben, typografische Anführungszeichen zu verwenden, wandeln Sie diese in einfache Anführungszeichen um. Das ist für alle Formate sinnvoll, in denen das Anzeigeprogramm mit den typografischen Anführungszeichen nicht zurechtkommt.

- CONVERT EM-DASHES TO DOUBLE HYPHENS: Damit konvertieren Sie Gedankenstriche in doppelte Bindestriche. Ebenfalls sinnvoll für alle Formate, die den Gedankenstrich nicht kennen.
- CONVERT ELLIPSES TO TRIPLE PERIODS: Auf dem Mac können einige typografische Figuren automatisch umgewandelt werden. Dazu gehört auch das Setzen von drei Punkten zur Kennzeichnung von Auslassungen. Diese werden dann enger gesetzt, was ein typografisch schöneres Gesamtbild zur Folge hat. Diese Figuren können Sie jetzt nachträglich vor dem Kompilieren wieder auflösen.
- DELETE STRUCK-THROUGH TEXT: Eine sehr interessante Option, die Ihnen die Möglichkeit gibt, sozusagen weiche Überarbeitungen zu erzeugen. In Ihrem Dokument markieren Sie weniger gelungene Passagen mit einer Durchstreichung. Haben Sie diese Option aktiviert, werden die so gekennzeichneten Passagen aus dem finalen Produkt entfernt, sind aber im Original immer noch zu lesen.
- DO NOT CONVERT AUTO-NUMBER...: Mit seinen Platzhaltern bietet Scrivener Ihnen beim Schreiben die Möglichkeit, bestimmte Passagen, Absätze oder andere Elemente so zu kennzeichnen, dass diese beim Kompilieren nummeriert werden. Diese Option übergeht diese Einstellung.
- REMOVE TRAILING WHITESPACE...: Ob bewusst oder unbewusst können sich am Ende eines Dokuments mehrere Leerzeichen oder Absatzschaltungen befinden. Aktivieren Sie diese Option, werden solche leeren Textstellen automatisch entfernt.
- CONVERT MULTIPLE SPACES: Ein häufiger Fehler beim Schreiben ist das unbeabsichtigte Setzen von zwei Leerzeichen hinter einem Punkt am Ende eines Satzes. Ein Mausklick, und diese Fehler korrigiert Scrivener automatisch für Sie.

Diese Optionen sind nicht verfügbar, wenn das Zielformat reiner Text sein sollte.

- CONVERT ITALICS TO UNDERLINES: Sie können in Scrivener den Text kursiv setzen, als Endprodukt erhalten Sie eine saubere Unterstreichung.

- CONVERT UNDERLINES TO ITALICS: Der umgekehrte Weg.
- CONVERT MARKDOWN TO BOLD AND ITALICS: Dies wird alle Freunde von Markdown freuen. Wenn Sie im Text die Kürzel für fetten oder kursiven Text in der Markdown-Syntax geschrieben haben, werden diese Elemente ausgewertet und entsprechend formatiert.
- REMOVE HIGHLIGHTING: Farbliche Hervorhebungen werden entfernt.
- REMOVE TEXT COLOR: Passagen, die in einer abweichenden Schriftfarbe formatiert wurden, werden »entfärbt«.
- REMOVE ALL HYPERLINKS: Entfernt alle Hyperlinks, die Sie im Text gesetzt haben.

Mit diesen Optionen stehen Ihnen also eine Reihe von Werkzeugen zur Verfügung, um den Text einheitlicher zu gestalten.

7.9 Mächtiges Werkzeug – die Ersetzungen

Die Ersetzung während des Kompilierens: sie ist sicherlich eine Funktion, die die meisten unter Ihnen eher niemals verwenden werden. Denn wenn es in einem Manuskript zum Beispiel dem Namen eines Ortes oder eines Charakters zu ändern gibt, werden viele Autoren ohne Zweifel das Suchen und Ersetzen verwenden. Das REPLACEMENT in den Optionen des Kompilierens hat ja nur Auswirkungen auf das finale Arbeitsergebnis, also die Datei, die Sie ausgeben.

Die Ersetzungen während der Ausgabe von Dokumenten bieten aber recht weitreichende Möglichkeiten.

- Sie lösen eine im Text regelmäßig verwendete Abkürzung auf, einen schwierig zu schreibenden Fachbegriff oder was auch immer Sie wollen.
- In Kombination mit den Platzhaltern, die Scrivener kennt, könnten Sie an jeder Stelle im Manuskript, an der eine Abbildung erscheint, einen Platzhalter einsetzen, der bereits die Bildunterschrift enthält. Beim Kompilieren lassen Sie Ihr persönliches Kennzeichen für den Text einer Bildbeschriftung ersetzen und ergänzen diese um eine automatische Nummerierung.

- Sie lassen ein Kürzel auflösen, das etwa in einem E-Book oder einem HTML-Text zu einem bestimmten Steuercode im Quelltext wird.

Wenn Sie in das Register REPLACEMENT wechseln, wechseln Sie zwischen zwei Abschnitten. In jedem davon sind fünf Tabellenspalten angeordnet. Sie müssen sich hier zwischen PROJECT REPLACEMENTS und PRESET REPLACEMENTS entscheiden.

- Project Replacements: Wie der Name nahelegt, sind diese in der Projekt-Datei abgelegt. Die Einstellungen, die Sie hier vornehmen, bleiben auch dann erhalten, wenn Sie das Ausgabeformat wechseln. Haben Sie also gerade für ein E-Book kompiliert und wechseln jetzt etwa in das Format PRINT, dann bleiben die Änderungen, die Sie in diesem Register vorgenommen haben, immer noch bestehen.
- Preset Replacements: Auch diese Vorgaben werden in der Projekt-Datei gespeichert. Sobald Sie aber das Ausgabeformat wechseln, sind die Änderungen verschwunden. Sie gelten also nur jeweils für das aktuell ausgewählte Format. Der wesentliche Unterschied zwischen beiden Vorgaben besteht darin, dass die Angaben, die Sie im Register PRESET REPLACEMENTS machen, beim Anlegen oder Bearbeiten einer Vorlage für das Kompilieren erhalten bleiben und auf diese Weise dauerhaft gesichert werden können. Die Angaben, die Sie unter PROJECT machen, gehen dabei indes verloren.

Wenn Sie sich eine eigene Vorlage für das Kompilieren von E-Books anlegen wollen (zum Beispiel für das Ersetzen von Grafiken, wie im nächsten Kapitel beschrieben), hinterlegen Sie die Ersetzungen im Register PRESET REPLACEMENTS. Geht es darum, einen Ausdruck in Ihrem aktuellen Manuskript zu ersetzen, ist das Register PROJECT REPLACEMENTS der richtige Ort, da es ja mehr als unwahrscheinlich ist, dass der gleiche Ausdruck in einem anderen Projekt noch einmal auftauchen wird.

Um eine Ersetzung zu definieren, klicken Sie im gewünschten Register auf das Pluszeichen. Füllen Sie nun nacheinander die fünf Spalten aus:

- REPLACE: In dieses Feld tragen Sie den Platzhalter oder gesuchten Begriff ein, den Sie im gesamten Manuskript automatisch beim Kompilieren ersetzen wollen.
- WITH: Hier landet der Ausdruck, der stattdessen verwendet werden soll.

- REGEX: Wenn Sie diese Option anhaken, geht Scrivener davon aus, dass das, was Sie eintragen, als regulärer Ausdruck angesehen werden soll. Wenn Scrivener von regulären Ausdrücken spricht, verwendet die Software die in der Apple Entwicklungsumgebung implementierte Funktion. Eine englischsprachige Übersicht der erlaubten Ausdrücke finden Sie u. a. unter *http://perldoc.perl.org/perlre.html*.
- CASE SENSITIVE: Wenn die Groß- und Kleinschreibung des gesuchten Ausdrucks beachtet werden soll, müssen Sie die Option aktivieren. Dann werden aber nur die Ausdrücke tatsächlich ersetzt, deren Schreibung exakt passt.
- WHOLE WORD: Der Ausdruck wird beim Suchen nur berücksichtigt, wenn dieser eindeutig von Leerzeichen umgeben ist. So vermeiden Sie, dass aus Versehen auch Wortbestandteile ersetzt werden.

Achten Sie beim Schreiben darauf, dass Sie nur Zeichenkombinationen verwenden, die tatsächlich als Kürzel verwendet werden. Schon das Voranstellen eines Ausrufezeichens oder die Kombination mit einem eher selten gebrauchten Zeichen kann schon die Lösung sein. Oder Sie nutzen eine sehr spezielle Kombination aus großen und kleinen Buchstaben, wobei Sie anschließend die Option CASE SENSITIVE aktivieren.

In diesem Zusammenhang ist ein Kürzel wichtig, das Scrivener bei solchen Ersetzungen als Platzhalter für einen Teil eines gefundenen Ausdrucks interpretiert, der dann bei der Ersetzung wieder verwendet werden kann. Klingt kompliziert? Ist es aber nicht und vor allen Dingen ein wirklich mächtiges Instrument.

Nehmen wir an, Sie hinterlegten in Ihrem Manuskript in Scrivener die Platzhalter für Abbildungen und setzen darunter auch bereits eine Beschriftung für das Bild ein. Bei der Ausgabe des finalen Manuskripts möchten Sie, dass diese Beschriftung genutzt wird, aber zugleich eine Nummerierung erfolgt. Das manuelle Durchzählen kommt dabei keinesfalls infrage, denn durch die Option, ständig weitere Dokumente in das Projekt zu integrieren oder umzustellen, sind viel zu viele Fehlermöglichkeiten vorhanden. Hier kommt der Platzhalter `$@` ins Spiel.

Stellen Sie der Beschriftung zum Beispiel das Kürzel `AbbBe` voran. Die eigentliche Bildunterschrift setzen Sie dann zwischen runden Klammern ein.

Abb. 7.17: *Im Manuskript setzen Sie einen Platzhalter für die Bildunterschrift.*

Dann können Sie bei REPLACEMENTS nach diesen Kürzeln suchen, den Text behalten, aber eine Nummerierung hinterlegen. Im Feld REPLACE notieren Sie etwa: AbbBe($@). Damit weisen Sie Scrivener an, nach Ihrem Kürzel zu suchen, dabei aber den Inhalt zwischen den beiden Klammern zu behalten und zwischenzuspeichern.

Im Feld WITH notieren Sie: Abb. <$n>: $@. Den Ausdruck <$n> interpretiert Scrivener als eine fortlaufende Nummerierung.

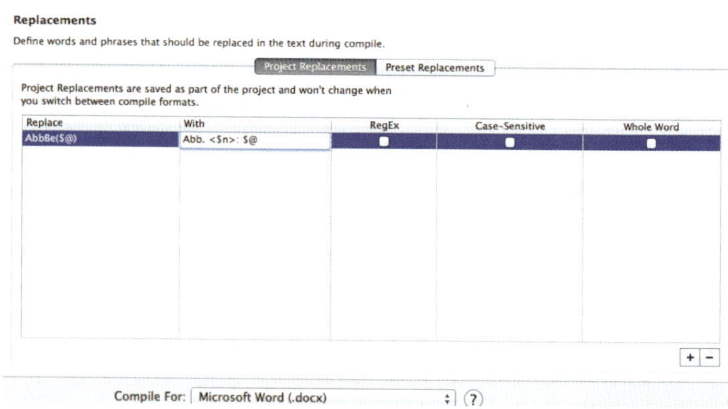

Abb. 7.18: *Mit der Ersetzungsfunktion suchen Sie nach Ihrem Kürzel und ergänzen es um eine Variable.*

Beim Kompilieren wird damit automatisch aus Ihrem Platzhalter im Falle der ersten Abbildung: »Abb. 1: Der Text zwischen den runden Klammern beim ersten Einsatz Ihrer Abkürzung.« Ebenso verblüffend wie eindrucksvoll, oder?

Abb. 7.19: *Im Endprodukt haben Sie dann eine perfekte Nummerierung und Bildunterschrift.*

Ein wichtiges Beispiel für den Einsatz dieser Ersetzungen sehen Sie gleich im nächsten Abschnitt. Hier geht es darum, Abbildungen in Ihrem Manuskript in Abhängigkeit des Ausgabemediums auszutauschen.

7.10 Grafiken für Zielmedien ersetzen

Am unkompliziertesten ist die Arbeit mit Scrivener sicherlich, wenn in Ihrem Manuskript gar keine Abbildungen verwendet werden. Diese Aussage trifft aber generell für jedes Schreibprogramm zu. Verglichen mit den Klassikern ist die Arbeit mit Grafiken in Scrivener nur dann komplizierter, wenn Sie für jedes Zielmedium Ihres Manuskripts mit unterschiedlichen

Grafikdateien arbeiten wollen. Spielen also Farbtiefe oder Bildauflösung bei der Ausgabe der Datei keine Rolle, ist die Umgewöhnung zwischen einer anderen Software und Scrivener minimal.

Soll aus den Texten in Scrivener dagegen ein E-Book und ein gedrucktes Buch entstehen, liegt es nahe, sich mit den Grafikformaten genauer zu beschäftigen. Und zwar gleich aus zwei guten Gründen:

- Je nach gewählter Plattform kommen die E-Reader oder Apps mit hochauflösenden Dateien nicht klar. Sie können die angebotenen Details schlicht nicht darstellen. Wenn Sie solche Grafiken einsetzen, verlangsamen Sie im besten Falle das Lesevergnügen des Nutzers, da der Reader einfach länger braucht, bis alle Daten auf den Bildschirm geschaufelt werden.
- Zum anderen stellen Ihnen E-Plattformen den Datenverkehr, den Sie als Autor verursachen, häufig in Rechnung. Die Kosten dafür werden automatisch von Ihren Tantiemen abgezogen. Nutzen Sie also zu große Dateien, schmälern Sie Ihren eigenen Gewinn.

Deswegen: Wenn Sie selbst veröffentlichen, legen Sie die Abbildungen gleich auf Ihrem System so an, dass diese optimal für das Zielmedium passen. Scrivener kennt zwar, wie Sie gesehen haben, die Möglichkeit, die Größe eines Bildes beim Einfügen zu definieren. Besser ist es aber, wenn Sie gleich Grafiken einbinden, die sowohl in Hinblick auf die Zahl der verwendeten Farben und die Gesamtabmessungen für das Medium, in dem sie erscheinen sollen, optimiert werden. Für einen einfachen E-Reader wären Graustufen also keine schlechte Wahl.

Wenn Sie sich für die Unterscheidung des Bildmaterials in Abhängigkeit des Zielmediums entschieden haben, stellt sich natürlich die Frage, wie Sie das Manuskript am besten so organisieren, dass es übersichtlich bleibt und Sie bei Bedarf auf die gewünschten Abbildungen zugreifen können. Und damit kommen die Ersetzungen ins Spiel!

Der Arbeitsablauf beginnt mit der Struktur Ihres Projekts. Legen Sie zum Beispiel im Ordner RESEARCH einen Unterordner für die verschiedenen Auflösungen oder Farbtiefen Ihrer Abbildungen an. Damit der Arbeitsablauf auch funktioniert, ist es wichtig, dass Sie die Abbildungen nach einem einheitlichen Schema benennen. Am einfachsten zum Beispiel schlicht mittels Nummern und einem Zusatz, aus dem hervorgeht, für welchen Zweck das Bild verwendet wird oder ob es sich um eine farbige Abbildung handelt.

- eins-rgb
- eins-sw
- zwei-rgb
- zwei-sw

Sie können auch ein anderes Schema verwenden, wichtig ist eben nur, dass das System einheitlich bleibt.

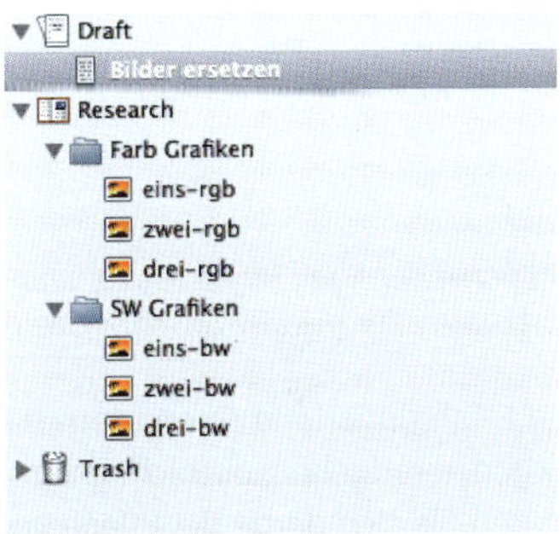

Abb. 7.20: *Organisation ist alles. Lagen Sie die Abbildungen in »sprechende« Verzeichnisse.*

In Ihrem Text tragen Sie jetzt an der Stelle, an der Sie eine Abbildung setzen wollen, ein Kürzel ein. Zum Beispiel: !abb(eins), !abb(zwei) usw. In den runden Klammern folgt also der erste Teil des Dateinamens in der Systematik, für die Sie sich entschieden haben. Wie Sie bereits gesehen haben, können Sie Abbildungen im Text in Form von Platzhaltern einbinden. Sie müssen durch die Funktion des Ersetzens jetzt also erreichen, dass Scrivener nach Ihrem Kürzel im Text sucht, dieses durch den internen Platzhalter ersetzt, damit dort auch eine Abbildung eingesetzt werden kann und zugleich auch noch zwischen Farbe und Graustufen unterschieden wird.

Wichtig

Wenn diese Aufgabenstellung sich bei Ihnen regelmäßig stellt, rate ich Ihnen dazu, sich ein eigenes Preset für E-Books und andere Formate anzulegen. Dabei können Sie ja von den jeweiligen Grundformen ausgehen und diese dann um die passende Ersetzung ergänzen.

Im Feld Replace unter Replacements suchen Sie nun nach Ihrem Platzhalter: `!abb($@)`. Diesen Ausdruck ersetzen Sie jetzt durch den Platzhalter für die Grafiken. Unter »With« tragen Sie also ein: `<$img:$@-sw>`, wenn Sie die Graustufen-Abbildungen verwenden wollen. Wenn Sie auf die farbigen Abbildungen zugreifen wollen, verwenden Sie dann: `<$img:$@-rgb>`.

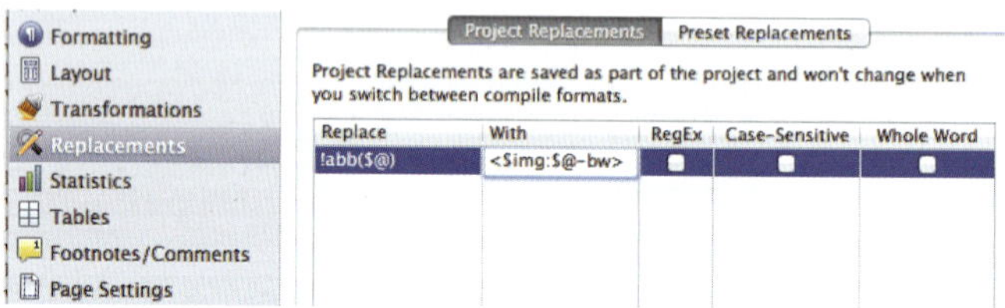

Abb. 7.21: *Jetzt sucht Scrivener nach Ihrem Kürzel und ersetzt es durch den Platzhalter für die gewünschte Grafik.*

Ganz klar: Wer wenig Erfahrungen mit Computern hat, wird eher zurückhaltend an diese Funktion herangehen, die nicht ganz so leicht zu verstehen ist. Andererseits ersparen Sie sich damit die Pflege von mehreren Projektdateien. Denn wann immer mit verschiedenen Fassungen eines gleichen Textes gearbeitet wird, besteht leider die Gefahr, dass es zu kleineren Fehlern kommt und die Dokumente sich dann doch eben an einer Stelle unterscheiden.

7.11 Kopf- und Fußzeilen

Wenn Sie sich für das Word-Format oder RTF-Format als Ziel entscheiden, sind im Register Page Settings auch Optionen zu finden, mit denen Sie das Aussehen von Kopf- und Fußzeilen beeinflussen können.

Während der obere Teil des Dialogs dazu dient, die Seitenränder und das Papierformat zu verändern, finden Sie darunter die drei Bereiche für Kopf- und Fußzeilen. Diese untergliedern sich folgerichtig in die drei möglichen Formen:

- Header and Footer: Dies betrifft die Seiten innerhalb des Dokuments.
- First pages: Optionen, um explizit die erste Seite eines Dokuments zu verändern.

- Facing Pages: Wenn Sie mit Deckblättern arbeiten wollen. Dazu muss in diesem Bereich aber auch die entsprechende Option aktiviert werden.

In den entsprechenden Feldern tragen Sie jetzt Platzhalter ein. Der Dialog ist bereits mit entsprechenden Beispielen bestückt. Sie können aber auch beliebige andere Platzhalter verwenden, zum Beispiel den Namen des Autoren. Eine vollständige Liste der Platzhalter erreichen Sie unmittelbar im Menü HELP unter PLACEHOLDER TAG LIST.

Wenn Sie die Anzeige des Projekttitels oder der Seitenzahlen im Dokument unterbinden wollen, entfernen Sie einfach den entsprechenden Platzhalter.

7.12 Inhaltsverzeichnisse

Scrivener ist keine Textverarbeitung, sondern ein Programm für Autoren! Vielleicht gehören auch Sie zu den Anwendern, die am Ende Ihrer Arbeit an einem Manuskript in der Software nun nach der Funktion suchen, ein Inhaltsverzeichnis anzulegen oder gar einen Index zu erzeugen. Die Generierung eines Index und eines Inhaltsverzeichnisses ist aber mehr die Aufgabe der Software, die am Ende des Produktionsprozesses steht. Denn die finale Stellung eines Begriffes im Text ist letztlich vom Umbruch abhängig und ergibt sich durch die Vielzahl an typografischen Eigenschaften einer Zeile oder Seite.

Hier müssen Sie umdenken: Einen Index können Sie mit Scrivener gar nicht produzieren, ein Inhaltsverzeichnis für E-Books auf direktem Wege, für andere Publikationen indirekt.

Wichtig

Wenn Ihr Manuskript von Ihnen selbst später in Word oder LibreOffice mit dem letzten Schliff versehen wird, sollten Sie sich einmal mit dem Thema »Konkordanz-Datei« beschäftigen. Beim Ihnen vertrauten Anlegen eines Index markieren Sie einen Begriff, den Sie in den Index aufnehmen wollen, und definieren unsichtbar im Text einen Platzhalter. Später wird aus Ihren manuell hinterlegten Platzhaltern der Index zusammengestellt. Bei einer Konkordanz verläuft dies anders. Sie legen in einer separaten Datei (die Sie zum gleichen Zweck auch mehrfach für andere Dokumente verwenden können) alle Stichwörter ab, die im Index auftauchen sollen. Stellen Sie dann den Index zusammen, durchsucht die Textverarbeitung das Manuskript und vergleicht es mit der Liste. Alle Fundstellen werden dann aufgenommen.

7.12.1 Verzeichnis für Word & Co.

Wenn Sie ein Inhaltsverzeichnis in Ihrem Dokument ausgeben wollen, gehen Sie dazu so vor:

1. Markieren Sie im Binder den Ordner DRAFT, also den Stammordner aller Dokumente. Wechseln Sie in die »Gliederungsansicht«, also den Outliner-Modus.
2. Markieren Sie mit der Maus oder mittels [⌘]+[A] bzw. [Strg]+[A] alle Einträge im Outliner. Mit [Alt]+[←] klappen Sie die Ansicht zusammen. Dieser Schritt ist wichtig, damit nicht aus Versehen irgendwelche Dokumente unbemerkt unmarkiert bleiben.
3. Drücken Sie [→], um den Baum wieder aufzuklappen. Markieren Sie jetzt mit [⌘]+[A] wieder alle Einträge. Drücken Sie wieder [→]. Markieren Sie erneut alle Einträge. Dies tun Sie solange, bis alle Ebenen markiert sind, die Sie später in das Inhaltsverzeichnis aufnehmen wollen.
4. Sind alle Dokumente markiert, wählen Sie EDIT, COPY SPECIAL, COPY DOCUMENTS AS TOC.
5. Legen Sie ein neues Dokument in Ihrem Projekt an und fügen Sie über die Zwischenablage die Platzhalter ein.

Unter Umständen müssen Sie in Word zunächst einmal das Kommando zur Aktualisierung von Feldern ausführen, damit auch der Inhalt des Inhaltsverzeichnisses erscheint. Ist das Zielformat eine RTF-Datei, muss die Zielsoftware, mit der Sie die Datei öffnen, die Funktion der RTF-Lesezeichen (Bookmarks) unterstützen. Ansonsten werden die Kürzel nicht korrekt aufgelöst.

Mehr Freiheiten und Eingriffsmöglichkeiten haben Sie, wenn Sie das Inhaltsverzeichnis vollständig manuell in der gewünschten Anwendung anlegen.

7.12.2 Verzeichnis für E-Books

Das klassische Inhaltsverzeichnis mit der Angabe einer Seitenzahl ist in einem E-Book völlig nutzlos. Denn aufgrund der verschiedenen Displaygrößen (Computer, Tablet-PC oder E-Reader) werden die Seiten ständig neu umbrochen. Für den Leser ist es dagegen aber wichtig, schnell zur gewünschten Stelle im Buch zu gelangen. Scrivener kann beim Kompilieren eines E-Books automatisch ein Inhaltsverzeichnis anlegen, das sich dynamisch verhält. Es werden keine Seitenangaben gemacht, sondern im Inhaltsverzeichnis eine Sprungmarke gesetzt, die dann zur korrespondierenden Position im Text führt.

Beim Kompilieren finden Sie die Optionen für das Inhaltsverzeichnis im Register LAYOUT. Mehr dazu lesen Sie im Abschnitt E-Books.

7.13 Gliederungen und Konzepte ausgeben

Scrivener begleitet Sie von der ersten Idee bis hin zur finalen Abgabe Ihres Manuskripts. Dabei kann Ihnen die Software auch dabei helfen, Ihre Ideen so aufzubereiten, dass Sie einem Lektor in einem Verlag oder einem Vermittler Ihr Manuskript in Form eines Konzepts oder Gliederung näher bringen können.

Ob sich nun ein Lektor für Ihre Idee interessiert oder Sie einen Vermittler mit der Suche nach einem Verlag beauftragen wollen, früher oder später werden Sie dazu aufgefordert, doch einmal ein Konzept oder ein Exposé abzugeben. Gerade im Segment der Sachbücher ist es üblich, dass die Gliederung bereits vor Vertragsabschluss möglichst im Detail vorliegt. Nun wissen Sie zwar ohne Zweifel, was Sie mit einer Überschrift meinen, das ist beim Lektor oder einem Entscheider nicht unbedingt der Fall.

Mit dem Outliner oder dem Corkboard legen Sie die Gliederung Ihres Werkes an. Nutzen Sie den Platz in der Synopsis für einige ausführlichere Erläuterungen, was genau in diesem Abschnitt oder Kapitel thematisch beschrieben werden soll. Diese Arbeit hilft Ihnen beim eigentlichen Schreiben ja auch weiter. Zugleich haben Sie damit die Erläuterungen, mit deren Hilfe sich Leser, die weniger in der Thematik stecken, besser vorstellen können, welche Aspekte Sie untersuchen wollen.

Abb. 7.22: *Der Platzhalter für die Anzeige der dezimalen Gliederung.*

Sind Sie mit der Struktur des Werkes zufrieden, rufen Sie den Dialog zum Kompilieren auf. In den Vorlagen markieren Sie den Eintrag ENUMERATED OUTLINE. Die Vorlage wurde eigentlich dazu entwickelt, die Elemente des Draft-Ordners in Form einer nummerierten Liste auszugeben. Wenn Sie diese Grundform leicht anpassen, erhalten Sie nicht nur die Überschriften, sondern auch noch Notizen und die Inhalte der Karten.

Dazu wechseln Sie in das Register FORMATTING und aktivieren dort für die Dokumente den Eintrag SYNOPSIS. Als Zielformat entscheiden Sie sich zum Beispiel für RTF. Anschließend bearbeiten Sie die Datei und ergänzen die um eventuell weitere Informationen, die der Verlag bei der Einreichung einer Gliederung erwartet.

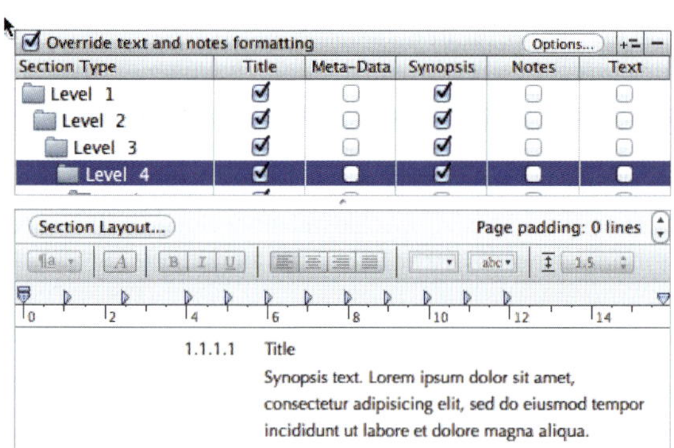

Abb. 7.23: *So schaffen Sie es, schnell eine Gliederung für ein Konzept oder Exposé auszugeben.*

Wichtig

Sie möchten wissen, wie Scrivener die Nummerierung der Überschriften erreicht hat? Dies funktioniert mit den Platzhaltern, die das Programm auswerten kann. Diese Template Tags sind jeweils über SECTION LAYOUT eines einzelnen Eintrags in der Liste der Elemente unter FORMATTING hinterlegt worden.

7.14 Ausgabe als RichText

RTF-Dateien (Rich Text Format) sind eines der zentralen Formate für Texte auf dem Mac. Auch unter Windows dürften die meisten Schreibprogramme dieses Format problemlos öffnen und schreiben können. Rein technisch handelt es sich dabei um Textdateien, in denen zusätzlich Anweisungen hinterlegt sind. Sie steuern in den Programmen, die RTF-Dateien lesen und schreiben können, die Darstellung der Dokumente.

Das RTF-Format bildet, wie bei so vielen Programmen, die originär für den Mac entwickelt wurden, die Basis für viele Funktionen. So wundert es auch nicht, dass Scrivener intern ebenfalls seine Dokumente in diesem Format speichert. Es eignet sich grundsätzlich sehr gut für den Austausch mit anderen Textprogrammen. Auch Anbieter für das Print on Demand sollten die Dateien ohne größere Schwierigkeiten verarbeiten können.

Wenn Sie sich beim Kompilieren für RTF entscheiden, sollten diese Elemente aus Ihrem Manuskript in der Zielanwendung übernommen worden sein:

- Kommentare
- Fußnoten
- Listen
- Grafiken
- Kopf- und Fußzeilen
- Inhaltsverzeichnis
- Absatz und Textformate

Die Qualität der Übernahme ist aber stark von der Software abhängig, mit der Sie Ihre RTF-Datei öffnen wollen. Während zum Beispiel in MS Word alle Elemente der Liste korrekt dargestellt werden, ist dies bei Apple Pages nicht der Fall. Im Zweifel hilft Ihnen dabei nur ausprobieren.

Wichtig

Wenn das Zielformat zur weiteren Bearbeitung Pages von Apple sein soll, nutzen Sie stattdessen das ungewöhnliche Format RTFD. Es wurde seinerzeit von Apple entwickelt, um seinen eigenen Programmen mehr Optionen in Hinblick auf die Textgestaltung zu erlauben. Es wird aber auch nur auf der Mac-Plattform verstanden.

Haben Sie über COMPILE FOR das Format RICH TEXT aktiviert, erhalten Sie in den Dialogen für das Kompilieren einen eigenen Abschnitt, der mit RTF COMPATIBILITY beschriftet ist. Wenn Sie nach dem Öffnen Ihrer exportierten Datei eine fehlerhafte Darstellung bemerken, kann es sich lohnen, mit den Optionen in diesem Dialog zu experimentieren. Dies betrifft insbesondere die Darstellung von Tabellen, denn längst nicht alle Editoren, die RTF-Dateien öffnen, stellen diese auch korrekt dar.

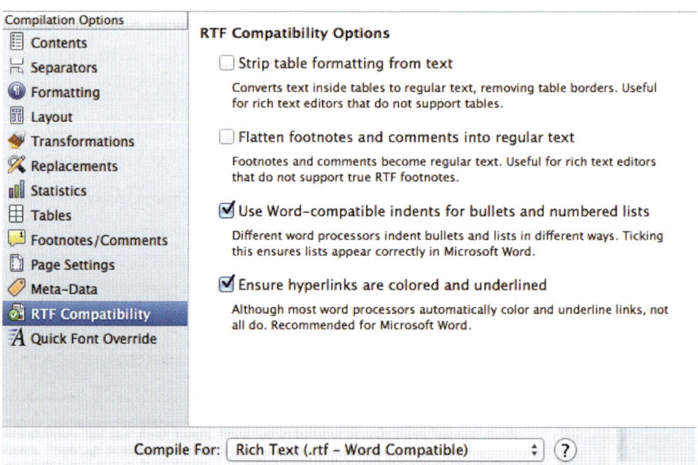

Abb. 7.24: *Eine Besonderheit im Falle RTF. Das Register mit speziellen Optionen.*

7.15 Kompilieren in das ODT-Format

Das ODT-Format (Open Document) ist ein quelloffenes Format, das als internationaler Standard zertifiziert wurde. Es wird originär von den Office-Paketen LibreOffice und OpenOffice als internes Format verwendet, aber auch von immer mehr anderen Anwendungen verstanden. Da öffentlich dokumentiert wurde, wie die Dateien in diesem Format aufgebaut sein müssen, wird der Austausch von Dateien in diesem Format stark vereinfacht. Den Kern der Dateien bilden ebenfalls Textdateien, in denen sich »Etiketten« (Markups) befinden.

ODT-Dateien können Sie in Scrivener auf zwei verschiedene Arten exportieren. Das Format steht unmittelbar in der Liste COMPILE FOR zur Verfügung. In diesem Fall arbeitet Scrivener wie gewohnt mit seinem internen RTF-Format, das anschließend zu ODT konvertiert wird. Die ausgegeben Dateien werden sich ohne weitere Probleme mit LibreOffice öffnen lassen. Auf Ihrem System muss allerdings Java in einer aktuellen Version installiert sein, da die Konvertierungswerkzeuge nur in dieser Programmiersprache vorliegen. Da Java unter dem Aspekt der Datensicherheit einen eher schlechten Ruf (zumindest auf dem Mac) besitzt, empfehle ich Ihnen die Nutzung nur, wenn der Empfänger Ihrer Dokumente keine andere Möglichkeit hat, Ihr Manuskript zu bearbeiten oder Sie auf dieses Format aus anderen Gründen angewiesen sind.

Wenn Sie sich eine Datei, die auf diesem Wege entstanden ist, in LibreOffice ansehen, stellen Sie fest, dass dabei die Formatierungen erhalten geblieben sind. Auch Kopf- und Fußzeilen sind als solches erkennbar und können weiter genutzt werden. Das Dokument hat allerdings leider jede Information darüber verloren, wie es gegliedert war. Überschriften sind zwar auffällig formatiert, aber für die weitere Verwendung in der Software nutzlos.

Abhilfe schafft, wenn Sie die ODT-Dateien auf einem anderen Weg erzeugen. Blättern Sie in der Liste der Export-Formate noch etwas weiter, werden Sie die Konvertierung aus Markdown zu ODT finden. Als Ergebnis liefert Ihnen der Markdown-Konverter so genannte »Flat«-Dateien. Stark vereinfacht lassen sich diese Dateien als das nackte ODT-Format beschreiben. Hier behalten die Überschriften ihre Bedeutung. Damit Sie beim Öffnen der Dateien in LibreOffice aber nicht auf den nackten Quellcode in XML schauen, müssen Sie sich in der Software einen XML-Filter installieren, der diese Dateien aufbereitet. Sie sind unter dem Suchwort XML Flat

Filters« im Wiki des LibreOffice-Projekts zu finden und binnen weniger Minuten installiert. Dieser Weg produziert auf jeden Fall die besseren ODT-Dateien für die weitere Verwendung.

Wichtig

Mein Tipp für alle, die ihre Texte in das ODT-Format umwandeln wollen oder müssen: Exportieren Sie aus Scrivener Markdown-Dateien und konvertieren Sie diese später separat mit dem Programm Pandoc. Der Text lässt sich anschließend gleich mit LibreOffice oder OpenOffice verwenden und die Informationen zur Struktur werden ebenfalls bewahrt.

7.16 E-Books mit Scrivener erzeugen

Die Schlagzeilen in den Medien scheinen eine eindeutige Sprache zu sprechen. Während die Zahlen verkaufter E-Books immer stärker anwachsen, scheinen die Umsätze in Sachen konventioneller Buchproduktion zurückzugehen. Nun sind viele dieser Schlagzeilen natürlich nicht ganz uneigennützig formuliert, denn die großen Online-Händler haben alle ein Lesegerät für E-Books im Angebot und wollen damit natürlich auch gute Geschäfte machen.

Die Zeiten für Autoren und Journalisten, die ohne einen Verlag eigene Manuskripte veröffentlichen wollen, sind mehr als gut. Um das Thema elektronische Bücher und Eigenveröffentlichungen mit Scrivener geht es in diesem Kapitel.

7.16.1 Goldene Zeiten für Autoren?

Können Autoren, die ihre Werke unmittelbar als E-Book ohne einen Verlag veröffentlichen, von ihren Büchern leben? Die Antwort auf diese Frage ist einfach und schwierig zugleich. Beginnen wir mit den Fakten. Für Aufsehen hat eine Pressemitteilung aus dem März 2013 von Amazon gesorgt, die verkündete, dass immerhin acht Autoren seit Einführung der Kindle-Plattform 100.000 Euro und mehr umgesetzt haben. Das klingt zunächst beeindruckend und vor allen Dingen nach einem sorgenfreien Leben für einen Autoren. Etwas weniger beeindruckend wird die Zahl dann allerdings schon, wenn sie einigen Fakten gegenübergestellt wird.

Zunächst ist die Rede von Umsatz. Bekanntlich handelt es sich hierbei nicht um den eigentlichen Verdienst, mit anderen Worten müssen Sie von der Summe auch noch Ihre Steuern abziehen. Zum anderen griff Amazon auf den Start der Kindle-Plattform zurück und dies sind immerhin zu diesem Zeitpunkt fast zwei Jahre. Damit ergeben sich für die acht glücklichen Eigenverleger rein rechnerisch 50.000 Euro Umsatz pro Jahr. Das ist schon weniger beeindruckend, kann aber je nach eigenem Anspruch eine durchaus befriedigende Summe sein. Die Rede ist von acht Autoren insgesamt. Und die müssen Sie der Gesamtzahl an Autoren gegenüberstellen. Und damit relativiert sich die Zahl noch einmal.

Genug der Ernüchterung. Möglich bleibt es auch für Sie, mit Ihren Büchern 50.000 Euro Umsatz pro Jahr zu machen. Wenn Sie selbst einen E-Reader besitzen, wissen Sie, dass die meisten Verkaufspreise für ein elektronisches Buch deutlich unter denen klassischer Bücher liegen. Wie schon bei der Etablierung des Internets haben die meisten Anbieter damit begonnen, den Lesern (Kunden) einzureden, dass sich hier massenhaft Geld sparen lässt und damit letztlich dafür gesorgt, dass die Leser nur sehr bedingt bereit sind, die Leistungen eines Autoren angemessen zu honorieren. Die überwiegende Mehrzahl der elektronischen Bücher wird in einem Preisbereich von unter 4 Euro angeboten. Um 50.000 Euro Umsatz pro Jahr zu machen, müssen Sie bei einem Preis von 4 Euro also mehr als 12.000 Stück verkaufen.

Im Bereich der Sachveröffentlichungen wäre das auch bereits im konventionellen Verlagsgeschäft eine stattliche Leistung. Realistischer wird die Rechnung, wenn Sie von mehreren Titeln ausgehen, die Sie parallel verkaufen. Wenn Sie die Last auf 10 Titel verlagern, muss sich jeder Titel »nur noch« 1200-mal pro Jahr verkaufen, also gerade drei bis viermal pro Tag.

Das klingt schon einmal deutlich leichter zu schaffen, was es auch ist. Der Erfolg stellt sich allerdings nicht von allein ein. Wenn Sie also lediglich das E-Book auf die Verkaufsplattform hochladen und dann hoffen, dass Sie ohne weiteres Zutun die gewünschten Verkaufszahlen erreichen, werden Sie wahrscheinlich enttäuscht sein. Sie werden trotzdem noch reichlich für den wirtschaftlichen Erfolg arbeiten müssen.

E-Books besitzen einen Vorteil, der auch gleichzeitig ihre Schwäche (zumindest aus Sicht des Lesers) ist. Niemand sieht einem E-Book seinen Umfang an. Um dies zu korrigieren, geben immer mehr Plattformen in der Detailbeschreibung eines Titels einen geschätzten Seitenumfang an. Aus

Sicht des Autors bliebt die »Flüchtigkeit« eines E-Books aber auch sein großer Vorteil. Denn ein Titel kann durchaus als abgeschlossen und fertig gelten, wenn das Manuskript gerade einmal 100 Seiten umfasst. Und 100 Seiten sind ein durchaus machbarer Umfang, selbst für Autoren, die neben dem eigentlichen Hauptberuf schreiben müssen.

Wenn die Veröffentlichung von E-Books tatsächlich zu einer tragfähigen wirtschaftlichen Existenz werden soll, gibt es allerdings eine Regel, die Sie vielleicht nicht so gern hören werden: »Der Köder muss dem Fisch schmecken und nicht dem Angler!« Diese Weisheit aus dem Volksmund gilt insbesondere auch bei diesem Thema.

Diese Genres eignen sich eher weniger für Ihr Vorhaben:

- Krimi / Thriller
- Fantasy
- Humor
- Frauen- / Liebesroman

Das liegt einfach daran, dass die Segmente stark umkämpft sind. Fast jeder Autor hat die Idee für den »nächsten großen Roman« in seinem Kopf und will diesen früher oder später veröffentlichen. Aber nur wenige Geschichten sind so gut, dass sie einerseits wirklich ein so großes Publikum ansprechen, so dass die notwendigen Stückzahlen erreicht werden. Zum anderen ist der Lesehunger des Publikums so groß, dass hier ständig Bedarf an Nachschub herrscht. Mit anderen Worten wechseln die Spitzenpositionen in den Bestseller-Listen ständig. Eine nachhaltige und stabile Absatzzahl ist so kaum zu erreichen.

Mit einem Sachbuch haben Sie hier die deutlich größeren Chancen. Das Schreiben eines solchen Buches erfordert aber mit Sicherheit von jedem Romanautoren etwas Überwindung. Denn auch hier sollten Sie versuchen, sich eine Nische zu suchen. Die Entscheidung für das Thema sollten Sie aber weniger von Ihrer Vorbildung abhängig machen. Ganz im Gegenteil: Wenn Sie selbst in der glücklichen Lage sind, nicht abnehmen zu müssen, also bisher keine Berührungspunkte mit dem Thema Ernährung und Diäten hatten, sind Sie durch diese unverstellte Sicht vielleicht sogar in der Lage, dem Thema völlig neue Aspekte abzugewinnen. Und es sind vielleicht gerade diese Aspekte, die die Leser überzeugen werden.

Da es keine Idee gibt, die so abseitig ist, dass nicht jemand anderes auf den gleichen Einfall gekommen sein könnte, müssen Sie auch schnell beim Schreiben sein. Noch dazu, weil sich die erhofften Einnahmen ja erst dann einstellen werden, wenn Sie auch genügend Titel veröffentlicht haben. Länger als 8-10 Wochen sollten Sie für die Veröffentlichung des Buches nicht benötigen. Das schaffen Sie nur mit Disziplin!

Lassen Sie sich von allen diesen Rahmenbedingungen aber nicht den Spaß an der Sache nehmen. Es gibt viele gute Titel in den Stores von Amazon und Apple, die toll geschrieben sind, aber es trotzdem nicht in die Listen der Bestseller geschafft haben. Eine Garantie dafür, dass Sie es an die Spitze schaffen, gibt es nicht. Andererseits aber auch keinen Grund dafür, warum Sie es nicht schaffen sollten.

7.16.2 Welches Format? PDF, Mobi oder ePub

Was sich hinter den Kulissen des Marktes für E-Books abspielt, erinnert an den Krieg der Systeme, als die Videorekorder eingeführt worden sind. Wenn Sie diese Zeit nicht aktiv mitgemacht haben: Seien Sie froh! Wenn Sie sich damals einen Film kaufen oder leihen wollten, mussten Sie darauf achten, dass der Titel auch auf Ihrem Videogerät abzuspielen war. Denn gleich drei unterschiedliche Formate buhlten um die Käufer und keines war mit dem anderen kompatibel. Und natürlich wurden Filme nicht parallel auf allen Formaten veröffentlicht. Denn schließlich wollte jeder Hersteller die Konsumenten von seinem eigenen System überzeugen.

Wer als sein eigener Verleger ein E-Book veröffentlichen möchte, muss sich zwischen drei Formaten entscheiden bzw. sein Werk in diesen Formaten anbieten:

- ePub: Dabei handelt es sich um ein Format, das »quelloffen« ist. Es sind für jeden öffentlich Informationen darüber verfügbar, wie eine solche Datei aufgebaut werden muss. Das erleichtert es Entwicklern etwa, Programme zu schreiben, mit denen sich solche Dateien erzeugen lassen. Grundsätzlich würde ein Texteditor genügen, um eine ePub-Datei anzulegen. Allerdings wäre die Aufgabe mit viel Schreibarbeit verbunden, da viele Befehle in einer einfachen Textdatei zu hinterlegen wären. Das Format erlaubt eine Absicherung der Inhalte gegen unerlaubte Vervielfältigungen, also die Integration von Digital Rights Management (DRM), schreibt aber nicht vor, wie dieses auszusehen hat. Die meisten am Markt befindlichen E-Book-Reader und entsprechende Programme unterstützen dieses Format. Allerdings üblicherweise in einer geschützten Version, die sich als Standard im deutschen Buchhandel etabliert hat.

- Mobi: Elektronische Bücher im so genannten Mobi-Pocket Format sind schon längere Zeit verfügbar. Das Dateiformat wurde ursprünglich von einem französischen Unternehmen entwickelt, um elektronische Dokumente auf kleinen Taschencomputern darstellen zu können. Die dahinter stehende Technologie wurde von Amazon gekauft und Mobi bildet das Grundformat, das auf den Lesegeräten der Kindle-Familie zum Einsatz kommt. Es wird allerdings zusätzlich noch verschlüsselt, so dass am Ende eine Datei mit der Endung AZW herauskommt. Für die Erstellung eines solchen Buches stellt Amazon eine separate Software zur Verfügung, die mit Scrivener zusammenarbeitet.
- PDF: Während sich Dokumente, die im ePub und Mobi Format angelegt worden sind, an die Displaygröße des Lesegeräts bzw. der Software anpassen, zeigt das PDF die Seiten wie im gedruckten Buch. Rund um die PDF-Dokumente hat sein Erfinder Adobe auch ein digitales Rechtemanagement aufgebaut, mit dem sich die Dateien recht zuverlässig vor dem Kopieren der Datei oder sogar dem Ausdrucken schützen lassen.

Diese drei Grundformate sind für die Darstellung des Inhalts verantwortlich und jedes besitzt einige Besonderheiten. Davon unterscheiden müssen Sie die Möglichkeiten, den Inhalt vor der ungewünschten Weitergabe zu schützen. Als Autor und Selbstverleger sind dies immer diese Optionen:

- Sie stellen Ihre Werke völlig ohne Kopierschutz in Shops zur Verfügung. Das macht den direkten Vertrieb über Ihren eigenen Shop oder eine eigene Internetseite sehr einfach möglich. Ihnen muss nur bewusst sein, dass Ihr E-Book auf jeden Fall von einem gewissen Prozentsatz der Käufer einfach (bedenkenlos) an andere Personen weitergereicht werden wird. Ihnen entgeht damit also ein Teil des potenziellen Umsatzes. Das kann allerdings durchaus eine Strategie sein, um Publikum auf sich selbst aufmerksam zu machen und Leser bzw. Käufer für weitere Produkte zu finden. Dieser Ansatz ist durchaus riskant, wenn Sie von Ihren Büchern dauerhaft leben wollen, kann aber auch aufgehen. Eine Veröffentlichung völlig ohne Kopierschutz schließt den Vertrieb damit aber etwa über viele kommerzielle Plattformen einfach aus. Denn dort sind die Publikationen immer geschützt.

- PDF im Eigenvertrieb mit einfacher Registrierung: Wenn Sie nicht völlig auf ein Hindernis bei der Weitergabe Ihres Werkes verzichten wollen, besteht die Option, eine leichte Einschränkung durch die persönliche Lizenzierung des Buches an den Leser einzurichten. Für einige Shoplösungen gibt es inzwischen entsprechende Plug-ins, die in das Manuskript in der Fußzeile jeder Seite den Namen bzw. die E-Mail-Adresse des Kunden einfügen, bevor das PDF erzeugt und ausgeliefert wurde. Rein technisch kann der Leser die Datei einfach weitergeben, allerdings sehen alle Personen, die sich das Dokument herunterladen, aus welcher Quelle es stammt. Wenn Sie so wollen, handelt es sich also um eine Art moralischen Kopierschutz.
- Nutzung eines kommerziellen Kopierschutzes, der die Weitergabe des Manuskripts stark beschränkt: Um die Integration des Schutzes kümmert sich die Plattform in aller Regel selbst. Ihr Werk wird also mit einem dieser Schutzformate angelegt: Amazons Kindle-Schutz, Adobe Adept DRM (E-Pub aus kommerziellen Quellen bzw. PDF-Dateien aus kommerziellen Quellen), Apples iBooks. Damit legen Sie aber auch das Gerät fest, mit dem der Leser das Buch konsumieren darf. Wenn Sie ein iBook für Apple publizieren, kann dies eben nur mit der entsprechenden App auf dem Mac oder Tablet-Computer gelesen werden.

Da derzeit noch nicht abzusehen ist, wer sich auf lange Sicht den größten Teil am Kuchen der elektronischen Bücher sichern wird, ist es durchaus zu empfehlen, auf möglichst vielen dieser Hochzeiten zu tanzen. Obgleich das die Komplexität bei der Anlage des Manuskript natürlich erhöht, weil sich ein PDF schon deutlich von einem einfachen E-Book unterscheidet.

7.16.3 Vom Scrivener zum Kindle

Verschiedene Wege führen vom Manuskript aus Scrivener zum fertigen E-Book im Kindle-Format. Am schnellsten kommen Sie voran, wenn Sie als Ausgangsbasis eine der mitgelieferten Vorlagen einsetzen. Entscheiden Sie sich für »Novel« sind bereits alle Elemente angelegt, die beim Kompilieren in ein E-Book nützlich sein können. Ich werde in diesem Kapitel aber Schritt für Schritt von einem völlig leeren Projekt ausgehen. So haben Sie später immer noch die Wahl, welcher Fährte Sie zum Ziel folgen wollen.

Um einen Text auf der Kindle-Plattform veröffentlichen zu können, brauchen Sie zwei zusätzliche Programme. Zum einen eine Software, die aus Ihrem Text das eigentliche E-Book produziert. Der Kindle Generator (kindlegen) wird für Windows, Mac und sogar Linux angeboten. Es handelt sich um eine schmucklose Software, die ohne grafische Oberfläche auskommen muss und nur auf der Kommandozeile läuft. Glücklicherweise kümmert sich Scrivener aber um alle Details des Funktionsaufrufs. Amazon bietet auch eine Software an, mit der Sie sich eine Vorschau eines E-Books ansehen können. So können Sie sich vor dem Hochladen auf die Plattform davon überzeugen, dass alles soweit ansprechend aussieht. Der Kindle Previewer ist nur für Mac und Windows zu bekommen. Sie finden beide Programme auf der Seite *http://www.amazon.de/* veröffentlichen-auf-kindle-ebooks-kindle als Download angeboten.

Der Kindle Generator ist in einem einfachen Archiv verpackt. Sie können dessen Inhalt in einen beliebigen Ordner auf Ihrem Computer verschieben. Schreiben Sie sich den genauen Ort auf oder merken Sie sich den Pfad zu der Datei, da Sie diesen später in Scrivener hinterlegen müssen.

Bei der Erzeugung eines E-Books erleichtern Sie sich die Arbeit, wenn Sie die Datei im Binder nach einem bestimmten Schema organisieren.

Darunter werden Elemente zusammengefasst, die im E-Book vor dem eigentlichen Inhalt erscheinen sollen. Viele Reader sind dennoch so konfiguriert, dass dieser Teil, der meist ein Titelblatt sowie wenigstens ein Impressum enthält, nur auf Anforderung des Nutzers eingeblendet wird, während das Buch zum Lesen direkt mit dem Text beginnt. Sie könnten in diesen Bereich auch eine Abbildung für das Cover hinterlegen. Da Sie die Cover-Datei aber auch noch einmal separat sowohl in Scrivener als auch bei Amazon selbst definieren können, ist das nicht unbedingt notwendig.

Wichtig

Viele Autoren vernachlässigen die Gestaltung des »Umschlags« ihres E-Books. Das ist ein großer Fehler, denn die Titelseite ist auch im elektronischen Bereich ein wichtiges Verkaufsmittel. Und ein einprägsames Cover erleichtert dem Nutzer eines Readers auch die Orientierung in seiner Sammlung. Bedenken sollten Sie bei der Gestaltung immer auch, dass die Titelseite auch auf den Lesegeräten der ersten Generationen gut aussehen muss, also auch auf Graustufen-Displays eine gute Figur machen sollte.

Die nachfolgenden Schritte sind nur ein möglicher Weg zum E-Book für die Kindle-Plattform. Ein anderer Ablauf führt über das ePub-Format, das Sie anschließend mit einem geeigneten Werkzeug für den Kindle konvertieren. Die Software Calibre, die für Linux, Mac und Windows angeboten wird und E-Books auf dem PC verwalten und darstellen kann, verfügt über einen integrierten Konverter, der die Umwandlung vornehmen kann.

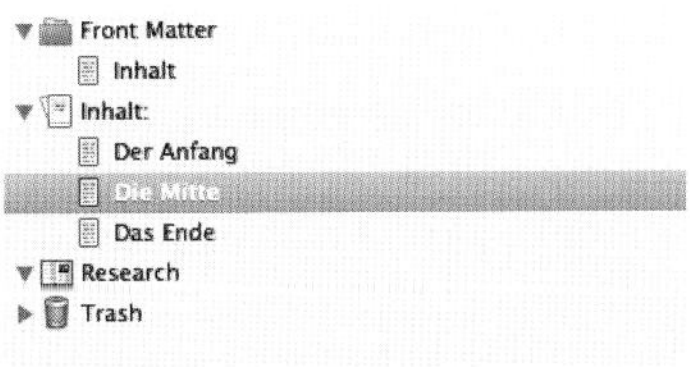

Abb. 7.25: *Auch bei der Produktion eines E-Books erleichtert die Struktur die Arbeit.*

Starten Sie das Kompilieren über FILE, COMPILE und entscheiden Sie sich für KINDLE EBOOK am unteren Rand des Dialogs. Legen Sie im Abschnitt CONTENTS zunächst die Bereiche des Manuskripts fest, die in E-Books erscheinen sollen. Achten Sie dabei auf die Option ADD FRONT MATTER am unteren Rand. Setzen Sie einen Haken in das Optionsfeld und wählen Sie den Ordner aus, der die ergänzenden Elemente enthält.

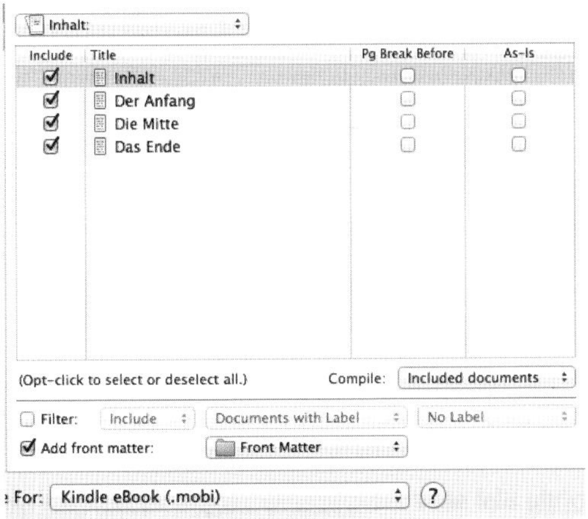

Abb. 7.26: *Wenn Sie Impressum und andere Angaben vom Draft trennen wollen, arbeiten Sie mit dem Ordner »Front Matter«.*

Wechseln Sie in den Abschnitt COVER und wählen Sie die Datei aus. Wenn Sie in der Liste keinen Eintrag vorfinden, bedeutet dies lediglich, dass Sie keine Bilddatei in das Projekt importiert haben. Schieben Sie die Umschlagabbildung also aus dem Finder oder dem Explorer mit der Maus in die Projektdatei und versuchen Sie die Auswahl erneut. Sie können auch ohne Cover ein E-Book produzieren, ratsam ist es aber nicht.

Im Abschnitt LAYOUT aktivieren Sie im oberen Bereich die Option BOOK BEGINS AFTER FRONT MATTER und auch GENERATE HTML-TABLE OF CONTENTS. Zusätzlich können Sie dort auch den Namen für das Inhaltsverzeichnis ändern.

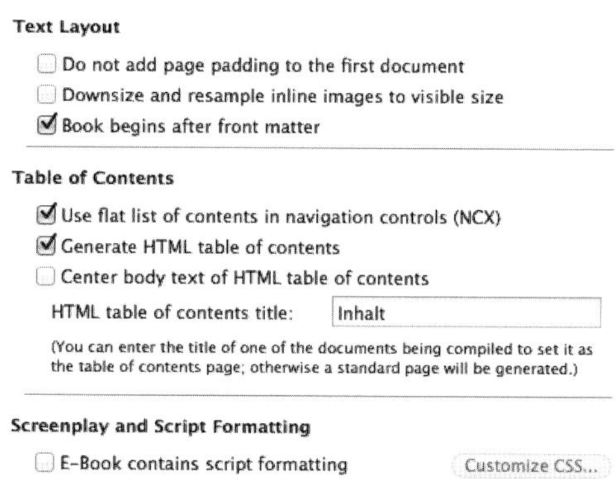

Abb. 7.27: *Die Optionen für die Produktion des Inhaltsverzeichnisses.*

Die weiteren Register übernehmen die gleichen Funktionen wie auch bei der Ausgabe für den Print-Bereich, wie zu Beginn dieses Kapitels ausführlicher dargestellt. Der Abschnitt META-DATA ist dagegen wieder etwas Besonders. Denn hier tragen Sie die Grundinformationen zum Buch ein. Dazu gehören nicht nur der Titel und der Name des Verfassers, sondern auch ein Kürzel für die verwendete Sprache sowie Beschreibung oder der Name des Publishers (sofern dieser nicht identisch mit dem Autoren ist).

Jetzt können Sie erstmals kompilieren. Ist der Vorgang abgeschlossen, kommt also erstmals das Programm KINDLE PREVIEWER zum Einsatz. Öffnen Sie die gerade angelegte Datei und begutachten Sie das Ergebnis.

Kontrollieren Sie:

- Beginnt das Buch tatsächlich nach den Elementen des FRONT MATTERS? Sind alle Elemente, die Sie darin angelegt haben, auch sichtbar?
- Es fehlen Ihnen Kapitel im Inhaltsverzeichnis? Dann sehen Sie nach, wie Sie die verschiedenen Bereiche unter SEPARATORS geteilt haben. Und überprüfen Sie, ob Sie die Abschnitte überhaupt zum Kompilieren ausgewählt haben und auch den Titel übernehmen lassen wollten.
- Wenn Sie auf dem Kindle zwischen den Bereichen navigieren wollen, zeigt Ihnen das Gerät nichts an? Aktivieren Sie unter LAYOUT auch die Einrichtung eines »Navigation Controls« (NCX), den manche E-Reader auswerten, statt die HTML-Seiten zu öffnen.

Zu den größten Problemfällen gehören aber mit Sicherheit Grafiken und Abbildungen. Wird die Abbildung gar nicht erst angezeigt, müssen Sie überprüfen, ob diese tatsächlich in der Projektdatei enthalten ist. Außerdem geht Amazon von diesen **Grenzen in Bezug auf Grafiken** aus:

- 127 KB Dateivolumen pro Bild.
- 500 x 600 Pixel maximale Abmessungen.

Der Wert für die maximale Größe von Abbildungen resultiert auch aus der Tatsache heraus, dass auf dem Bildschirm auch Platz für die Navigationselemente benötigt wird.

7.16.4 Exkurs: Individuelle Überschriften in Scrivener

Eine Möglichkeit, die Gestaltung von Überschriften völlig an die eigenen Vorstellungen anzupassen, besteht in der Nutzung von Platzhaltern. Damit können Sie etwa die Nummerierung der Überschrift in einer eigenen Zeile platzieren. Wechseln Sie zu FORMATTING. Hier deaktivieren Sie bei den Kapiteln die Option TITLE. Markieren Sie anschließend eine Hierarchieebene mit der Maus und klicken Sie auf den Schalter SECTION LAYOUT.

Geben Sie im nachfolgenden Dialog im Register TITLE PREFIX AND SUFFIX im Feld PREFIX ein: `<$W>`. Dies ist der Platzhalter für eine Nummerierung in ausgeschriebener Zählung. Setzen Sie danach eine Absatzschaltung.

In das Feld SUFFIX tragen Sie `<$title>` ein. Damit weisen Sie das Programm an, den eigentlichen Titel zu verwenden. Verlassen Sie den Dialog. Sie gelangen wieder zum Ausgangspunkt zurück. Kompilieren Sie jetzt die Datei und sehen Sie sich das Ergebnis an.

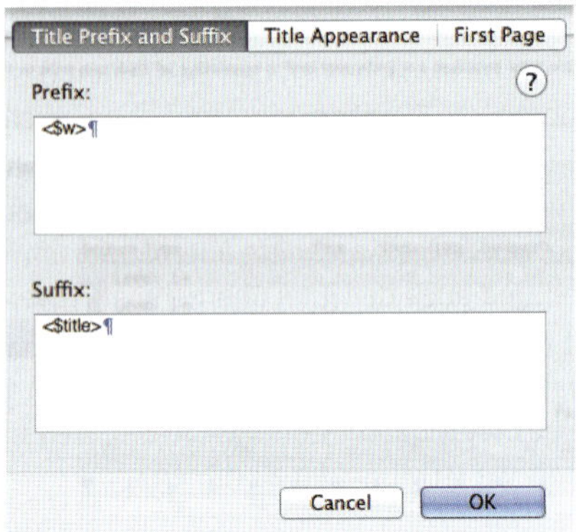

Abb. 7.28: *Mit den Optionen beim Kompilieren, schaffen Sie auch individuelle Überschriften (nicht nur) beim Kindle.*

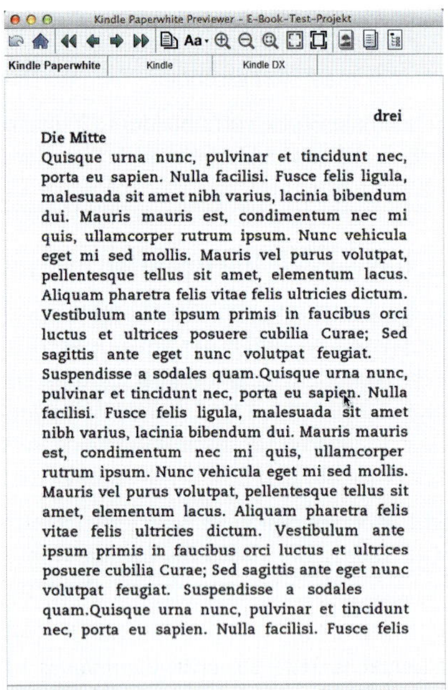

Abb. 7.29: *Das Ergebnis in der Vorschau.*

7.16.5 Überschriften mit grafischem Motiv

Mit dem gleichen Mechanismus können Sie die Überschriften auch mit einem grafischen Motiv ergänzen. Dazu besorgen Sie sich zunächst eine Datei, die Sie lizenzfrei nutzen dürfen. Sofern Sie das Motiv lediglich im Druck verwenden wollen, spielt die Größe der Datei sowohl in Hinblick auf das Dateivolumen als auch die Abmessungen keine Rolle. Denn Scrivener kann eine solche Grafik auch vor dem Kompilieren skalieren.

Das funktioniert zwar auch bei einem E-Book, beim Skalieren wird die Datei aber in vollständiger Größe in das E-Book eingebunden. Das Dateivolumen, das übertragen werden muss, ist damit nicht reduziert. Deswegen sollten Sie im Falle eines E-Books eine solche Datei lieber mit einem Bildprogramm in der Größe reduzieren. Denn dabei nimmt auch das Dateivolumen ab.

Bearbeiten Sie jetzt wieder SECTION LAYOUT in Scrivener. Als Platzhalter fügen Sie ein: `<$img:Dateiname;w=Breite in Pixel;h=Höhe in Pixel>`, also etwa `<$img:verzierung.jpg;w=150;h=40>`. Wenn sich die Grafikdatei unmittelbar in der Projektdatei von Scrivener befindet, brauchen Sie keinen Pfad angeben. Der Bildname genügt.

Nach dem Kompilieren besitzen Ihre Überschriften eine Verzierung.

7.16.6 Vom Scrivener zu anderen E-Readern

Der Export Ihres Manuskripts in das ePub-Format gleicht der Produktion eines Kindle-Buches fast wie das sprichwörtliche Ei dem anderen. Es existieren aber auch einige gravierende Unterschiede. Am Anfang stehen die größeren gestalterischen Freiheiten, die Produzenten des ePub-Formats besitzen. Wie Absätze formatiert werden, in welcher Schriftart und Größe diese erscheinen, regelt eine besondere Datei im E-Book-Projekt. Anwender, die sich schon einmal mit der Produktion von Internetseiten beschäftigt haben, werden diese Style-Sheet-Dateien wahrscheinlich kennen. Problematisch in dieser Hinsicht sind aber die verschiedenen E-Reader, die Sie bei der Produktion berücksichtigen müssten. Denn bei der Darstellung Ihres Manuskripts klaffen zwischen den verschiedenen Geräten und Modellen doch einige beträchtliche Lücken.

Nur ein Beispiel: Der ePub-Standard sieht durchaus die Möglichkeit vor, den Beginn eines Absatzes oder eines Kapitels mit einer Initiale beginnen zu lassen. Nur leider wird diese auf den verschiedenen Plattformen unterschiedlich interpretiert und dargestellt. Das kann bis zu einem verschobenen Layout auf älteren Kindle-Modellen führen. Und im Zweifel müssen Sie davon ausgehen, dass Ihre Leser sich einen E-Reader einfach nur gekauft haben, ohne sich weiter damit beschäftigen zu wollen. Technische Zusammenhänge sind ihnen also gleichgültig, und wenn etwas nicht funktioniert, fällt dies auf Sie als Autoren zurück.

Verzichten Sie deshalb auf Spielereien, die vielleicht mit dem einen oder anderem Programm möglich sind. Formatieren Sie Ihren Text möglichst einfach. Probieren Sie es vielleicht einmal mit diesen Einstellungen aus:

- Schriftart: Times New Roman 12pt. Immer noch eine der besten Schriftarten, um auch längere Passagen zu lesen. Ohne Vergrößerungen am Gerät ist die Größe 12 Punkt sicherlich für alle Menschen mit guten Augen sehr gut lesbar und stellt auch genügend Text auf dem Display dar.
- Überschriften: Times New Roman 18pt
- Zeilenabstand: 2 Zeilen. Damit verschwenden Sie vielleicht etwas Platz auf E-Reader der ersten Generationen. Dafür sehen die Seiten aber auf moderneren Geräten, die mit einer höheren Auflösung arbeiten, nicht so gedrungen aus.

Es gelten die gleichen Einschränkungen und Tabus, die Sie bereits im Umgang mit Textverarbeitungen kennengelernt haben sollten:

- Keine festen Abstände zwischen Absätzen durch Absatzschaltungen erreichen.
- Keine Einzüge von Absätzen durch Tabs oder Leerzeichen simulieren.

Beides führt im Zweifel zu hässlichen Umbrüchen und die Suche nach dem Fehler kann langwierig sein.

Wichtig

Natürlich wollen Sie dem Leser Ihres E-Books Rückhalt beim Lesen bieten und die Orientierung durch Absatzschaltungen erleichtern. Allerdings passt sich der Text in seiner Darstellung den Vorgaben des Lesers auf dem E-Reader an. Verstellt dieser die Schriftgröße erfolgt ein durchgehender neuer Umbruch. Und die Breite des Displays hat ebenfalls Einfluss auf die Darstellung des Textes. Insofern können sich Absatzschaltungen im Text als problematisch erweisen, wenn diese dazu gedacht waren, das Manuskript durch den Leerraum zu strukturieren. Wenn Ihnen in einer Vorschau der Abstand zwischen den Absätzen als zu gering erscheint, ändern Sie lieber den Abstand zwischen den Zeilen

Starten Sie wie gewohnt den Kompilierungsprozess und vergewissern Sie sich, dass Sie unter COMPILE FOR auch die Option EPUB EBOOK ausgewählt haben. Einen Unterschied zwischen der Aufbereitung für den Kindle finden Sie im Abschnitt COVER. Hier wie dort können Sie auf eine Datei verweisen, die sich in der Projektdatei befindet. ePub unterstützt zusätzlich aber auch das SVG-Format. Dieses Grafikformat basiert auf der Sprache XML. Für alle unter Ihnen, die mit der Technik oder den Computern eher auf Kriegsfuß stehen, mag es überraschend klingen, aber dieses Format für Grafiken basiert auf Textdateien, deren Inhalt Sie in das Dialogfeld kopieren können, das sich mit einem Klick auf »SVG(Advanced)« öffnet.

Die Optionen in den anderen Registern entsprechen dem Prozess beim Kompilieren eines Kindle-Buches. Letztlich weichen hier nur LAYOUT und META-DATA von anderen Formaten ab, um die typischen Infos für das elektronische Buch entgegen zu nehmen. Wenige Augenblicke später können Sie in Calibre oder einem anderen E-Reader Ihr persönliches E-Book ansehen.

7.16.7 E-Books mit anderen Tools erstellen

Natürlich liegt es nahe, direkt aus Scrivener Ihr E-Book zu erzeugen, wenn Sie damit ohnehin das Manuskript bearbeiten. Wenn Sie planvoll vorgehen, funktioniert der Export reibungslos und Sie können bereits wenige Minuten danach Ihr erstes E-Book ansehen und auch schon auf die Vermarktungsplattform Ihrer Wahl hochladen. Scrivener ist aber auch nur eines der möglichen Werkzeuge für die Produktion eines E-Books. Denn so schwer der Vorteil der Software auf der einen Seite auch wiegt, nämlich unmittelbar über das Kompilieren den eigenen Text in ein elektronisches Buch verwandeln zu können, genauso schwer wiegt auch der Nachteil. Sie arbeiten nur an Ihren Texten und haben lediglich über die Dialoge für das Kompilieren Einfluss auf die Details des Buchprojekts. Auf der anderen Seite kann die Nutzung von Scrivener auch wiederum über das Ziel hinausschießen. Wer seine Texte in Markdown schreibt, braucht nicht den

Weg über Scrivener zu gehen, wenn er am Ende ein E-Book im Format ePub in den Händen halten möchte. Das geht dann auch viel einfacher.

Hier können Sie zu Pandoc greifen. Denn das Werkzeug ist nicht nur perfekt dazu geeignet, Ihre Markdown-Texte in andere Formate für Schreibprogramme zu konvertieren, sondern kann auch aus einer ganzen Reihe von Dateien ein E-Book produzieren. Dazu werden die Dateien in das ePub-Format konvertiert. Ein Funktionsaufruf kann so aussehen:

```
pandoc kap1.text kap2.text kap3.text -o buch.epub
```

Dabei erstellen Sie aus den drei Textdateien ein E-Book mit dem genannten Dateinamen. Mit den erweiterten Optionen von Pandoc greifen Sie noch etwas tiefer in die Gestaltung des Buches ein. Optional definieren Sie auch ein Cover oder können auf eine separate Datei verweisen, in der sich dann die Metainformationen zu dem Titel befinden. Die Konvertierung mit Pandoc geht schnell und ist ideal für alle Dokumente und Manuskripte, die Sie schnell in ein einfaches und schnörkelloses E-Books umwandeln wollen.

Wichtig

Sie nutzen Scrivener für das Bloggen? Dann bieten Sie den Lesern Ihres Blogs doch einen zusätzlichen Service an und veröffentlichen Sie Ihre besten Beiträge als E-Books, das Sie kostenfrei anbieten. Mit Pandoc ist das schnell erledigt.

Wer sich länger und intensiver mit dem Thema E-Books beschäftigt, wird immer mehr Feinheiten und Potenziale für die Optimierung seiner Publikationen entdecken. Und an alle diese Schalter und Optionen kommt Scrivener mit seinen Instrumenten leider nicht heran. Da es sich bei einem E-Book rein technisch nur um ein Dateiarchiv handelt, in dem mehrere Textdateien abgelegt sind, können Sie diese Dateien auch manuell editieren. Oder Sie nutzen eine Spezialsoftware dazu, die einen tieferen Zugriff auf die Komponenten erlaubt.

Werden die Programme auf einer Skala angeordnet, an deren unterem Ende die weniger komplexen, dafür aber schnelleren Programme angeordnet werden, bewegt sich Pandoc mit Sicherheit am unteren Rand. Scrivener wäre wohl eher in der Mitte anzusiedeln, während Jutoh (*http://*

www.jutoh.com) eindeutig an die Spitze der Skala gehört. Das Programm versteht sich als Autoren-Suite für alle E-Book-Produzenten. Es umfasst das Management aller Inhalte, die zu einem E-Book werden, geht weiter über das Projektmanagement, die Gestaltung von Cover und Details des Buches und reicht bis zur Produktion aller notwendigen Daten für verschiedene E-Book-Formate. Jutoh wird für Mac, Windows und Linux angeboten und in drei verschiedenen Editionen. Für die meisten Anwender dürfte die Basisvariante ausreichen, mit der Sie aus den Dateien eine Vielzahl an E-Book-Formaten anlegen können. Die weiteren Editionen umfassen Spezialfunktionen, die eher selten gebraucht werden. Wer alle Module erwirbt, zahlt aber gut 90 Euro.

Die Arbeit mit Jutoh besteht aus diesen Schritten:

- Anlegen eines neuen Projekts
- Import des eigentlichen Inhalts
- Definition der Optionen des finalen E-Books
- Kompilieren in das Format

Daran schließen sich dann meist noch einige Korrekturen an. Danach kann das Buch dann veröffentlicht werden. Die Texte für das E-Book könnten Sie auch in Jutoh selbst schreiben. Allerdings ist der Editor der Software eher behäbig und alles andere als autorenfreundlich. Sofern Sie nach dem Test der Demoversion zum Schluss gekommen sind, dass Jutoh das Werkzeug Ihrer Wahl für die Produktion von E-Books werden soll, müssen Sie in Scrivener Ihr Manuskript nur in ein Format exportieren, dass von Jutoh auch verstanden wird. Vier Formate stehen zur Wahl:

- ODT
- DOC
- TXT
- HTML

Bedenken müssen Sie aber in diesem Zusammenhang, dass Ihr Manuskript dann aber auch soweit abgeschlossen sein muss, dass Sie es veröffentlichen wollen. Während nachträgliche Änderungen ja kein Problem sind, wenn Sie direkt aus Scrivener produzieren, bekommt Jutoh natürlich nichts davon mit, wenn Sie am Original noch etwas verändern. In diesem Fall müssen Sie erneut aus Scrivener kompilieren und in Jutoh das Projekt abermals importieren. Das klappt problemlos, aber nur so lange Sie nicht im Quelltext des Buches eine Veränderung vorgenommen haben. Diese würden Sie mit einem weiteren Import natürlich überschreiben.

7.17 Schreiben mit Markdown

Autoren, die bisher nur mit Textverarbeitungen wie Word gearbeitet haben, brauchen eine Weile, bis sie mit dem offenen Konzept von Scrivener zurechtkommen. Dies gilt auch für Markdown und seine Vorteile. Ganz klar, wer das Glück hat, sein Manuskript einfach an den Verlag schicken zu können, wo es dann redigiert und gesetzt wird, braucht Markdown nicht. Wenn aber die gleichen Texte in verschiedenen Zielformaten ausgegeben werden sollen, kann der Einsatz durchaus interessant sein, vor allen, wenn auch Artikel im HTML-Format für das Web oder E-Books entstehen sollen. Hier kann das Markdown-Format eine gute Möglichkeit sein, um mehr Freiheiten über den Prozess der Veröffentlichung zu bekommen.

Um aus den Quelldateien die gewünschten Zielformate zu konvertieren, muss auf dem System das Programm Markdown vorhanden sein. Es arbeitet stets in einer Richtung. Sie übergeben der Software den Quelltext und definieren das Zielformat. Als Standardformat für die Ausgabe gilt HTML, dank zusätzlicher Programme und Anwendungen (siehe Abschnitt 7.17.4) sind aber auch andere Endformate möglich.

7.17.1 Was ist Markdown?

Wikipedia definiert Markdown etwas spröde als »vereinfachte Auszeichnungssprache« und lässt den Laien erst einmal etwas ratlos zurück. Letztlich bedeutet dies nur, dass sich neben der eigentlichen Information innerhalb der Datei, also in diesem Fall Ihrem Text, zusätzliche Kennzeichen befinden, die besondere Funktion besitzen. Diese Kennzeichnungen werden als Markup bezeichnet und daraus wird dann in der deutschen Übersetzung die »Auszeichnung«.

Was soll das Ganze? Wer schon etwas länger mit Textverarbeitungen umgeht, kennt mit Sicherheit das Problem, dass neuere Programmversionen Texte, die in älteren Fassungen des gleichen Produkts geschrieben wurden, nicht immer fehlerlos lesen können. Noch schlimmer wird das, wenn Sie eine ältere Dateiversion eines anderen Programms öffnen wollen. Als kleinster gemeinsamer Nenner steht dann häufig nur noch der reine Text als Austauschformat zur Verfügung. Nur damit haben Sie alle Informationen über die Struktur der Datei verloren. Sie müssen sich erst wieder mühsam einlesen und erarbeiten, was denn etwa eine Überschrift gewesen ist.

Diese nur unzureichenden Informationen über die Struktur und damit »Bedeutung« eines Textes sind ein generelles Problem aller aktuellen Textverarbeitungen. Wenn Sie in Word eine Passage als Überschrift der ersten Ebene kennzeichnen, kann Word daraus problemlos ein Inhaltsverzeichnis erstellen. In der Gliederungsansicht der Datei sehen Sie mit einem Blick den Aufbau des Dokuments. Das funktioniert aber eben nur absolut zuverlässig in Word selbst. Mit anderen Worten: Die Programme geben vor, Informationen über die Struktur zu speichern, tun dies aber nur eben sehr begrenzt.

Dieses Problem umgehen Auszeichnungssprachen, weil sie in Form von Befehlen oder »Etiketten« eben einer Passage auch eine Bedeutung zuweisen. Eine der bekanntesten Auszeichnungssprachen weltweit ist ohne Zweifel HTML. In den Dokumenten, die Sie im World Wide Web betrachten, sind Überschriften von zwei Befehlen umrandet, die deutlich machen, dass es sich um eine Überschrift handelt. Und diese Bedeutung geht eben nicht verloren, wenn die Datei in einem Programm geöffnet wird. Es mag sein, dass die Software ein Problem mit der Darstellung der Überschrift hat, aber wenn Sie sich die reine Datei mit einem einfachen Editor ansehen, erkennen Sie die Überschrift immer noch als solches.

Diesen Mechanismus greift Markdown auf. Während HTML aber über einen riesigen Sprachschatz in Form der Befehle verfügt, sind die Elemente in Markdown recht überschaubar. Eine Markdown-Datei ist somit eine einfache Textdatei mit einigen Kennzeichen über die Bedeutung bestimmter Passagen. Dabei sind die Kennzeichen so unaufdringlich, dass der Text problemlos lesbar bleibt.

Der große Vorteil von Markdown besteht unter anderem darin, dass es auf einfachen Text-Dateien aufsetzt. Das Textformat selbst hat sich in den vergangenen drei Jahrzehnten so gut wie überhaupt nicht verändert. Wann immer es um den Austausch von Texten zwischen älteren und neueren Computern und zwischen Betriebssystemen hinweg geht, wird meist dieses Textformat gewählt. Denn die Datei ist auf einem Mac genauso lesbar, wie auf einem Tablet-PC oder einem Smartphone. Und es ist zu erwarten, jedenfalls lässt die bisherige Entwicklung des Textformats diesen Schluss zu, dass dies auch über längere Zeit so bleibt. Wenn Sie Ihre Manuskripte im Markdown-Format speichern, laufen Sie also nicht in die Falle inkompatibler Anwendungen.

Textdateien sind vom Dateivolumen auch immer recht klein. Selbst ganze Romane belegen meist deutlich weniger als 1 Megabyte Speicherplatz. Das erleichtert den Austausch und die Archivierung.

Und da Markdown-Dateien ja Informationen über die Struktur und in Teilen auch über die Optik des Textes enthalten, kann die gleiche Datei mühelos in andere Formate konvertiert werden. Aus der Textdatei wird damit ein Dokument im RTF-Format oder eine HTML-Datei, ein PDF oder auch eine Datei im Doc-Format für Word. Um Texte in Markdown zu schreiben und zu veröffentlichen, brauchen Sie eigentlich nur einen beliebigen Editor und eine Software, die in der Lage dazu ist, aus der Quelldatei die entsprechenden Zielformate zu generieren.

Scrivener enthält auf dem Mac bereits alle Funktionen intern, um Dateien als Markdown-Dokumente auszugeben. Wenn Sie bereits in Scrivener selbst mit den entsprechenden Formatbefehlen (dazu gleich mehr) arbeiten wollen geht dies auch. So können Sie auf dem Mac unmittelbar aus Ihrem Manuskript über das Markdown-Format auch andere Formate erzeugen.

Unter Windows ist dies noch nicht ganz so einfach. Auch hier gibt Scrivener auf Wunsch Markdown-Dokumente aus, aber wenn es um die Konvertierung in ein anderes Format geht, müssen Sie hier im Zweifel einen Schritt mehr machen. Darum geht es dann aber erst am Ende dieses Kapitels.

7.17.2 Texte in Markdown schreiben

Jetzt sind Sie wahrscheinlich gespannt darauf, etwas mehr über den Aufbau eines Markdown-Textes zu erfahren. Sämtliche Feinheiten aufzulisten, würde etwas den Rahmen des Buches sprengen, deshalb hier nur eine ganz knappe Übersicht.

Beginnen wir mit Überschriften: Diese werden durch das Zeichen »#« gekennzeichnet. Die Zahl der Rauten definiert dabei, auf welcher Hierarchie-Ebene sich die Überschrift befindet.

```
#Überschrift Ebene 1
##Überschrift Ebene 2
###Überschrift der Ebene 3
```

Bis zu sechs Ebenen sind möglich. Mit dem Zeichen »*« kennzeichnen Sie in einem Text, dass dieser kursiv oder gefettet dargestellt werden soll.

```
*Kursiver Text*
**Fetter Text**
```

Außerdem kennt Markdown auch die Möglichkeit, mit Aufzählungen oder Nummerierungen zu arbeiten. Die Besonderheit an den Nummerierungen besteht darin, dass Sie selbst sich eigentlich nicht um die richtige Zählung zu kümmern brauchen. Es genügt, wenn der einleitende Befehl korrekt ist. Wichtig in diesem Zusammenhang ist immer, dass die Software, die aus dem Quelltext schließlich das Zieldokument anfertigen soll, auch die verschiedenen Abschnitte erkennen muss. Dies erreichen Sie, wenn Sie zwei Leerzeilen vor einer solchen Auflistung oder Nummerierung setzen.

```
    - Erster Punkt einer Aufzählung
    - Zweiter Punkt einer Aufzählung



    1. Erster Punkt Nummerierung
    1. Zweiter Punkt Nummerierung, erhält automatisch den Wert 2
```

Schließlich setzen Sie in einem Text Links auf externe Seiten. Hier kennt Markdown mehrere Varianten. Ich persönlich schätze sehr das Format der Referenz. Wenn Sie einen Link so im Dokument setzen, wird dieser Link später etwa in HTML zu einem Verweis auf eine Internetseite, wie Sie diesen vom Surfen im Web kennen.

Das sieht dann schematisch etwa so aus:

```
Dieser [Text][1] verweist später auf eine externe Seite.

[1]: http://www.autoren-infos.de
```

Das Markdown-Format wird von Scrivener beim Import von Dateien problemlos verstanden. Wenn Sie gern die Vorteile von Markdown und Scrivener gemeinsam nutzen wollen, geht dies am einfachsten so:

1. Sie gliedern und schreiben Ihren Text einfach in Scrivener.
2. Passagen, die Sie fett oder kursiv formatiert haben, lassen Sie von Scrivener in die entsprechenden Markdown-Befehle umwandeln. Dazu platzieren Sie die Schreibmarke innerhalb des Dokuments und nutzen auf dem Mac FORMAT, CONVERT. Hier finden Sie das Kommando BOLD AND ITALICS in Multimarkdown zu konvertieren. Danach kompilieren Sie das Dokument.

Möchten Sie Ihre Dokumente im Markdown-Format auch auf anderen Betriebssystemen mit einem Editor für Markdown bearbeiten, gehen Sie am besten anders vor. Dann synchronisieren Sie die Dateien mit einem externen Laufwerk oder Verzeichnis wie der Dropbox. Dabei müssen Sie nur darauf achten, dass Sie als Format txt-Dateien verwenden. Schreiben Sie dann aber am besten die Markdown-Befehle direkt in der Datei, wenn Sie mit Scrivener arbeiten.

7.17.3 Kompilieren von Markdown

Seine Stärken beim Kompilieren von Markdown spielt Scrivener eindeutig auf dem Mac aus. Scrivener liefert bereits alle notwendigen Komponenten für die Konvertierung der Texte in das gewünschte Zielformat mit aus. Allerdings prüft das Programm im Hintergrund im Zweifel auch das System, ob eventuell notwendige Hilfsbibliotheken und Programme möglicherweise schon vorliegen. Ist dies der Fall, werden diese externen Applikationen genutzt.

Wenn Sie Markdown bzw. dessen Weiterentwicklung MultiMarkDown nutzen wollen, kann Ihr Manuskript in einer Reihe von Formaten ausgegeben werden. Die Formate wählen Sie wie gewohnt im Dialog für das Kompilieren unter COMPILE FOR. Zur Auswahl stehen dort:

- MultiMarkDown: Es findet keine weitere Konvertierung statt. Haben Sie in Ihrem Text Markdown-Codes genutzt, bleiben diese erhalten. Über die Auswahl im Dialog FORMATTING können Sie neben dem Text auch die Titel der Dokumente ausgeben lassen. Diese erhalten beim Kompilieren entsprechend ihrer Hierarchie die passenden Markdown-Kennzeichen. Haben Sie Fließtext über die Formatleiste als fett oder kursiv markiert, sollten Sie mit der Umwandlungs-Funktion (FORMAT, CONVERT) diese Formatierungen zuerst in die Markdown-Syntax umwandeln. Am Ende erhalten Sie eine einfache Textdatei, die alle Markdown-Befehle enthält und dann manuell mit der Markdown-Software oder etwa Pandoc in das gewünschte Zielformat gebracht werden kann.
- MultiMarkDown-LaTeX: Markdown und LaTeX sind sich in vielerlei Hinsicht recht ähnlich. Auch das Satzsystem LaTeX basiert auf einfachen Textdateien, in denen sich Steuercodes befinden. Mit diesem Schritt konvertieren Sie Ihr Manuskript zunächst in Markdown-Code, der dann anschließend in eine Steuerdatei für LaTeX umgewandelt wird. Sobald Sie diese Option auswählen, wird im Dialog für das Kompilieren ein weiteres Register sichtbar. Hier stellen Sie die grundsätzliche Dokumentenklasse für TeX ein.
- MultiMarkDown-RTF: Wahrscheinlich einer der am häufigsten genutzten Formate. Scrivener interpretiert den Markdown-Code in Ihrem Text und ordnet die Überschriften nach Ihren Wünschen an. Im Anschluss wird aus diesem Quelltext dann eine RTF-Datei angelegt, die von anderen Anwendern problemlos in deren Textverarbeitungen gelesen werden kann.
- MultiMarkDown-HTML: Sie erhalten am Ende eine HTML-Datei.
- MultiMarkDown-fodt: In aller Regel müssen Sie zur Darstellung der entstehenden Datei für OpenOffice dort noch ein Stylesheet installieren. Dies funktioniert mit den aktuellsten Versionen von LibreOffice und OpenOffice aber nicht zufriedenstellend. Wenn Sie von Markdown in dieses Format konvertieren wollen, rate ich Ihnen diesen Schritt mit Pandoc durchzuführen.

- MultiMarkDown-PDF: Auch diese Umwandlung funktioniert leider nicht immer ganz reibungslos. Am Ende steht eine PDF-Datei. Allerdings wählt Scrivener hier den Umweg über das LaTeX-Format und das kann im Zweifel zu Problemen führen, deren Lösung einen gerade als nicht so versierten TeX-Nutzer zum Wahnsinn treiben kann.

Wichtig

Wenn Sie regelmäßig vorhaben, aus Markdown-Dateien PDF-Dateien zu erzeugen, ist es ratsam, sowohl auf dem Mac als auch unter Windows das MultiMarkDown-Programm zu installieren. Es wird zwar ausschließlich auf der Konsole betrieben, die notwendige Syntax ist aber sehr einfach. Sie erhalten die Software unter *http://fletcherpenney.net/multimarkdown/download/*.

Die Optionen, die Ihnen Scrivener bei der Auswahl von Markdown anbietet, unterscheiden sich kaum von anderen Formaten. Sinnvoll ist sicherlich ein Blick in das Register TRANSFORMATIONS, da Sie, wie gezeigt, den Text säubern können und etwa die für die Syntax notwendigen harten Zeilenumbrüche ganz leicht einfügen lassen können.

7.17.4 Tools für Markdown für Windows und Mac

Die Arbeit mit Markdown-Dateien können Sie sich durch die Nutzung von externen Werkzeugen noch etwas einfacher machen. Im nächsten Abschnitt wird eines davon besonders herausgestellt. Aber auch mit anderen Programmen ersparen Sie sich den Aufruf einer Eingabeaufforderung, um die Konvertierung in das Zielformat durchzuführen.

Arbeiten Sie auf dem Mac, können Sie zu einer preiswerten App greifen, die Ihnen aus einem in Markdown verfassten Projekt in Scrivener eine Vorschau produziert. Marked (*http://markedapp.com/*) kostet gerade einmal knappe 3 Euro, die sich aber lohnen, wenn Sie wirklich viel in Markdown arbeiten. Wenn Sie sich in das Schreiben mit Markdown so richtig einarbeiten wollen, hilft auf jeden Fall ein Blick auf die Referenz, die Sie unter *http://daringfireball.net/projects/markdown/syntax* erreichen.

Ein sehr nützliches Programm für alle Windows-Anwender ist ohne Zweifel MarkdownPad, das sowohl in einer kostenfreien als auch einer erweiterten Variante angeboten wird. Die Kosten sind mit knapp 15 US-Dollar sehr moderat. Haben Sie die Software installiert, kompilieren Sie aus Scrivener Ihre Texte einfach in das Markdown-Format und lesen diese dann in das kleine Werkzeug ein. Sie erhalten automatisch eine Vorschau auf Ihren Text und können ganz ohne die zusätzliche Installation weiterer Programme PDF-Dateien aus dem Quelltext erzeugen. Informationen zur Software finden Sie unter *http://markdownpad.com/*.

Ähnlich komplett ausgestattet ist MDCharm (*http://www.mdcharm.com/*), das ebenfalls eine gute Export-Funktion anbietet.

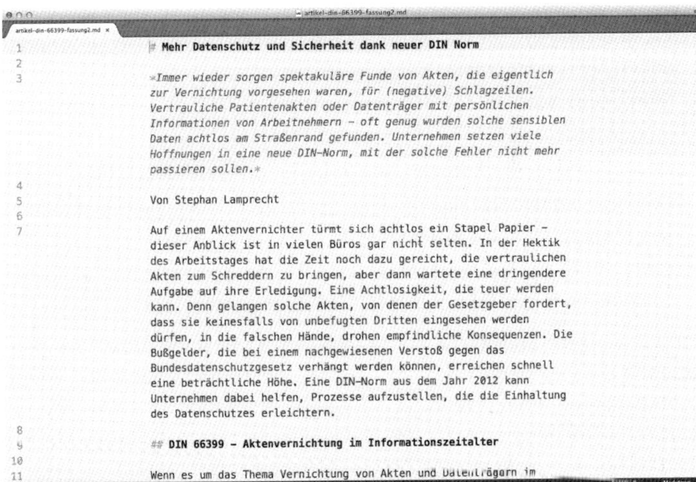

Abb. 7.30: *Ein Text in Markdown geschrieben im Editor Sublime Text.*

Für alle Autoren, die auf mehreren Plattformen arbeiten, und nach einem Editor suchen, der Markdown gut unterstützt, könnte Sublime Text 2 (*http://www.sublimetext.com/*) gute Dienste verrichten. Das Programm läuft unter Windows, Mac und Linux. Die Einstellungen und Optionen können in der Dropbox abgelegt werden, so dass Sie auf jeder Plattform auch die gleiche Umgebung vorfinden. Und durch einige Pakete steuern Sie Markdown oder Pandoc direkt an und konvertieren die Texte mit einem Mausklick. Lediglich der Preis von 70 Dollar trübt ein bisschen die Freude über die tollen Möglichkeiten des Editors. Andererseits steht hinter der

Entwicklung kein großes Unternehmen, zum anderen gilt der Preis als persönliche Lizenz und erlaubt die Installation auf allen Computern des Lizenzinhabers.

7.17.5 Konvertieren mit Pandoc

Zugegeben, das Werkzeug Pandoc ist sicherlich nicht für jeden Autoren geeignet. Das kleine Werkzeug, das auf der Leistung eines einzelnen Entwicklers basiert, wandelt eine Reihe von Auszeichnungssprachen ineinander um. Zum Beispiel:

- Sie wollen aus Markdown-Dateien ganz einfach Dokumente für MS Word erzeugen? Ein kurzer Befehl auf der Kommandozeile und schon halten Sie das Ergebnis.
- Markdown wird in ODT-Dateien, also das Format von LibreOffice umgewandelt.
- Sie verwandeln Markdown-Code in LaTeX und natürlich HTML.
- Ohne die weitere Installation einer Software ist auch die Umwandlung von Markdown in ein PDF möglich.
- Ganz ohne weitere Werkzeuge ist auch die Konvertierung einfacher Textdateien in das E-Book-Format (ePub) möglich.

Pandoc versteht aber nicht nur Markdown als Eingabeformat, sondern akzeptiert als Eingabe etwa auch HTML oder TeX-Dateien aus einem LaTeX-Satzprogramm. Wenn Sie so wollen ist Pandoc so etwas wie ein Schweizer Taschenmesser für alle Nutzer, die ihre Texte in Form einfacher Textdateien in möglichst viele Zielformate umwandeln wollen.

Das macht die kostenlose Software natürlich auch für Anwender von Scrivener interessant. Da Scrivener sehr schön auch einfache Markdown-Dateien ausgeben kann, steht Ihnen mit Pandoc eine ganze Welt von zusätzlichen Ausgabeformaten offen.

Die Einrichtung und Installation ist auch für Laien am Computer möglich. Sie besuchen einfach die Download-Seite des Projekts unter *http://johnmacfarlane.net/pandoc/installing.html*. Laden Sie sich entweder die Setup-Datei für Windows oder die DMG-Datei für den Mac herunter. Die eigentliche Installation starten Sie dann mit einem Doppelklick. Da es sich aber um ein Programm für die Kommandozeile handelt, erhalten Sie anschließend kein Programm-Icon auf dem Desktop. Ob alles geklappt hat, kontrollieren Sie am besten in einem Terminal bzw. der Eingabeaufforderung unter Windows. Dort geben Sie ein `pandoc -version`. Jetzt sollten Sie einen informativen Text der Software erhalten. Meldet das Betriebssystem dagegen einen Fehler, hat etwas mit der Einrichtung nicht geklappt.

Die Bedienung der Software selbst ist tatsächlich sehr einfach. Generell lautet die Syntax auf der Konsole:

```
pandoc -f <Ausgangsformat> -t <Ausgabeformat>
  -o <Gewünschter Dateiname> <Ausgangsdatei>
```

Die Angabe eines Zielformats ist nicht immer notwendig, meist erkennt die Software dies bereits an der Endung der Datei, wenn Sie diese im Dateinamen spezifizieren.

Wichtig ist indes, dass Sie im Terminal zunächst in das Verzeichnis wechseln müssen, in dem sich das Ausgangsdokument befindet. Oder Sie müssen den vollständigen Pfad angeben. Nehmen wir an, Sie haben unter Windows die Datei »test.md« aus Scrivener kompiliert. Sie liegt auf Ihrem Desktop und Sie wollen daraus ein PDF erzeugen. Dann sieht die Syntax dafür so aus:

```
pandoc -f markdown -o C:\Users\<Ihr Benutzername>\Desktop\test.pdf
  C:\Users\<Ihr Benutzername>\Desktop\test.md
```

Dieser Vorgang dauert einen Moment, aber danach finden Sie bereits auf dem Schreibtisch das finale Dokument. Dies gilt folgerichtig auch für andere Formate, wie etwa das DOC-Format. Übrigens beherrscht Pandoc bei der Umwandlung in das DOC-Format auch die korrekte Zuordnung von Überschriften, was Scrivener allein so nicht schafft.

Sie wollen am Mac regelmäßig mit Pandoc Texte konvertieren, haben aber keine Lust darauf, ständig das Terminal zu bemühen? Dann entwickeln Sie sich doch einen eigenen Dienst, den Sie direkt aus dem Finder aufrufen, wenn Sie eine Markdown-Datei anklicken. Das ist wirklich ganz einfach. Starten Sie dazu das Programm »Automator« Ihres Mac. Im ersten Dialog des Programms entscheiden Sie sich für den Eintrag »Dienst«. Damit öffnet sich das Programmfenster. In seinem oberen Teil definieren Sie zunächst, dass Ihr neuer Dienst »Dateien oder Ordner« im Programm »Finder« empfängt. Klicken Sie mit der Maus ganz links in der Baumstruktur auf »Bibliothek«. Geben Sie in das Suchfeld SKRIPT ein. In der Trefferliste markieren Sie SHELL-SKRIPT AUSFÜHREN und ziehen diesen Eintrag in den rechten Bereich. Die beiden Listenfelder ändern Sie in »bin/bash« im Eintrag »Shell« und »Als Argumente« im Bereich »Eingabe übergeben«. In den großen Eingabebereich tragen Sie ein:

```
export
PATH=$PATH:/usr/bin:/bin:/usr/sbin:/sbin:/usr/local/bin:/usr/X11/bin

for f in "$@"
do
    pandoc -s --no-wrap -f markdown "$f" -o "$f".rtf
done
```

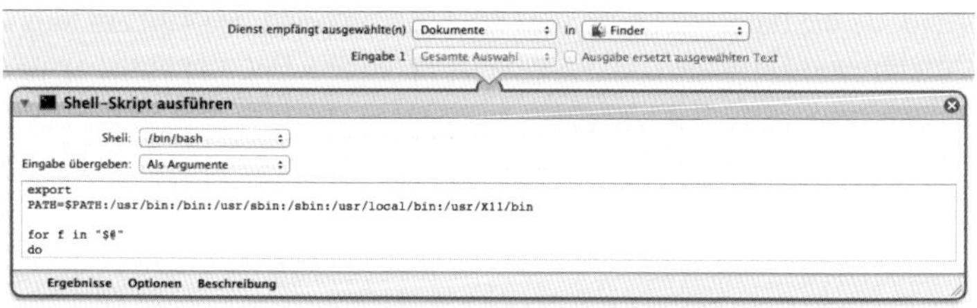

***Abb. 7.31:** Der Aufbau des Dienstes zur schnelleren Konvertierung mit Pandoc.*

»Path« ist in diesem Zusammenhang wichtig, damit Sie nicht erst in das Verzeichnis von Pandoc wechseln müssen. Wenn Sie das Programm aus den offiziellen Quellen installiert haben und keine Änderungen an der Installation selbst vorgenommen haben, dürfte die oben genannte Einstellung auf jeden Fall den Ordner von Pandoc mit berücksichtigen. Die mittlere Zeile, die für den Aufruf von Pandoc verantwortlich ist, passen Sie ganz an Ihre Wünsche an. In diesem Beispiel verwandelt Pandoc Texte aus Markdown in das RTF-Format um. Dabei verzichtet der Konverter aber auf die Silbentrennung. Das Dollarzeichen und der Buchstabe »f« sind als Platzhalter für den Dateinamen zu verstehen, der sich aus dem Markdown-Dateinamen ergibt. Speichern Sie den neuen Dienst mit einem einfachen und möglichst kurzen Namen ab. Dieser taucht ja später unter »Dienste« im Kontextmenü der Datei auf, wenn Sie mit der rechten Maustaste darauf klicken. In diesem Beispiel könnte der Name etwa »MD2RTF« lauten. Wann immer Sie jetzt eine Datei aus Markdown zu einer RTF-Datei machen wollen, klicken Sie diese im Finder an, führen einen Rechtsklick aus und nutzen Ihr neues Skript aus dem Menü »Dienste«. Wenige Augenblicke später wird eine RTF-Datei im gleichen Verzeichnis angelegt.

Kapitel 8

Vorlagen und Optionen

8.1 Projektvorlagen einrichten 224

8.2 Wichtige Einstellungen 226

Im Gegensatz zu so manchem anderen Mac- und Windows-Programm kennt Scrivener nicht eine zentrale Vorlagendatei, sondern eine Reihe von verschiedenen Bereichen, deren Optionen Sie dauerhaft zur späteren Verwendung speichern können. Dazu gehören die Farbgebung und somit die Einstellungen für den Editor, Optionen rund um ein Projekt und seine Dokumente und schließlich auch die Schalter für das Kompilieren.

8.1 Projektvorlagen einrichten

Mit Sicherheit werden viele von Ihnen niemals mit dem Thema eigene Projektvorlagen in Scrivener in Berührung kommen. Die Templates für fiktionale Texte wie Novellen oder Romane sind durchdacht und dürften in den meisten Fällen keine Wünsche offen lassen. Das mag bei den Autoren von Sachtexten schon anders aussehen. Denn hier haben die Kunden unterschiedliche Anforderungen an das Format des Manuskripts. Eine eigene Projektvorlage kann Ihnen dabei durchaus Zeit sparen.

Eine Projektvorlage in Scrivener ist ebenfalls nur wie ein Vorschlag zu verstehen. Sie versammelt einige Einstellungen und Werte zu Beginn eines Projekts. Sie können aber zu einem späteren Zeitpunkt alle diese Werte an aktuelle Gegebenheiten oder Wünsche anpassen. Lagern Sie in eine solche Vorlage alles aus, was Sie stets bei einem neuen Projekt für den gleichen Kunden an einer Standardvorlage ändern:

- Sie arbeiten stets mit der gleichen Zeichenzahl für einen Artikel, zum Beispiel für eine Kolumne? Dann definieren Sie einmal das Projektziel und speichern Sie eine Projektvorlage.
- Nutzen Sie stets die gleichen Einstellungen für das Kompilieren? Dann können Sie entweder die Vorlagen für das Kompilieren anpassen oder aber hinterlegen die Werte in der Projektvorlage.
- Wird immer wieder die gleiche Hierarchie für Ordner mit den gleichen Bezeichnungen benötigt? Dann sind diese Optionen ebenfalls gut in einer Vorlage aufgehoben.

Wichtig

Wenn Sie in einem Template dem Ordner DRAFT einen individuellen Namen verleihen, werden sich alle Elemente in der Software, die sich auf diesen Ordner beziehen, auch diesen neuen Namen verwenden!

Um eine eigene Projektvorlage zu definieren, legen Sie zunächst ein neues Projekt auf Basis einer Vorlage an, die von den Anforderungen am ehesten zum geplanten Einsatzzweck passt. Bearbeiten Sie nun nach Belieben die Optionen nach Wunsch:

- Ändern Sie die Namen von Ordnern und ergänzen Sie die Hierarchie im Binder um eigene Elemente.
- Bearbeiten Sie die im Projekt enthaltenen Status oder Labels und passen Sie auch deren Farben an Ihre Vorstellungen an.
- Definieren Sie, wenn sinnvoll, die Projektziele.
- Ändern Sie die Optionen für das Kompilieren. Ändern Sie dort auch die Einstellungen für die Meta-Daten. Damit die Optionen für das Kompilieren auch in Ihrer Projektvorlage dauerhaft gespeichert bleiben, durchlaufen Sie das Kompilieren bis zum Ende. Oder legen Sie, als Alternative, ein eigenes Preset für das Kompilieren an.

Wenn alles soweit Ihren Wünschen entspricht, wählen Sie aus dem Menü File das Kommando Save as Template. Im nachfolgenden Dialog füllen Sie die drei Felder aus:

- Vergeben Sie eine Bezeichnung für die Vorlage.
- Weisen Sie das neue Template einer bestehenden Kategorie zu.
- Tragen Sie, optional, einen beschreibenden Text für die Vorlage ein.

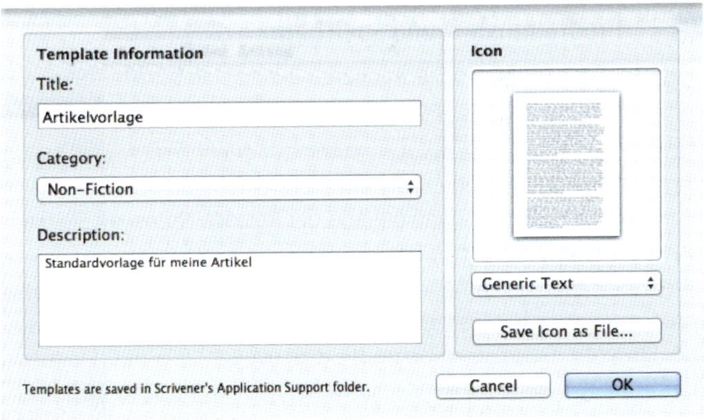

Abb. 8.1: *Felder zur Definition einer Vorlage.*

Im rechten Bereich des Dialogs tauschen Sie (ebenfalls optional) noch das verwendete Icon für die Vorlage aus. Das ist aber pure Kosmetik und daher eigentlich nicht notwendig.

Wichtig

Wenn Sie ein neues Projekt anlegen, erreichen Sie über den Schalter OPTIONS am unteren Rand noch einige Funktionen für die Arbeit mit Vorlagen. Darüber importieren oder exportieren Sie Templates, machen die aktuell ausgewählte Vorlage zum Standard und können auch eine Vorlage löschen. Allerdings nur, wenn es sich um eine individuell angelegte Vorlage handelt.

8.2 Wichtige Einstellungen

In immerhin zehn Registern präsentiert Ihnen Scrivener eine Vielzahl an Optionen und Einstellungen, mit denen Sie sich das Arbeiten angenehmer gestalten oder die Oberfläche der Software stärker an Ihre Wünsche anpassen. Kurzum: Es ist sinnvoll, sich intensiver mit den Einstellungen zu beschäftigen und damit eine Weile zu experimentieren. In diesem Abschnitt lesen Sie etwas über eine Reihe von Optionen, die sich in der Praxis bewährt haben.

8.2.1 Programmstart und Speichern

Im Register GENERAL finden Sie im oberen Bereich die Schalter für den Programmaufruf und das Speichern.

- Lassen Sie die Software mit AUTOMATICALLY CHECK FOR UPDATES regelmäßig nach Aktualisierungen suchen. Steht eine neue Version zur Verfügung, entscheiden Sie dann anhand der Release-Notes, ob Sie die Fassung installieren wollen.
- Wenn Sie eher selten neue Projekte starten, sondern mehr langfristig an der gleichen Datei sitzen, ist es sinnvoll SHOW TEMPLATE CHOOSER zu deaktivieren. Denn sonst begrüßt Sie Scrivener stets mit der Auswahl der Vorlagen, dabei wollen Sie ja einfach nur weiterschreiben.
- Seien Sie nicht zu großzügig mit dem Wert für das automatische Speichern unter AUTO-SAVE AFTER. Denn der Wert in Sekunden bezieht sich

auf Inaktivität im Programm. Und wenn Sie fokussiert arbeiten, wird das ja nicht so lang sein.

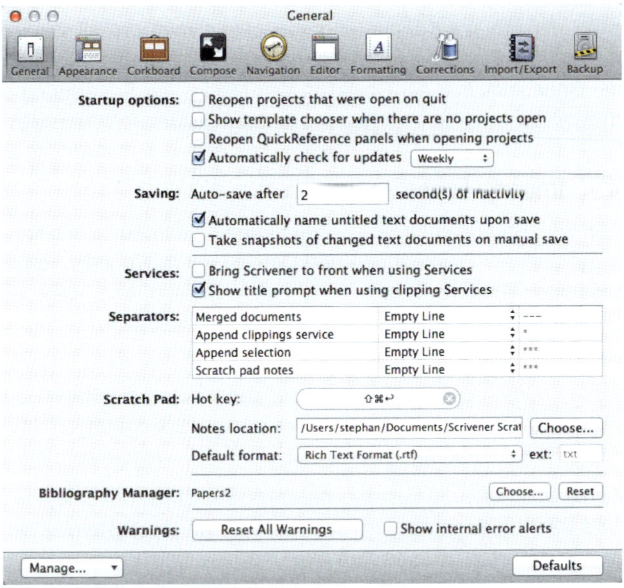

Abb. 8.2: *Die allgemeinen Optionen für Scrivener.*

8.2.2 Corkboard

Die meisten Einstellungen im Register CORKBOARD beschäftigen sich mit dem Erscheinungsbild der Karten. Am unteren Rand sind aber zwei Schalter vorhanden, die sich positiv auf die Produktivität mit dem Werkzeug selbst auswirken können.

- CREATES A NEW CARD im Listenfeld DOUBLE-CLICKING ist zu empfehlen, denn damit legen Sie immer eine neue Karte an, wenn Sie auf den Hintergrund der Pinnwand doppelt klicken.
- ALWAYS CREATES A NEW CARD IN FREEFORM MODE: Wenn Sie die Pinnwand im Modus FREEFORM betreiben, ist dies auf jeden Fall die beste Einstellung. Denn damit verhält sich Scrivener ein wenig wie eine Software für das Mindmapping.

8.2.3 Navigation

Das Register NAVIGATION ist in erster Linie ein Bereich, in dem Sie sich austoben können, bis sich Scrivener aus Ihrer Sicht optimal »anfühlt«. Wenn es Ihnen bei der Arbeit mit Listen und im Outliner zum Beispiel schwerfällt, sich das aus dem Finder gewohnte Verhalten abzugewöhnen, wo ein Druck auf die Eingabetaste ja ein Objekt in den Modus der Bearbeitung setzt, deaktivieren Sie unter RETURN KEY den Eintrag CREATES NEW ITEM IN LIST.

8.2.4 Import / Export

In diesem Register nehmen Sie das Feintuning für den Austausch von Scrivener mit anderen Programmen und Dateien vor. Nicht jeder von Ihnen wird alle diese Optionen nutzen oder ändern müssen. Aber wenn es einmal zu Problemen kommt, kann es sinnvoll sein, hier nachzusehen.

PLAIN TEXT IMPORT TYPES: Scrivener kann problemlos reine Textdateien übernehmen und importieren. Allerdings nur dann, wenn die Software auch erkennt, welche Endung diese Dateien auf Ihrem System tragen. Mit Plus und Minus am unteren Rand des Dialogs legen Sie weitere Formate an.

Ob Sie die Option für die CUSTOM CONVERTERS für Office-Dokument aktivieren und danach einrichten, ist auch eine Frage der System-Sicherheit. Denn die Konverter basieren auf Java und dies macht das System nicht unbedingt sicherer vor Angriffsversuchen. Bessere Ergebnisse, gerade bei etwas komplizierteren Dokumenten, erhalten Sie, wenn Sie die Filter aktivieren. Mehr Sicherheit bietet Ihnen der Verzicht auf die Option und die Verwendung der in OSX integrierten Filter.

In den Export-Optionen spielen für Sie die Schalter nur eine Rolle, wenn Sie in die dort genannten Formate kompilieren. Achten Sie hier etwa auf die Option der verwendeten HTML-Version für den Export und auch die Kompression von JPG-Dateien. Wenn Sie bei der Ausgabe von Bildern in einer HTML-Seite nicht zufrieden sind, kann eine geringere Kompression die Bildqualität steigern.

Wenn Sie RTF-Dateien importieren, die Fußnoten und Endnoten enthalten, regeln Sie mit den beiden Schaltern am oberen Rand des Registers IMPORT OPTIONS, ob diese zu »Inline«-Anmerkungen umgewandelt werden sollen.

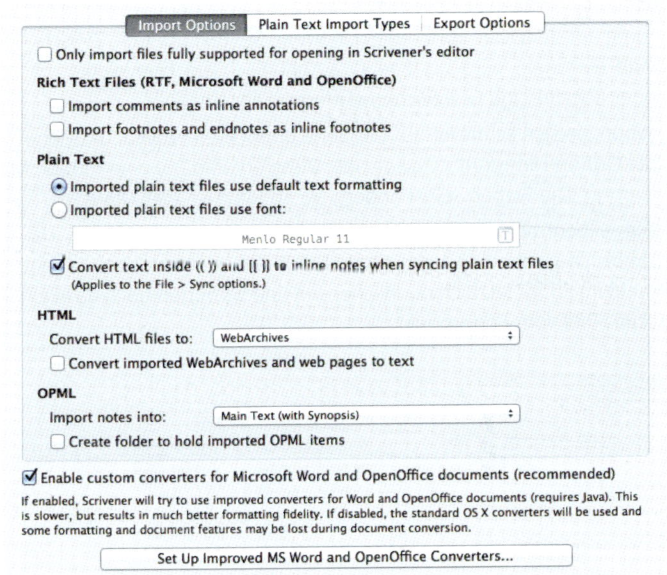

Abb. 8.3: *Wenn Sie häufig mit den Textformaten RTF und HTML zu tun haben, kann sich ein Blick in die Import-Optionen lohnen.*

8.2.5 Optionen für den Editor ändern

Einige Hinweise zur Einrichtung des Editors haben Sie bereits im Abschnitt 4.1 erhalten. Da Sie mit dem Editor wirklich viel Zeit verbringen werden, ist es mehr als sinnvoll, sich die Arbeitsumgebung so angenehm und passend zu gestalten, wie nur irgendwie möglich. Zusätzlich finden Sie in den Optionen der Software selbst noch weitere Einstellungen für den Editor.

Die wichtigsten Optionen in diesem Dialog sind:

- DEFAULT TEXT ZOOM: Hier stellen Sie sich den Vergrößerungsfaktor auf den Text ein, der für zukünftige Projekte gelten soll. Geizen Sie hier nicht (obgleich sehr große Zoomstufen auch ein Indiz dafür sein könnten, es mal mit dem Besuch beim Optiker zu versuchen), sondern legen Sie einen Wert fest, der Ihnen bequemes Sehen und Schreiben erlaubt.

- SMART COPY/PASTE: Eine Funktion, die auch in Textedit und anderen Editoren auf dem Mac vorhanden ist. Wenn Sie Text über die Zwischenablage einfügen, wird bei Bedarf automatisch ein Leerzeichen gesetzt oder überflüssige Leerzeichen entfernt. Sehr sinnvoll.
- Wenn Sie sich schneller auf der Seite orientieren wollen, aktivieren Sie die Option HIGHLIGHT CURRENT LINE. Diese erhält dann eine farbige Markierung. Die Farben selbst ändern Sie im Register APPEARANCE.
- Die Silbentrennung HYPHENATION sollten Sie deaktivieren. Da der Umbruch ja ohnehin beim Kompilieren erfolgt, kostet die Silbentrennung im Editor letztlich nur Rechenzeit und vermittelt noch dazu ein falsches Bild vom Endprodukt.

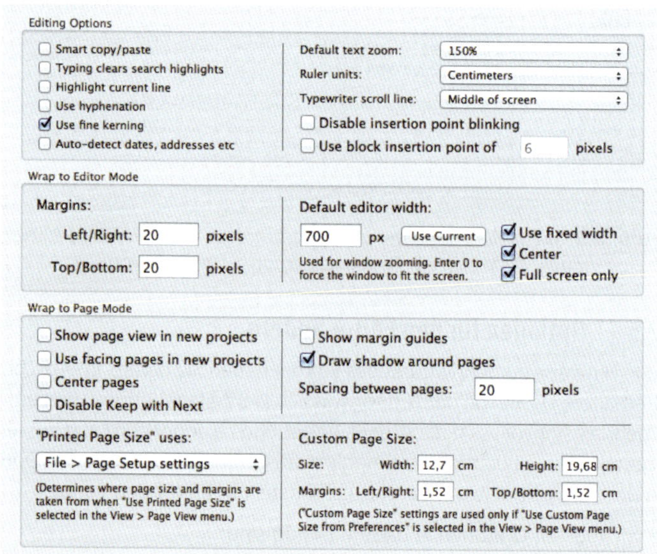

Abb. 8.4: *Die umfangreichen Optionen für den Editor.*

Bei der Darstellung auf Ihren Text im Editor gibt es zwei grundlegende Modi:

- Wrap to Editor
- Wrap to Page

Der erste Modus bricht Ihren Text innerhalb der Grenzen des Editorenfensters um. Alle Beispiele in diesem Buch beziehen sich auf diese Darstellung. Im mittleren Abschnitt des Registers legen Sie fest, wie groß der Abstand auf der linken und rechten Seite zwischen Text und Editorrahmen sein darf. Dementsprechend arbeiten Sie hier mit einer Angabe in Pixeln, da es sich ja nur um eine relative Angabe auf dem Bildschirm handelt. Außerdem können Sie eine voreingestellte Größe des Editorenfensters definieren.

Den zweiten Modus zeigt Ihnen die Software nur an, wenn Sie in der Symbolleiste auf das Icon mit dem Programmfenster und dem darin enthaltenen Dokument klicken. Jetzt arbeiten Sie sozusagen nicht mehr im Editor, sondern auf einem Blatt Papier. Die Schalter für diesen Modus finden Sie im unteren Bereich des Dialogs. Während die Schalter mehr oder weniger nur kosmetische Bedeutung haben, wenn es etwa darum geht, den Seitenmodus gleich beim Start eines Programms anzuzeigen oder miteinander gegenüberliegenden Seiten zu arbeiten, finden Sie im unteren Bereich die Felder für die Definition der Seiten- bzw. Papiergrößen.

8.2.6 Einstellungen sichern

Es ist nie ganz ausgeschlossen, dass Sie einmal in die Lage kommen, Scrivener auf einem anderen System völlig neu aufsetzen zu müssen. Oder Sie wollen die Software gleich auf mehreren Rechnern nutzen? Dann speichern Sie sich Ihre Einstellungen als Vorlage ab und laden diese auf einem weiteren System.

Klicken Sie am unteren Rand des Dialogs in den Einstellungen auf MANAGE. Die Zusammenstellung von Farben und verwendeten Schriften wird als THEME bezeichnet. Wenn Sie also nur die Werte für diese Felder sichern wollen, müssen Sie sich für SAVE THEME entscheiden. Um alle Programmoptionen zu berücksichtigen, müssen Sie sich für ALL PREFERENCES entscheiden. Sie haben in beiden Fällen die Wahl zwischen:

- Save
- Save as Preset
- Load

Mit SAVE speichern Sie die Werte in einer separaten Datei ab. Sie können diese in einem beliebigen Ordner Ihres Systems ablegen und damit auch einfach anderen Personen zur Verfügung stellen. Speichern Sie dagegen die Werte als PRESET ab, fragt Scrivener Sie nur nach einem Namen für die Voreinstellungen. Die Werte werden in einem Systemordner der Software abgelegt und stehen anschließend dann unter MANAGE auch zur Verfügung. Es genügt später also ein Mausklick, um zwischen den Einstellungen zu wechseln. Ebenso leicht kehren Sie stets zu den Voreinstellungen zurück, indem Sie auf den Schalter DEFAULTS klicken.

Abb. 8.5: *Über den unscheinbaren Dialog am unteren Rand erreichen Sie später auch Ihre gespeicherten Presets.*

Mittels LOAD öffnen Sie den Dateidialog Ihres Systems. Hierüber navigieren Sie dann in den Ordner, der eine Sicherung der Einstellungen enthält, und wählen die Datei aus.

Kapitel 9

Den Vorhang zu und alle Fragen beantwortet?

Geschafft. Diese Zeilen entstehen in Scrivener und in durchaus gehobener Stimmung. Rund 350.000 Zeichen sind geschrieben und der Autor ist mit dem zufrieden, was er in die Elektronik getippt hat. Aber natürlich konnte längst nicht alles geschrieben werden, was sich über Scrivener hätte schreiben lassen. Das geflügelte Wort, mit dem dereinst der Literaturkritiker Marcel Reich-Ranicki seine Fernsehsendung beschloss und dabei selbst nur Bert Brecht zitierte, soll aber in diesem Fall nicht gelten. Auf der Webseite *www.scrivener-lernen.de* schreibe ich regelmäßig über Scrivener und das Self-Publishing. Hier wird auch der Ort sein, an dem ich über neue Fassungen des Programms berichten werde und sofern nötig, auch Korrekturen zu diesem Buch veröffentlichen möchte.

Und nun wünsche ich Ihnen viel Spaß und viel Erfolg bei Ihrer Arbeit mit Scrivener. Und den langen Atem, den ein umfangreiches Projekt einfach auch benötigt.

Index

A

Abgabetermin
- in Scrivener eintragen 26
- Restdauer berechnen 27

Absatzschalten
- einblenden 81

Anführungszeichen
- umwandeln 177

Anmerkungen
- einsetzen 84
- siehe Annotations 119

Annotations
- inline und linked 119

Ansicht
- Collections 100
- Composition Mode 62
- Page Layout Modus 59
- Quick Reference 50
- Teilen 49
- unsichtbare Zeichen einblenden 81
- Vollbildmodus 62

Ansichten auf Dokument
- Übersicht 20

Ausgeben
- siehe Kompilieren 159

Auto-Complete
- Erklärung 74

Auto-Korrektur 77

B

Backup
- Einstellungen 105

Backups 104

Bibliografieren 122

Bilder
- als Recherchematerial 47
- auf Karteikarte 30
- Bildunterschriften anlegen 181
- einfügen 71
- Größe angeben 73
- in Überschrift verwenden 205
- Links einsetzen 72
- Nummerierung 181
- skalieren 71
- unterschiedliche Auflösungen einsetzen 183
- Verweis auf externe Dateien 48

Binder 20
- Definition 17
- Etiketten-Farben 99
- Grundelemente 31
- neues Dokument anlegen 31
- Research 40
- Untereinträge anlegen 32
- Zusammenspiel mit Corkboard 29

Blogging
- mit Scrivener 133

C

Calibre 201

Clipping
- anlegen 42

Collections
- Ansehen 100
- bearbeiten 103
- Erklärung 99
- manuell zusammenfassen 102
- Suche als Sammlung speichern 101

Composition Mode 62
- Optionen 63

Corkboard 21
Bilder verwenden 30
Einstellungen 29
freie Form 29
Ideen sammeln 28
Optionen 227
Ordnung festlegen 30
Synopsis 30

D

Datensicherung 104
Dokument
neu anlegen 31
Dokumente
Platzhalter für Titel 118
Status 95
Teilen für Kompilieren 161
Titel beim Kompilieren 162
wiederherstellen 147
Draft 31
Drehbuch
andere Formate 132
Scriptwriting Modus 128
Szenenüberschrift 129

E

E-Books
Formate 197
Front Matter 201
Inhaltsverzeichnisse 189
Jutoh 208
Kindle 199
Kompilieren in ePub 205
Manuskript organisieren 200
Meta-Daten 202
Tools 207
Umschlaggestaltung 200
Verdienstmöglichkeiten 194
Editor
Einrichtung 56
Einstellungen 229
Page Layout Modus 59
Snapshots ansehen 147
Teilen 49
Eigenverlag 152
ISBN 154
Tipps zur Dienstleistersuche 152
Vorbereitung des Manuskripts 156
Einstellungen
als Preset sichern 231
Programmstart 226
Endnoten 121
Enumerated Outline 166
ePub 197
Ersetzungen 78
Einsatzbeispiele 179
Kompilieren 179
Projektbasiert und vorlagenbasiert 180
Etiketten
Einsatzgebiete 97
Farben 99
zuweisen 99

F

Filtern
Inhalte beim Kompilieren 175
FinalDraft 92
Formate
für externe Dateien 92
Revision Mode 140
Suchen 78
Text 66
Vorlagen 68
Formatierung
Voreinstellung für Editor 56
Formatting
Kompilieren 160
Formelsatz 116
Fountain 93
Fußnoten
als Endnoten 121
inline und linked 119
setzen 118

G

Gesamtdokument
- ansehen mit Scrivenings 17

Gliederung
- aus Markdown übernehmen 37
- aus Word 38
- ausgeben 189
- der Materialsammlung 41
- dezimale Nummerierung 117
- erste Ideen 28
- externe Gliederung übernehmen 36
- Feingliederung 34
- Grundstruktur definieren 31
- im Outliner erstellen 34
- Reihenfolge bearbeiten 32

Gliederungsmodus
- siehe Outliner 34

Grafiken
- siehe Bilder 71

I

Ideen
- sammeln mit Corkboard 28

Import
- Bilder 47
- Markdown 37
- OPML 37
- PDF-Dateien 46
- Word 38

Inhalte
- für Kompilieren auswählen 160

Inhaltsverzeichnis
- für Druck anlegen 188
- für E-Books 189

Inhaltsverzeichnisse 187

iPad
- Texte bearbeiten 94

K

Karteikarten
- Reihenfolge festlegen 30

Keywords
- bearbeiten 89
- Erklärung 87

Kommentare
- einfügen 83
- Typen 84

Kompilieren
- Ablauf 157
- Ausgabe des Textes 163
- Bilder ersetzen 183
- Blogs 135
- Compile for 159
- Dokumentteile ausgeben 162
- Drehbücher 132
- Formatting 160
- Front Matter 201
- Gliederung 189
- Hierarchiestufen 163
- Inhalte festlegen 160
- Inhalte filtern 175
- Kindle-E-Book 199
- Kopf und Fußzeilen 186
- Markdown 214
- Meta-Daten 162
- Notizen 162
- ODT-Dateien 193
- RTF-Dateien 191
- Synopsis 162
- Titel ausgeben 162
- Transformationen 177
- Trennung zwischen Dokumenten 161
- Vorlagen 165
- Vorlagen anlegen 167
- Word als Ziel 158

Konvertieren
- Texte 76

Kopf- und Fußzeilen 186

Korrektur
- von Texten 77

L

Labels
siehe Etiketten 97

M

Markdown 19
Gliederung 37
Kompilieren 214
Syntax 212
Tools 216
Vorteile 210
Materialsammlung
Formate 41
Mathtype 116
Mindmapping 36
Mobi 198

N

Nachschlagen
Erklärung 60
Name-Generator 113
eigene Daten verwenden 114
Notizen
beim Kompilieren 162
einfügen 86
Nummerierung
Bilder 181
Fußnoten 120

O

ODT-Dateien
Kompilieren 193
OpenOffice 193
OPML
als Gliederung übernehmen 36
Outliner 21
Funktion 34
Tastenkürzel 34

P

Pandoc
E-Books anlegen 208
Konvertieren aus Markdown 218
Paperback Novel 166
Pflichtexemplare
Erläuterung 154
Phrasen
aufspüren 141
Pinnwand
siehe Corkboard 28
Platzhalter
dezimale Nummerierung 117
Dokumenttitel 118
Ersetzungen beim Kompilieren 179
für Bilder 72
Pomodoro-Technik 108
Produktivität 108
Programmstart
Optionen 226
Projekt
Fortschritt ansehen 26
Fortschritte überwachen 94
Material sammeln 52
neu anlegen 24
Vorlagen 24
Zielvorgaben 26
Projektdatei
Aufbau 24
Einsatzmöglichkeiten 24

Q

Quellangaben
in Scrivener setzen 124
Quick Reference
Erklärung 50

R

Recherche
Bilder übernehmen 47
Clippings 42

Link auf externe Dateien 48
Material als Quick Reference ansehen 50
Material beim Schreiben ansehen 49
Nachschlagen 60
PDF-Dateien importieren 46
Webseiten speichern 44
Zotero 53
reguläre Ausdrücke 171
Replacements
Kompilieren 179
Research 31
Erklärung 40
Untergliederung 41
Revision Mode
Erklärung 139
RTF
Kompilieren 191
RTF-Dateien
Besonderheiten 192

S

Sammlungen
siehe Collections 99
Schlüsselwörter
siehe Keywords 87
Schnappschüsse
siehe Snapshots 143
Scriptwriting-Modus
Anpassen 130
Scrivenings 17
Seitenansicht
Editor 59
Self-Publishing
siehe Eigenverlag 152
Skalieren
von Bildern 71
Snaphots
Roll back 147
Snapshots
manuell anlegen 144
vergleichen 145
Sonderzeichen
suchen 81
Status
Erklärung 95
Filter beim Kompilieren 177
Zuweisen 96
Suchen
Anmerkungen 85
Ergebnis speichern 101
Formate 78
in Dokumenten 78
in Projekten 79
Projekt-Ersetzungen 174
reguläre Ausdrücke 171
Sonderzeichen 81
Sychronisation
Einsatzgebiete 90
externe Dateien 90
Symbolleiste
anpassen 59
Synchronisation
Ablauf 91
Einrichtung 91
Formate externer Dateien 92
manuell starten 94
Synopsis
Bedeutung 30
beim Kompilieren 162

T

Tabellen 69
Ausrichtung 69
einfügen 69
Tagesziele
berechnen 27
Texte
säubern beim Kompilieren 177
Trash 31

U

Überarbeitungen
am Tablet PC 149
kennzeichnen 138
Kennzeichnungen entfernen 140
Lektorat 153
Phrasen finden 141
Revision Mode 139
Roll back 147
Snapshots 143
Snapshots vergleichen 145
Zusammenspiel mit Word 141
Überschrift
in Drehbüchern 129
Überschriften
dezimale Nummerierung 117
grafisch verzieren 205
individuelle Nummerierung 203
Tricks 203
Umwandlung
Texte 76
Umwandlungen
Texte beim Kompilieren 177
Unterschied zu Word 18

V

Verlagsvorlagen
in Scrivener berücksichtigen 169
Vervollständigen
Begriffe anlegen 74
Vervollständigung 74
Vollbildmodus 62
Darstellung anderer Dokumente 65
Optimierung für zwei Bildschirme 63
Vorlage
speichern 225
Vorlagen
für Projekte einrichten 224
Kompilieren 165
Kompilieren Übersicht 165
Textformate 68

W

Webseiten
Lesbarkeit erhöhen 45
speichern 44
Windows
Scrivener auf zwei Systemen nutzen 103
Word
aus Scrivener 158
Dateien in Scrivener übernehmen 38
Kompilieren für Formatvorlage 170
Suchen und ersetzen 170
Überarbeitungen in Scrivener 141
Writing-Tools
Erklärung 113

Z

Zeichenzahl
Berechnung auf Basis Compile-Dateien 28
Zielvorgaben
anzeigen 26
Zotero 53
bibliografieren 123
Quelle in Scrivener anlegen 124